edu

editores mexicanos unidos

juvenil

TITANES DE LA LITERATURA INFANTIL
ANTOLOGÍA

editores mexicanos unidos

juvenil

Diseño de portada: *Alberto Diez*

Editores Mexicanos Unidos, S.A.
Luis González Obregón 5-B
C.P. 06020 Tels: 521-88-70 al 74
**Miembro de la Cámara Nacional
de la Industria Editorial. Reg. No. 115
La presentación y composición tipográficas**
son propiedad de los editores

ISBN 968-15-0412-7

4a. reimpresión Marzo 1993

Impreso en México
Printed in Mexico

Es LAS MIL Y UNA NOCHES una encantadora colección de cuentos árabes, de origen persa. Ha llegado hasta nosotros el relato, tal como lo cultivaban los persas, recogiendo una serie de narraciones de diversos tipos: fantásticos, cortesanos, etc. enlazados por un argumento central, cuya solución aparece recién en el último de ellos.

En LAS MIL Y UNA NOCHES, la sultana Scherezade relata cada noche, a pedido de su hermana Dinarzada, un cuento nuevo, sin que se agote su imaginación. Aventuras como las de SIMBAD EL MARINO, de ALI BABA Y LOS CUARENTA LADRONES, de ALADINO Y LA LAMPARA MARAVILLOSA, etc., son hermosísimas ficciones que nos pintan admirablemente los caracteres y costumbres del lejano Oriente.

Realidad y fantasía nos transportan de la mano, en un viaje maravilloso a través de los más subyugantes misterios de estos relatos.

LOS DOS MERCADERES Y EL TARRO DE ACEITUNAS

En Bagdad había un mercader llamado Alí Cogia. Tan ocupado estaba con sus negocios que llegó a la edad madura sin haber realizado su peregrinación a La Meca, importante rito con el que debe cumplir todo buen musulmán.

Una noche se le apareció en sueños un anciano mirándolo con rostro muy serio y el ceño fruncido. A la noche siguiente el mismo anciano lo reprendió por no cumplir con su obligación. Así varias veces, se presentó el severo anciano ante Alí Cogia, quien temeroso resolvió que realizaría por fin el viaje a La Meca.

Arregló todos sus negocios y sacó la cuenta de que le sobraban mil monedas de oro.

Como había alquilado su tienda y su casa, no tenía lugar seguro donde dejarlas y tampoco las quería llevar consigo en el viaje. Después de mucho pensar se le ocurrió ponerlas en el fondo de una vasija de barro y llenar ésta hasta el tope con aceitunas. Una vez hecho el trabajo, Alí Cogia, se encaminó a casa de otro mercader amigo suyo, quien tenía una buena reputación de hombre honrado y le pidió que le hiciese el favor de guardarle aquel tarro de aceitunas hasta que volviese de su larga peregrinación.

—Por supuesto que sí —le contestó el mercader—. Toma la llave de mi almacén y guarda tu tarro de aceitunas donde mejor te parezca. Allí nadie puede tocarlo y así como está, lo encontrarás cuando vuelvas.

Así lo hizo Alí Cogia. Y después de despedirse de sus parientes y amigos, partió uniéndose a una gran caravana que salía para la Ciudad Santa.

Llevando dos camellos cargados de finas telas que pensaba vender, arribó a La Meca con toda felicidad.

Una vez terminadas las ceremonias de la peregrinación y después de visitar el famoso santuario, el comerciante sacó sus géneros y los expuso en un bazar para su venta. Aquella hermosa mercadería escogida llamaba muchísimo la atención y Alí Cogia sintió comentar a dos personas:

—Este hombre no sabe lo que tiene. Si supiera cómo se aprecian en El Cairo estas mercancías, no estaría vendiendo aquí. Allá seguramente le pagarían cuatro veces más por ellas.

Estos y otros comentarios semejantes sintió todo el tiempo que la gente desfiló ante el bazar admirando sus géneros. Entonces decidió trasladarse a El Cairo. Empacó nuevamente sus cosas y partió. No hubo de arrepentirse, porque apenas llegado a El Cairo, presentó sus telas en el mercado y rápidamente las vendió todas, sacando con la venta tres veces más de lo que esperaba. Con la ganancia obtenida resolvió visitar Egipto, ya que tenía la fortuna de hallarse en aquel país y con dinero. Así lo hizo y después, junto a otros mercaderes, vendiendo y traficando, recorrió Persia y el Mosul y así siguió recorriendo varios países. Este largo viaje duró entonces siete años.

Cuando estuvo de regreso en Bagdad alquiló habitación en una posada, hasta que el inquilino que había dejado en su casa, la abandonara. Fue entonces a ver a su amigo a quien había dejado el tarro de aceitunas con las mil monedas de oro. El mer-

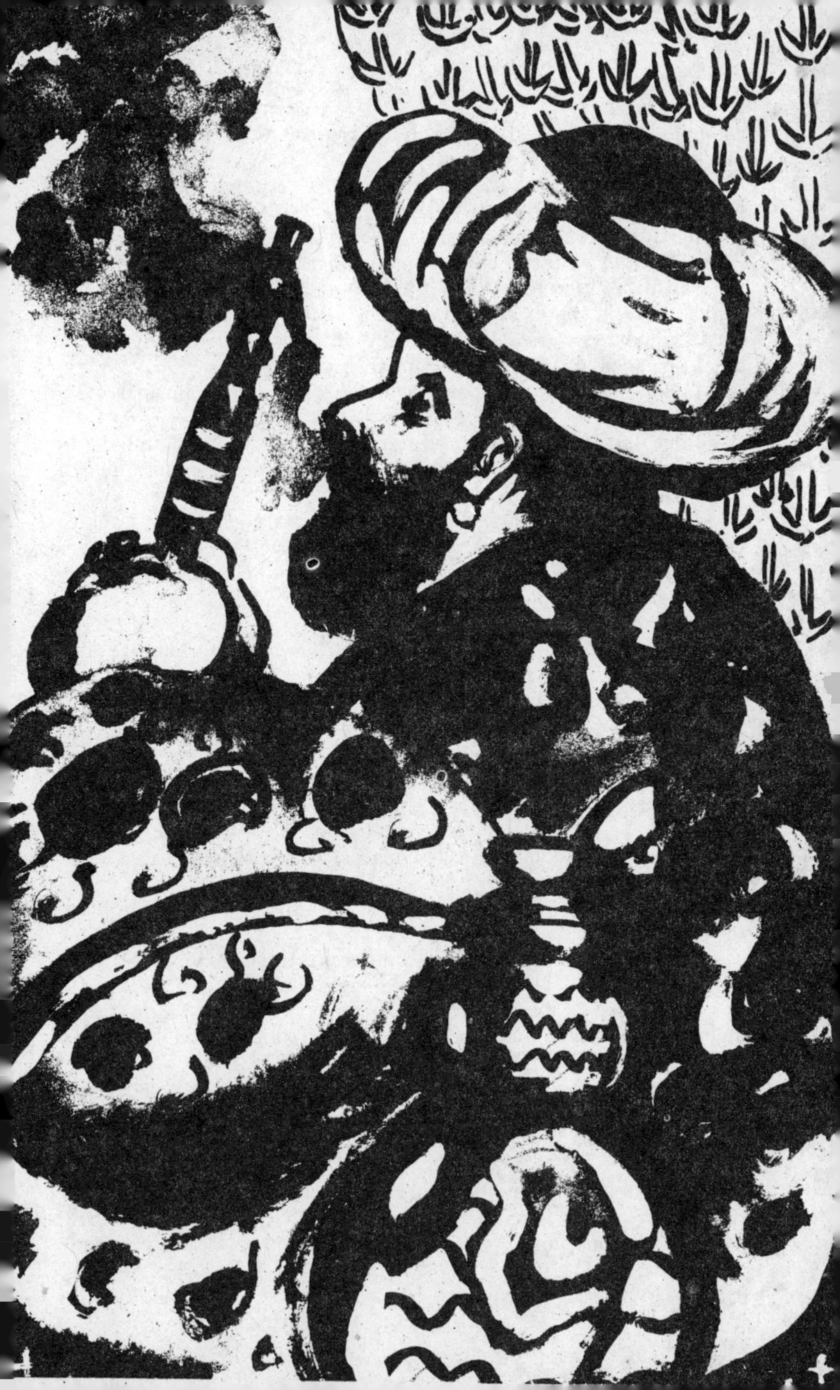

cader lo saludó muy contento de su regreso y le entregó la llave del almacén.

—Toma —le dijo—. Allí encontrarás tu tarro de aceitunas. En el mismo lugar que lo dejaste.

Alí Cogia recogió su vasija y volvió a su posada. Apenas llegó, destapó el tarro encontrando las aceitunas increíblemente frescas. Y en el fondo... ¡nada! Las monedas habían desaparecido.

La explicación es que una noche el mercader amigo de Alí Cogia cenaba con toda su familia, y su mujer comentó que tenía muchas ganas de comer aceitunas.

—¡Hace tanto que no las pruebo! —dijo— ¡que ya no sé qué gusto tienen!

—Pero mujer —contestó el marido— no se me había ocurrido que en el almacén hay un tarro lleno de aceitunas, aquel que Alí Cogia me dejó al marcharse.

—Te lo dejó para que lo guardaras hasta su regreso —aclaró la mujer.

—¡Oh, pero han pasado tantos años, ya! No sabemos si se quedó en Egipto o si ha muerto.

Y levantándose agregó:

—Mira, dame una luz y un plato que voy a buscar unas aceitunas y las comeremos.

—¡De ninguna manera! —contestó la mujer—. No toques esas aceitunas, lo que se nos confía en depósito es cosa sagrada y no debemos tocarla hasta que la vengan a reclamar. En cualquier momento regresa Alí Cogia y viene a reclamar su tarro de aceitunas. Y si no lo encuentra como lo dejó ¿qué va a pensar de nosotros? No, no, de ninguna manera, yo no quiero comer aceitunas. Deja todo como está. No sea cosa que todavía sobrevenga una desgracia.

—Bah, mujer, qué exagerada eres —dijo riendo el comerciante—. No pasará nada.

Y sin que su mujer pudiera detenerlo, tomó la luz y el plato y fue al almacén. Destapó el tarro y se encontró con las aceitunas podridas. Tratando de ver si más cerca del fondo había algunas pasables o buenas, dio vuelta el tarro vaciándolo. ¡No pudo creer lo que veían sus ojos! Ante las monedas de oro, se despertó su codicia. Entonces puso nuevamente en el tarro las monedas y las aceitunas y volvió adonde estaba su mujer diciéndole que las aceitunas estaban todas podridas y no se podían comer.

—¿No te dije que mejor dejaras todo quieto? —contestó ella—. ¡Ojalá no nos suceda una desgracia por haber tocado el tarro!

El mercader sonrió guardando su secreto y al día siguiente

fue al mercado, compró aceitunas para llenar el tarro y sacando las monedas de oro, reemplazó las aceitunas pasadas con las frescas, pensando en aquel dinero conseguido con tan poco esfuerzo.

Alí Cogia no pensaba dejar las cosas así. Mil monedas de oro era una buena suma como para que se esforzara en recuperarlas. Por lo pronto, después de revisar bien el tarro por dentro y por fuera para que no quedara ninguna duda de que era el mismo que él había entregado al mercader, colocó las aceitunas en su sitio y se dirigió nuevamente a casa de su amigo, con la vasija. No dudaba de que hubiera sido éste quien tomó las monedas y quería una explicación. Pero cuando llegó, su amigo que había previsto la situación, tenía las respuestas pensadas. Alí Cogia le dijo:

—Te extrañará seguramente, amigo, que esté tan pronto de vuelta por tu casa, pero sucede que en el tarro de aceitunas que a cargo de tu amistad y honradez confié, yo puse mil monedas de oro. Este es el mismo tarro que dejé, pero las monedas no están. Creo que los comerciantes estamos expuestos a toda clase de riesgos y por lo tanto entiendo que pudiste tomar las monedas para salvar una difícil situación. Si así fuera, no me molesta en absoluto y sólo te pido que me reconozcas que tomaste esa cantidad y me la devuelvas cuando te lo permitan las circunstancias.

—Estoy sorprendido por lo que dices —contestó el mercader—. Yo mismo te entregué la llave para que colocaras en el lugar que quisieras, el tarro con aceitunas. Yo no sabía que contenía monedas de oro y tú no me dijiste nada. Allí estuvo el tarro todo el tiempo que duró tu ausencia y a mí ni siquiera se me ocurrió mirar qué había dentro. Así que no me molestes con tus reclamaciones y no hagas que la gente que entra a mi tienda tenga que oír esta conversación.

—No quisiera —dijo Alí Cogia— tener que recurrir a la justicia y provocar un escándalo que ningún bien hace a la reputación de mercaderes, que como nosotros, debemos mantener nuestra honestidad y honradez. De modo que piénsalo bien y arreglemos esto amistosamente.

Pero el mercader no tenía la más mínima intención de devolver lo que indebidamente había tomado. Le repitió a Cogia que lo dejara en paz, que tomara las medidas que quisiera y haciéndose el gran ofendido dijo que ponía como testigos a todos los vecinos presentes en su tienda, de la injusta humillación de que estaba siendo objeto.

—Esa humillación la has provocado tú mismo —exclamó

Cogia—. Te desafío a presentarte delante del cadí y veremos si también ante la ley de Dios, niegas lo que hiciste.

—Vamos ya —respondió el mercader—. Justamente eso es lo que quiero.

Se presentaron los dos frente al tribunal del cadí. Después que éste oyó las dos partes y en atención a que no había testigos presenciales, el cadí preguntó al mercader si estaba dispuesto a prestar el juramento exigido por la ley para casos semejantes.

—Estoy dispuesto —repuso el mercader— no sólo a jurar que no tomé esas monedas sino incluso a decir que ni siquiera toqué ese famoso tarro de aceitunas.

Apenas el mercader prestó su falso juramento, el cadí dijo que entonces no había lugar a la demanda de Alí Cogia. Este protestó contra la sentencia y dijo que recurriría al califa para que le hiciera justicia.

Mientras el mercader, contento de que todo le había sido tan fácil y de seguir siendo dueño de aquel dinero, volvía a su casa, Alí Cogia regresó a la posada y se puso a redactar un memorial para entregar al Comendador de los creyentes. En él expuso los hechos detalladamente y al día siguiente lo entregó al oficial encargado de recoger los memoriales para el califa, mientras éste estaba en la mezquita. Cuando el califa volvió de la oración, leyó todos los memoriales como acostumbraba a hacerlo, y entre ellos por supuesto el de Alí Cogia. El califa gustaba de salir disfrazado por las tardes a recorrer la ciudad. Lo acompañaban el gran visir Giafar y el jefe de los eunucos Mesrour. Esa noche, al regresar al palacio, oyó un gran griterío frente a una casa muy modesta. Eran unos chiquillos que jugaban a la luz de la luna.

Le llamó mucho la atención que los niños no estuvieran acostumbrados todavía y con la curiosidad que lo caracterizaba, se decidió a averiguar el origen de aquel griterío...

—Vamos, juguemos a los caballos —decían unos.

—No, mejor a las cuatro esquinas —gritaban otros y así fueron nombrando distintos juegos sin que ninguno fuera aprobado por todos. Finalmente el más grandecito dijo:

—Oigan, vamos a jugar al cadí. Van a ver cómo nos divertimos.

Todos dijeron que sí entusiasmados. Corrieron a colocar en medio del corral un tonel destartalado. Sobre él se trepó el que había propuesto el juego diciendo:

—Yo hago de cadí y tú de mercader ladrón. Tú harás de Alí Cogia.

Ya pensaba retirarse el califa, quien oculto detrás de la puerta del corral observaba a los niños, cuando al sentir el nombre de Alí Cogia recordó el memorial que había leído esa mañana.

—Observemos esto —dijo a Giafar, quien también se acomodó para mirar.

Una vez que los chicos aceptaron sus papeles, el que ocupaba el lugar del juez se dirigió al que oficiaba de Alí Cogia y tratando de poner una voz grave, le dijo:

—¿Qué es lo que pides tú?

—Señor, —contestó el otro chiquillo— hace siete años puse mil monedas de oro en un tarro, lo llené de aceitunas y lo entregué a este mercader que era amigo mío para que me lo guardara en su almacén. Pero cuando volví de mi viaje y fui a retirar el tarro, al vaciarlo no encontré las monedas de oro. Se las reclamé diciéndole que podía pagármelas cuando pudiera, pero él niega haberlas tomado.

—Y tú, ¿qué respondes a esta acusación? —dijo el niño juez al que hacía el papel del mercader.

—Yo digo que jamás vi las monedas de oro y ni siquiera toqué el tarro de aceitunas y puedo prestar juramento cuando quieran.

—A ver, un minuto —dijo el pequeño cadí, y se dirigió a otro niño que parecía representar a un ujier—. Presente el mencionado tarro de aceitunas y que se acerquen dos aceituneros.

El niño ujier tomó un cacharro viejo que había tirado en el corral y lo llenó de piedritas, como si fueran las aceitunas. Se acercaron dos niños más y dijeron ser los aceituneros.

El chico que hacía de juez miró el tarro, tomó una piedrita haciendo que probaba una aceituna.

—Hum, —dijo— están exquisitas. Se dirigió a los aceituneros y les dijo:

—Quiero que se fijen en este tarro y me digan cuanto tiempo pueden las aceitunas conservarse sanas y buenas para comer.

Los dos muchachos miraron el tarro y contestaron:

—Estas aceitunas son frescas.

—Imposible, se equivocan. Estas aceitunas tienen siete años por lo menos. Aquí está presente Alí Cogia que no me deja mentir. Fue él mismo quien las puso en el tarro antes de marcharse.

—No puede ser, señor —contestaron los que hacían de aceituneros—. No pueden conservarse sanas más de dos años, aun cuando estén muy bien aderezadas y cuidadas. Si no nos cree, pregúnteselo a cualquier mercader y verá que decimos la verdad.

El niño que cumplía el papel del mercader quiso protestar, pero el cadí no le dejó hablar y le gritó:

—¡Tú te callas! ¡Eres un ladrón! —Y dio orden de que lo ahorcaran. Los demás chicos corrieron hacia él y lo agarraron haciendo la parodia de que lo iban a ahorcar, mientras reían y gritaban aplaudiendo.

Harum Alraschid, que así se llamaba el califa, miró al gran visir quien había estado escuchando también atentamente y risueño, le preguntó:

—¿Qué te ha parecido el fallo de este tribunal?

—Pues, señor, —contestó Giafar— estoy asombrado. Dudo que en una causa semejante un juez pueda fallar mejor, con tanta cordura, sensatez y buen juicio como lo ha hecho este niño.

—Pues para que lo sepas —dijo el califa— esta mañana he leído un memorial firmado por el verdadero Alí Cogia y me ha presentado precisamente este caso sobre el que tendré que dar mi fallo. Recuerda las señas de esta casa. Quiero que mañana a la hora de la audiencia esté presente el niño que ha hecho ahora de juez para ayudarme a resolver este asunto. Que venga también el cadí, así aprenderá a hacer mejor justicia. No te olvides de avisar a Alí Cogia para que se presente con su tarro de aceitunas y llama dos o tres mercaderes aceituneros.

Al día siguiente el gran visir se presentó en la casa donde los niños habían estado jugando por la noche. Preguntó a los dueños si tenían hijos y estos contestaron que sí y se los presentaron. El gran visir reconoció inmediatamente al que había oficiado de juez la noche anterior y dijo a los padres que los iba a llevar con el califa. Los padres se asustaron, porque no sabían para qué era, pero el gran visir los tranquilizó diciéndoles que el Comendador de los Creyentes quería ver al niño por un asunto importante y que nada malo le ocurriría. La madre le puso entonces un traje limpio y el chiquillo partió con Giafar. Al entrar en el gran palacio el chico se atemorizó, entonces Harum Alraschid le dijo:

—Ven conmigo, hijo, no temas, quiero preguntarte algo. ¿No eras tú acaso el que jugando con los niños anoche, hacía el papel del cadí?

—Sí, señor —contestó el niño un poco más tranquilo.

—Muy bien, ahora vas a juzgar en serio el caso de Alí Cogia y el mercader que se apropió indebidamente de las monedas de oro. Yo te vi y te escuché anoche. Estoy orgulloso de ti. Ven y siéntate a mi lado.

Tomando al niño de la mano, el califa lo sentó al lado de su trono. Se presentaron los interesados y Harum Alraschid dijo:

—Cada uno de ustedes expondrá sus cargos y sus razones. Este niño que está a mi lado los escuchará y será él quien falle en esta causa. Sólo lo supliré en caso de que falte algún requisito.

El primero en hablar fue Alí Cogia repitiendo todo lo que había dicho al cadí. Cuando le llegó el turno al mercader hizo otro tanto. Volvió a negar que hubiera tomado las monedas de oro, diciendo que no había tocado el tarro de aceitunas y que podía volver a jurar si era necesario.

—Un momento —dijo el niño y, mirando al califa preguntó:

—¿Puedo ver antes el tarro de aceitunas y que lo vean también los aceituneros?

—Por supuesto —contestó el califa.

Al sentir esto Alí Cogia puso el tarro de aceitunas a los pies del califa. Este lo destapó y probó una. Luego dio otra al niño.

—¿Y qué te parecen? —preguntó al niño.

Se acercaron los aceituneros y revisando el tarro, declararon que aquellas aceitunas eran tan frescas como las recogidas ese mismo año.

—Probablemente están equivocados —dijo el niño—. Porque estas aceitunas las puso Alí Cogia hacía siete años.

—Señor —dijeron los aceituneros dirigiéndose al califa— llama si quieres a todos los mercaderes de aceitunas para consultarlos. Todos te dirán que no hay aceitunas que duren buenas más de dos años, por mejor aderezadas que estén. Que nos corten la cabeza si no es verdad lo que afirmamos.

El mercader quiso defenderse, desmintiendo el reconocimiento de los peritos. El niño comenzó a mirar al califa, ya que no se atrevió a dar la orden de que lo ahorcaran como había hecho la noche anterior en el juego.

El califa, convencido de la culpabilidad del mercader y viendo que éste no reconocía su falta, lo entregó para que fuera ahorcado. Unos momentos antes de morir, confesó su robo y dijo dónde había guardado las mil monedas de oro, que fueron entregadas a su dueño.

Alí Cogia hizo un magnífico regalo al niño que había sido mejor juez que el cadí. El cadí fue severamente reprendido por el califa, quien después de abrazar cariñosamente al niño, lo envió a casa con una bolsa de cien monedas de oro y mandó decir a sus padres que la educación del niño corría por su cuenta.

ALI BABA Y LOS CUARENTA LADRONES

En una antigua ciudad de Persia vivían dos hermanos: Casim y Alí Babá. Cuando murió su padre, dejó muy pocos bienes, pero Casim se casó con una mujer que había heredado de un pariente lejano, una tienda de finísimos géneros y algunas propiedades. De este modo Casim llegó a ser un hombre rico e importante, con uno de los establecimientos comerciales más grandes de la ciudad.

Alí Babá también se casó, pero para vivir y sostener a su familia trabajaba como leñador. Tempranito se iba al bosque a buscar sus cargas de leña que transportaba en tres borricos.

Un día, mientras cargaba su leña sobre el lomo de los animales, divisó una enorme columna de polvo que era producida por un grupo de hombres a caballo que venían hacia donde él se encontraba. Alí Babá se asustó y se ocultó detrás de un árbol, dejando que pasaran sin verlo. Los hombres se detuvieron y se apearon muy cerca de él, justo frente a una roca enorme que estaba recostada contra un pequeño cerro cubierto de maleza. Todos eran robustos, vestían buenas ropas y estaban armados hasta los dientes. Alí Babá no dudó ya de que fueran ladrones; los contó y eran cuarenta.

El que parecía ser el jefe se acercó a la roca y parándose frente a ella, dijo: "¡Sésamo, ábrete!". Inmediatamente la roca giró sobre sí misma y dejó al descubierto la entrada de una cueva. Una vez que todos entraron por allí, se volvió a cerrar.

Alí Babá no quiso moverse de su sitio, asombrado y curioso por lo que estaba pasando. Después de un rato, salieron los cuarenta ladrones y el jefe volvió a dar la orden a la roca: "¡Sésamo, ciérrate!". Todos volvieron a montar sobre sus caballos y se alejaron del lugar.

Alí Babá salió de su escondite y se acercó a la roca y para probar si las palabras que dijera el jefe de los ladrones también darían resultado pronunciadas por él, dijo: "¡Sésamo, ábrete! De inmediato la roca giró y Alí Babá al entrar a la cueva, quedó maravillado de todo lo que allí había. Vio gran cantidad de víveres, fardos de riquísimas mercaderías, oro y plata a montones y en grandes sacos puestos unos sobre otros.

Sin perder tiempo, Alí Babá retiró algunas bolsas de oro y los cargó en sus burritos tapándolos con la leña. Luego se paró a la roca y dijo "¡Sésamo, ciérrate". Y la roca volvió a tapar la puerta de la cueva. Se encaminó hacia la ciudad y llegando a su casa, contó a su mujer lo que había pasado pidiéndole que guar-

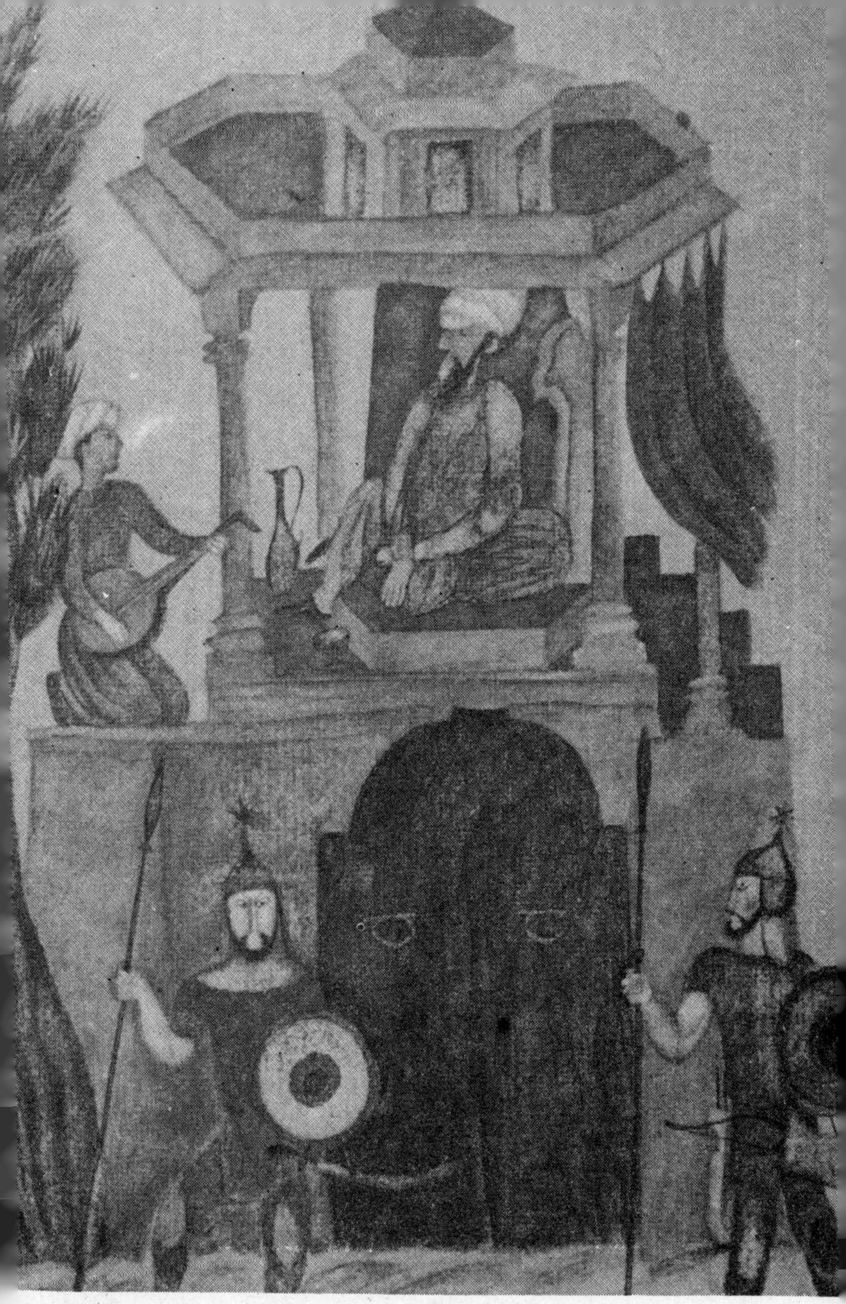

dase el secreto. La mujer muy contenta por la suerte que había tenido su marido, le ayudó a cavar un hoyo en el patio de la casa para enterrar el oro. La mujer, sin embargo, estaba curiosa por saber cuánto oro había en las bolsas y le dijo a Alí Babá: "Mientras terminas de cavar el hoyo, voy a buscar una medida". Salió a buscar la medida a casa de Casim. Este no estaba y la atendió su mujer, quien curiosa por saber para qué le pedían una medida, puso un poco de sebo en el fondo del recipiente, para que quedara adherida cualquier cosa que allí se depositase. Llegó la mujer de Alí Babá con la medida y quedó muy contenta por la cantidad de oro que pudo medir, entonces fue a devolver la medida, sin reparar que en el fondo del recipiente quedaba adherida una moneda.

Cuando Casim llegó esa noche a su casa, su mujer le contó lo que había pasado y le dijo: "Casim, tú te crees rico, pero te engañas. Alí Babá lo es mucho más que tú. No cuenta el dinero como nosotros, ¡lo mide en recipientes!" Y le enseñó la moneda de oro.

Esto despertó la envidia de Casim, quien fue a ver a su hermano a la mañana siguiente y le explicó lo que él y su mujer habían notado. Alí Babá no pudo ocultar ya nada y le confesó lo que le había pasado, además de enseñarle las palabras apropiadas para abrir y cerrar la roca.

Al día siguiente Casim salió en la madrugada de su casa con diez burros cargados con grandes cofres y tomando el camino que le había indicado su hermano, no tardó en encontrar la roca que tapaba la cueva. Poniéndose delante, exclamó: "¡Sésamo, ábrete!". La roca dejó al descubierto la entrada de la cueva y una vez que Casim entró, se volvió a cerrar. Casim quedó maravillado de lo que allí había y rápidamente comenzó a llenar tantos sacos como pudo. Pero tan entusiasmado estaba con aquel descubrimiento que había despertado su codicia, que olvidó por completo cuál era la palabra mágica que lograba abrir y cerrar el lugar. De este modo, se puso a gritar frente a la puerta: "Trigo, centeno, cebada" y cuanta semilla se le ocurría, pero de nada le valió, la roca seguía quieta. Cerca de la medianoche, volvieron los ladrones y vieron los burros de Casim a la entrada de la cueva, cargados con los cofres. Inquietos por este hecho extraño, los ladrones, sable en mano, se pararon frente a la puerta, mientras el jefe pronunciaba las palabras. Casim, que había sentido el ruido, pensó que su muerte estaba próxima y pensó salir corriendo apenas se abriera la puerta, pero lo hizo con tan mala suerte que derribó por tierra al jefe y allí nomás, los otros bandidos lo remataron. Luego cerraron la cueva, dejando adentro el cuerpo sin vida de Casim.

Mientras tanto, la mujer de Casim comenzó a inquietarse cuando vio que se hacía noche y su marido no llegaba; entonces fue a casa de Alí Babá y le habló de su inquietud. Alí Babá preocupado por la tardanza de su hermano, partió inmediatamente en su búsqueda. Al llegar al lugar, pronunció frente a la roca las palabras mágicas y cuando ésta se abrió, vio allí, junto a la puerta, el cuerpo sin vida de su hermano. Recogiéndolo, lo montó en uno de sus burros y lo tapó con leña. Una vez cerrada la roca, alejóse del lugar.

Llegó a la casa de su cuñada, la mujer de Casim y le dijo: "Motivos tienes para afligirte. Pero el mal ya está hecho y no tiene remedio. Tendremos que hacer aparecer la muerte de Casim como algo natural. Dejemos que Morjiana, vuestra fiel servidora nos ayude".

Más tarde Morjiana —esclava fiel e inteligente— fue hasta la casa del boticario y pidió una esencia que puede dar resultados aún en las enfermedades más graves, mientras decía llorando al boticario: "Ay, qué triste, mucho me temo que este remedio no haga efecto. ¡Qué buen amo voy a perder!". Mientras, Alí Babá y su mujer iban y venían de casa de su hermano Casim, con el semblante preocupado y triste. Finalmente trajo el carpintero un ataúd, donde colocaron el cuerpo de Casim y junto con los vecinos lo trasladaron al cementerio. De este modo nadie sospechó nada de la muerte de Casim.

Pero los ladrones, al volver a la cueva y no encontrar el cadáver de Casim, supusieron que éste tendría un cómplice, por lo que decidieron que uno de ellos fuera hasta el pueblo a investigar si alguien había muerto o desaparecido.

Recorriendo la ciudad, el ladrón encargado de encontrar a los que habían entrado en su cueva, llegó hasta la casa del boticario. Hablando con él se enteró de que el hermano de Alí Babá había muerto y sospechando que podían ser ellos los que buscaba, pidió al boticario que le enseñara la casa de Alí Babá. El boticario se la enseñó y cuando el ladrón quedó solo, hizo sobre la puerta de Alí una cruz con tiza, para poder enseñársela a su jefe y a los demás bandidos.

Sin embargo, Morjiana que vio todo aquello, desde su casa y temiendo que corriera peligro la vida de Alí Babá, pintó una cruz con tiza en varias casas de los alrededores. De este modo cuando el ladrón volvió con su jefe, no pudo reconocer la casa de Alí Babá. El ladrón volvió a buscar al boticario para que nuevamente se la enseñara y así el jefe la observó bien para no

17

equivocarse y poder regresar, cuando tuviera listo el plan que se le había ocurrido para terminar con Alí Babá.

El jefe de los ladrones mandó que sus bandidos trajeran cuarenta tinajas de aceite y se metieran dentro. El se haría pasar como un comerciante y se llegaría hasta la casa de Alí Babá. En efecto, al llegar, pidió hablar con el dueño de casa y una vez que se hubo presentado Alí Babá, le dijo:

"Señor, traigo el aceite que veis, desde muy lejos para venderlo mañana en el mercado y a estas horas no sé dónde hospedarme. Os ruego que me hagáis el favor de dejarme hospedar en vuestra casa."

Alí Babá creyendo que el viajero era realmente un mercader de aceite, le dijo:

"Pues sois bienvenido. Podeis pasar la noche aquí". Y llamó a Morjiana, quien estaba a sus órdenes desde la muerte de su hermano, para que dispusiese la cena y una cama para el huésped. Cuando Alí Babá se retiró, el jefe de los bandidos salió al patio donde habían quedado las tinajas y fue desde la primera a la última diciendo:

"Cuando yo tire piedrecitas desde el cuarto que me han dado, saldréis de la tinaja."

Luego regresó a la cocina y Morjiana, tomando una lámpara, lo acompañó hasta el aposento que le había preparado.

Cuando Morjiana regresaba, la lámpara se le apagó. No había más aceite ni velas en la casa, por lo que a Morjiana se le ocurrió tomar la jarra del aceite y bajar a buscar un poco de las tinajas que había dejado allí el falso mercader.

Cuando se acercaba a una de ellas, sintió una voz que venía de su interior que preguntaba: "¿Es ya la hora?". Entonces se dio cuenta de que algo malo pasaba y que su amo y la familia corrían peligro. Contestó a la voz: "Todavía no, pero pronto será". Así recorrió todas las tinajas, contestando lo mismo, y se dio cuenta de cuántos bandidos habían entrado a la casa escondidos en las tinajas. Eran treinta y nueve y la última tinaja era la única que contenía aceite. Morjiana tomó una enorme caldera y la llenó con el aceite de la última tinaja y la puso al fuego. Cuando el aceite comenzó a hervir, lo fue arrojando dentro de cada tinaja.

Una vez terminada esta operación, fue a la cocina, apagó la lámpara y se fue a dormir.

Después de una hora, el jefe de los ladrones abrió la ventana y empezó a hacer la señal convenida, pero nadie le contestó. Bajó al patio muy azorado y acercándose a la primera tinaja sintió el olor del aceite caliente, por lo que se dio cuenta de que su plan había sido descubierto y forzando una cerradura que daba al jardín, huyó lejos de allí.

Al día siguiente, Morjiana explicó al asombrado Alí Babá lo que había ocurrido.

—"Te debo la vida —dijo Alí Babá— y para darte una prueba de mi agradecimiento, desde hoy te doy la libertad, y diez mil zequíes. Estoy seguro que esos hombres eran los ladrones y lo que tenemos que hacer es enterrarlos ya".

El jefe de los ladrones, mientras tanto, había ideado otra manera de entrar a casa de Alí Babá. Tomando el nombre de Cojia Husan y disfrazado de comerciante de finísimas telas, se presentó nuevamente. Alí Babá ordenó a Morjiana que preparase una rica cena para el distinguido señor, pero la fiel esclava reconoció casi en el acto al jefe de los ladrones y observándolo atentamente, notó que llevaba un puñal escondido debajo de sus vestiduras.

"Ya comprendo —se dijo—, este malvado es el peor enemigo de mi buen amo; pretende asesinarlo, pero yo lo impediré."

Se fue a su cuarto y se vistió con un traje de bailarina, se ciñó a la cintura una cadena de plata que terminaba en un puñal también de plata. Ordenó a otro sirviente que tomara un pandero y que la siguiera, mientras ella terminaba su atuendo con una máscara para danzar. Después de bailar un rato frente a Alí Babá y el falso Cojia Husan, sacó el puñal de plata y usándolo como parte de la danza lo presentaba frente a los espectadores, en la forma en que las bailarinas profesionales lo hacen implorando la generosidad del público. Alí Babá echó una moneda de oro en el pandero y Cojia metió la mano en su bolsa para ofrecer también una, cuando Morjiana se arrojó sobre él y le clavó el puñal en el corazón. Alí Babá dio un grito: "¿Qué has hecho, desdichada?", le dijo.

—"He hecho esto para salvaros, señor, a vos y a tu familia" —contestó Morjiana. Y abriendo el vestido de Cojia Husan, enseñó a su amo el puñal con que estaba armado.

—"Miradlo bien, le dijo, es el falso mercader de aceite y el jefe de los ladrones. Lo reconocí enseguida".

Alí Babá abrazó a Morjiana y le dijo: "Te di la libertad, ahora te casarás con mi hijo".

Pocos días después se celebraron las bodas de Morjiana con el hijo de Alí Babá. Este no volvió por la cueva de los ladrones por mucho tiempo. A cabo de un año, invitó a su hijo y los dos montaron a caballo y se acercaron al peñasco. Alí Babá dijo "¡Sésamo, ábrete!" y la roca giró. Entraron los dos y se dieron cuenta que nadie había regresado por allí desde que murieron los ladrones. Alí Babá y su hijo llenaron sus maletas de oro y las cargaron en sus caballos para regresar a la ciudad. Desde entonces vivieron con todo esplendor las familias de Alí Babá y su hijo, pero sin confesar a nadie más el secreto de la cueva.

ALADINO Y LA LAMPARA MARAVILLOSA

En una ciudad de la China vivía, hace muchos años, un sastre muy pobre llamado Mustafá. Era tan pobre, que apenas podía mantener a su mujer y a su único hijo llamado Aladino.

Abrumado Mustafá por su miseria y porque Aladino no quería seguir el oficio de sastre comenzó a sufrir una terrible enfermedad que lo fue consumiendo lentamente hasta provocarle la muerte.

La mujer de Mustafá, sabiendo que Aladino no ejercería jamás el oficio de su padre, cerró la tienda, vendió los géneros y útiles de su marido y púsose a trabajar hilando algodón, con lo que esperaba poder mantenerse.

Cuando Aladino llegó a los quince años era el muchacho más travieso de la ciudad. Un día que se hallaba en la plaza jugando con unos amigos, se detuvo junto a él un extranjero, que, luego de observarlo, le llamó y le preguntó si era el hijo del sastre Mustafá.

—Así es... —respondió Aladino—. Pero mi padre murió hace tiempo.

Al oír esa respuesta, el extranjero, que parecía ser un africano se puso a llorar desconsoladamente al mismo tiempo que lo abrazaba.

—¿Por qué es que lloras así por mi padre? —preguntó Aladino asombrado.

—Es que Mustafá era mi hermano —contestó el desconocido—. Yo soy tu tío. Cuando esperaba verlo tras de esta larga ausencia, me das la noticia de su muerte.

Luego el hombre averiguó dónde vivía el muchacho con su madre, le entregó un puñado de monedas para que se las llevase y le pidió que anunciara a la viuda que al día siguiente acudiría a verla.

La pobre mujer se asombró de la aventura corrida por su hijo pero se mostró incrédula sobre el parentesco que decía tener con

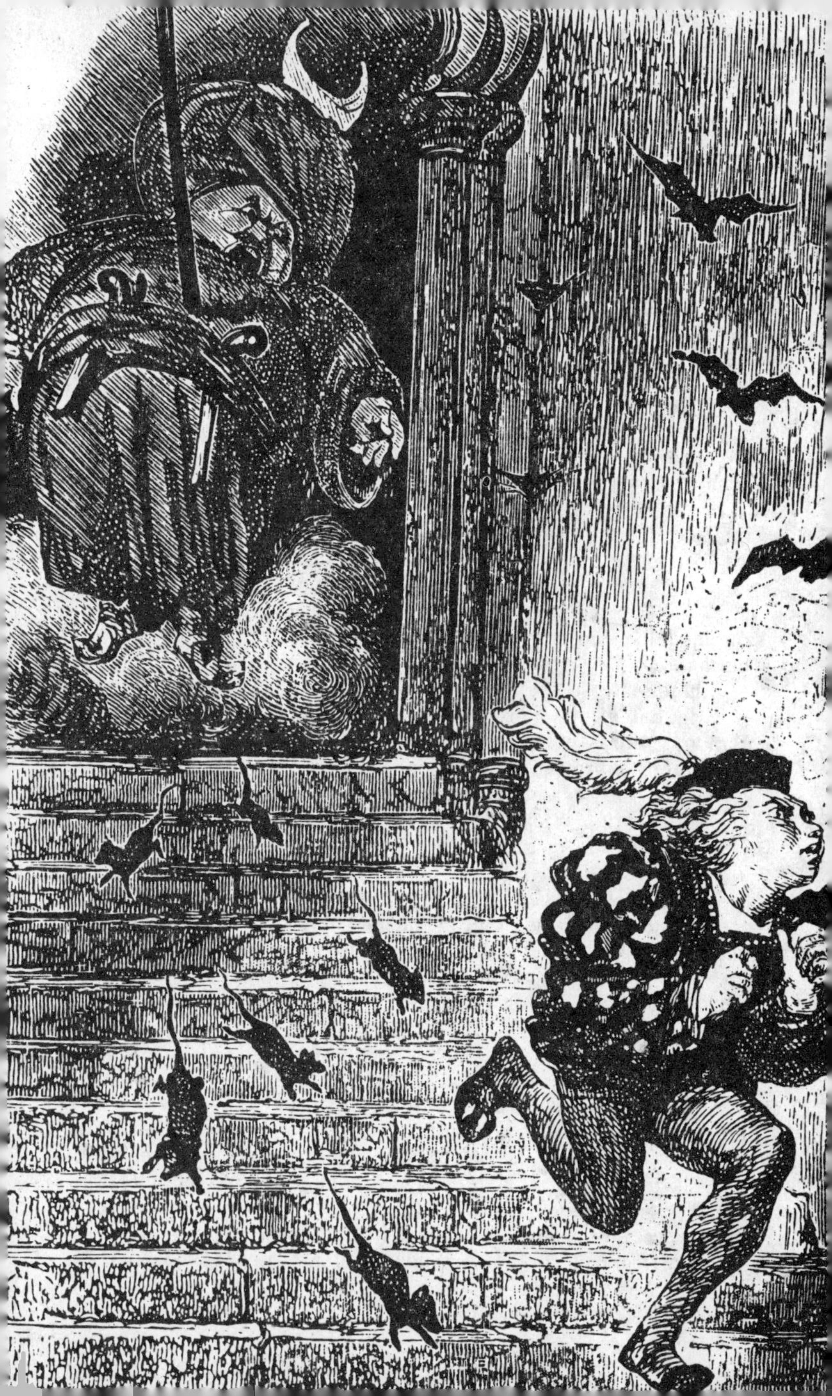

ellos el misterioso desconocido. Creía que el único hermano de Mustafá había muerto bastantes años antes que su marido.

A pesar de eso, Aladino fue al otro día a la plaza a encontrarse con su supuesto tío quien no tardó en llegar. Luego de abrazarle, le entregó otras monedas para que su madre preparara una buena comida, pues deseaba pasar el día con la viuda y su hijo. Poco después aparecía cargado con hermosas frutas y costosas botellas de vino.

Las dudas que abrigara la viuda de Mustafá se desvanecieron al ver cómo lloraba el desconocido al ser evocado el recuerdo de su marido, y, sobre todo, al ver cómo besaba con cariño el sitio del diván que ocupara el sastre mientras vivía.

—Hermana, no te debe causar extrañeza —dijo el africano cuando cesó en sus demostraciones de dolor— el que no nos hayamos visto en todo el tiempo que estuviste casada con Mustafá. He permanecido fuera del país más de cuarenta años viajando por Asia y Africa, hasta que hace un tiempo sentí deseos incontenibles de regresar a esta querida tierra. Muchas son las aflicciones y peligros que he vivido pero nada se puede comparar al dolor que experimento con la noticia de la muerte de mi hermano.

Finalmente se sentaron a comer y durante la comida no cesaron de hablar del pobre sastre y del porvenir de Aladino. El flamante tío se comprometió a velar por el futuro de éste, cosa que alegró sobremanera a la viuda.

Mayor fue la alegría, al día siguiente, cuando el extranjero llevó a Aladino a casa de un mercader de ropas para que lo vistiera con sus mejores galas. No contento con esto, le llenó los bolsillos de dinero.

Al tercer día, Aladino se reunió con su supuesto tío y juntos recorrieron lo más notable de la ciudad y de sus alrededores.

En un momento el muchacho se quejó de hallarse muy cansado, pero su tío le animó a continuar el paseo diciéndole que pensaba enseñarle un jardín tan hermoso que le parecería un paraíso.

Aladino se dejó convencer y siguieron andando hasta llegar a un valle situado entre dos montañas.

—Nos quedaremos aquí —dijo el africano, ya que ése era el lugar que él buscaba—. Tendrás oportunidad de ver cosas maravillosas como jamás las vio mortal alguno. Ayúdame; tráeme todas las malezas y ramas secas que encuentres por aquí cerca.

El joven obedeció. En poco rato reunió lo que se le había pedido y esperó con impaciencia lo que iba a hacer su tío.

El africano encendió una viva fogata. Luego arrojó a las llamas algo que produjo un intenso perfume y un espeso humo. Al mismo tiempo pronunciaba unas extrañas palabras que debían ser mágicas.

Repentinamente la tierra se estremeció. Frente a los asombrados ojos de Aladino se abrió el suelo y junto al fuego quedó al descubierto una pequeña losa con una gran argolla de bronce en el centro.

Frente a todo aquello, Aladino sintió temor e intentó echar a correr; pero el africano lo detuvo.

—¡Tonto! —dijo— ¿Por qué huyes? Bajo esa losa hay un tesoro tal, que te convertirá en el hombre más rico y poderoso de la tierra.

—¿A mí? —balbuceó el muchacho.

—A ti. No existe nadie más en este mundo a quien sea permitido levantar la losa e introducirse en ese agujero. Yo mismo no podría hacerlo.

La revelación del tesoro que allí había, hizo que Aladino olvidara su miedo y prometiera al tío hacer lo que él le ordenase.

—Muy bien... —le dijo éste—. Acércate... Introduce la mano en la argolla... Ahora pronuncia el nombre de tu padre y de tu abuelo, y tira fuertemente.

El muchacho hizo lo que se le ordenaba y la losa quedó levantada, a pesar de lo grande y pesada que era.

A través del hueco se veían unos escalones que conducían hacia el interior de la tierra.

—Escúchame bien —dijo el africano—, y haz todo exactamente como te voy a decir. Baja esos escalones, al final de ellos hallarás una gran puerta que da a un gran salón dividido en tres partes. A ambos lados verás unos jarrones de bronce repletos de oro y plata, ¡Guárdate de no tocarlos! Cuida de ceñirte el traje para que no roces con él los jarrones ni las paredes, ya que si esto sucede ¡morirás! Luego de atravesar los tres departamentos del salón, llegarás a una puerta tras la cual se halla un hermoso jardín con espléndidos árboles. Atraviesa el jardín y llegarás a una escalera por la que subirás a una azotea. Ya allí verás un altarcito y sobre él una lámpara encendida. Coge esa lámpara, apágala y póntela en un bolsillo, regresando en seguida. Al regreso puedes tomar del jardín todos los frutos que desees.

Después de darle estas instrucciones, puso una sortija en uno de los dedos de Aladino.

—Ella te preservará de todo mal —explicó.

El muchacho bajó por aquel extraño subterráneo e hizo exactamente todo lo que su tío le había indicado.

Luego de tener en su poder la lámpara, ya sin miedo, se detuvo en el jardín admirado de lo que veía. Allí los árboles producían inmensidad de frutos que eran perlas, esmeraldas, brillantes y en fin, todas las joyas que sea posible imaginar, de un tamaño y perfección increíbles.

Aladino no llegaba a darse cuenta de la riqueza que aquello significaba, pero le gustaron tanto los llamativos colores de los frutos, que se guardó todos los que pudo.

Cuando llegó a la boca del subterráneo, donde lo aguardaba impaciente el africano, llevaba las manos llenas de joyas.

—¡Por fin! —rezongó éste—. Alcánzame la lámpara en seguida.

—Antes dame tú la mano para subir, querido tío —rogó Aladino.

El muchacho no podía entregarle la lámpara sin antes vaciar sus bolsillos y dejar lo que llevaba en las manos. Pero el tío se empecinó en que primero le diera la lámpara y como el muchacho no accedió, pareció enloquecerse de la rabia.

En su arrebato, se echó repentinamente hacia atrás, y, aproximándose al fuego que continuaba ardiendo, le arrojó del mismo perfume que antes había utilizado mientras pronunciaba entre dientes unas palabras mágicas.

A continuación, la losa volvió a cerrar la puerta del subterráneo, la tierra la cubrió y finalmente todo quedó como antes.

Es necesario que sepáis que el africano no era tío de Aladino. En verdad era un brujo africano que después de muchos años de encantamiento, brujerías y miles de procedimientos más, se había enterado de la existencia de una lámpara maravillosa que convertiría a su dueño en el ser más poderoso de toda la tierra: El brujo también se enteró de que esa lámpara se encontraba en un lugar subterráneo en China y que él por ser brujo se hallaba impedido de apoderarse de ella, necesitando para ello de otra persona.

Escogió a Aladino para que le ayudara, aunque tenía la intención de dejarlo encerrado en el subterráneo tan pronto se adueñase de la lámpara. Por eso su insistencia en que el muchacho se la alcanzara antes de salir, pero viendo que el muchacho no le obedecía, se enfureció y lo dejó encerrado con lámpara y todo.

Desde ese momento todo lo anterior le había resultado inútil.

Enfurecido, volvió a Africa ese mismo día, guardándose de no pasar por la ciudad, para que nadie le preguntara por el muchacho.

Mientras tanto el pobre Aladino, al verse encerrado en el subterráneo comenzó a gritar desesperadamente prometiendo a su tío que le entregaría la lámpara en seguida... Al ver que no recibía respuesta, se puso a buscar salida, y, viendo que no la había se puso a llorar hasta que cayó desfallecido.

Pasó ese día y otro más, sin que el desdichado muchacho pudiera probar bocado ni beber una gota de agua. Pero al tercer día al rogar al cielo para que le librara de su terrible destino, casualmente restregó el anillo que le había dado el brujo.

El anillo era mágico. Al ser frotado hizo que ante Aladino apareciera un Genio gigantesco, que, inclinándose ante él, le dijo:

—¿Qué deseas? Pide, que yo cumpliré tus deseos como el más humilde de los esclavos.

Aladino no se atemorizó mucho ante esta aparición. Le habían ocurrido tantas cosas extrañas en poco tiempo y sentía tan inmensos deseos de salir de su encierro, que respondió:

—¡Deseo hallarme fuera de este horrible subterráneo!

Apenas expresado este deseo el muchacho se encontró fuera del subterráneo, en el mismo lugar donde lo había llevado el brujo.

Llegó con gran esfuerzo hasta su casa donde fue recibido con gran alegría por su madre, que ya lo daba por muerto.

Cuando se hubo recuperado algo, le contó todo lo sucedido. ¡Cómo se enfureció la pobre viuda!

Luego hizo que su hijo se acostara. Tomó las piedras que Aladino le entregara sin concederles importancia ya que desconocía su valor. Las guardó en un saquito y éste quedó en un rincón de la casa junto con unos trastos viejos.

Al despertar a la mañana siguiente Aladino supo que su madre no tenía nada para darle de almorzar. La buena mujer pensaba ponerse a hilar y con lo que ganara de su trabajo comprar algo para comer. Pero Aladino no se lo permitió y dijo:

—No es necesario que trabajes hoy. Vendiendo esa maldita lámpara que traje ayer, podremos comer un par de días.

Cuando la viuda se puso a frotar la lámpara para limpiarla, pues la encontró muy sucia, apareció ante la madre y el muchacho un genio gigantesco y con terrible aspecto, que preguntó con voz atronadora:

—¿Qué es lo que deseáis? Yo estoy dispuesto a cumplir todas vuestras órdenes como esclavo que soy de esa lámpara que tenéis en vuestras manos.

La madre de Aladino se desmayó por el gran miedo que sintió. En cambio el muchacho, que ya sabía del inmenso poder de los genios por todas las aventuras que había corrido, cogiendo la lámpara contestó con voz firme:

—¡Tráenos de comer!

Al momento desapareció el Genio. Pero unos instantes después regresaba con exquisitos manjares, que puso encima de la mesa. Prontamente se esfumó.

Aladino entonces se preocupó por atender a su madre. Esta no comprendía lo que había sucedido, pero al ver comida tan apetitosa hizo honor al inesperado banquete.

Luego, al comprender lo sucedido, rogó a Aladino que se deshiciera de la lámpara y del anillo, ya que no quería tener tratos con genios, a los cuales consideraba seres infernales. Pero el muchacho rehusó hacer tal cosa, pues se daba cuenta que con esos dos extraños objetos podía conseguir todo lo que quisiera. También comprendió que el brujo hubiera realizado tantas atrocidades para apoderarse de la lámpara.

Fue así como las conservó, y, siempre que sus recursos se agotaban, frotaba la lámpara maravillosa aprovechando cualquier salida de su madre.

El genio oía y cumplía siempre sus deseos, que por lo general eran peticiones de comida, pues el muchacho no quería abusar de su poder pidiendo cosas de las que no tuviera verdadera necesidad.

Y así vivieron felices durante dos años. Durante ese tiempo Aladino se hizo amigo de todas las personas distinguidas de la ciudad. Aprendió a comportarse elegantemente y, sobre todo, averiguó el verdadero valor de las piedras que poseía y, que hasta ese momento, consideraba como piedras de colores.

Un día en que Aladino se paseaba por las calles, oyó una orden del sultán voceada por sus heraldos, en la que disponía cerrar todas las tiendas y que todos los pobladores de la ciudad se encerraran en sus casas, pues iba a pasar por las calles la princesa Brudulbudura, su hija, que se dirigía al baño.

Aladino, como todos los demás cumplió la orden, pero se sintió picado por la curiosidad y atisbó desde una ventana —situada frente a la puerta del baño— y pudo ver a la princesa, que era la más hermosa y elegante mujer que nunca hubiera visto. Tanto le impresionó que a partir de ahí quedó profundamente enamorado.

El resto del día lo pasó muy entristecido y no probó bocado. Su madre que advirtió su preocupación se alarmó, creyendo que estaba enfermo.

Tanto le habló la madre inquiriendo sobre lo que le afligía, que por fin, a la mañana siguiente, el muchacho le confió su secreto: estaba enamorado de la princesa. Y también dijo que había resuelto pedir su mano al Sultán.

Cuando la madre oyó esto, quedó asombrada. Luego viendo

que el muchacho hablaba en serio, se echó a reír y le aconsejó que abandonara esa idea.

—¡Oh, no, madre mía! —replicó Aladino—. No estoy loco. Yo sé que soy hijo de un humilde sastre, pero igual te ruego que vayas a pedir la mano de Brudulbudura para mí.

Frente a este pedido la viuda no se rió.

—Pero, hijo... ¿Tú no te das cuenta que el Sultán no entregará la mano de su hija, sino a algún príncipe?

—No importa. Igual deseo que vayas a palacio a pedir la mano de la princesa.

—Suponiendo que tuviera yo la audacia para presentarme en el palacio para hablar con el Sultán; y aunque pudiera llegar a hablarle, que es algo bien poco probable... ¿Quién le digo que es el pretendiente de su hija? ¿Cuáles son sus méritos?... Además, como bien lo sabes, es necesario que lleve al Sultán algún presente para que me escuche con benevolencia... Y nosotros, no tenemos con qué comprar nada digno de ser presentado al soberano y menos que justifique tan audaz petición...

Aladino que no se dejaba impresionar por esos pequeños obstáculos, le replicó:

—No os aflijáis por el regalo. ¿No sabes acaso que somos dueños de joyas de gran valor? Yo, hasta hace poco, también lo ignoraba, pero ahora luego de haber recorrido las tiendas de la ciudad, te puedo asegurar que en ninguna tienen joyas del tamaño y perfección de los frutos que traje de aquel maravilloso jardín. Así que anda, llévaselas al Sultán.

Por fin, la madre se dejó convencer. Colocaron las piedras preciosas en una bandeja de porcelana y las cubrieron con la mejor tela que pudieron conseguir. Luego la madre se dirigió con ellas a palacio, aunque temblando de miedo.

Cuando llegó, el Sultán se hallaba rodeado por los visires, los señores de la corte y muchos otros personajes que venían a hacerle peticiones. La pobre viuda se situó frente al Sultán para que éste la viera, pero como no osó decir nada, terminó la audiencia sin que nadie reparara en ella. Lo mismo ocurrió durante seis días.

Finalmente, el séptimo día, el Sultán, que había observado la diaria asistencia de la mujer, al abrir la audiencia, pidió que la llevaran hasta las gradas de su trono.

—¿Por qué asistes diariamente a la audiencia? ¿Qué es lo que deseas pedir?

La madre de Aladino, animada por el tono benevolente del soberano, contestó prosternándose:

—¡Señor de todos los creyentes! Primer monarca del mundo... Antes de pedirte lo que hasta aquí me ha traído, quiero que me disculpes la audacia de la petición que te voy a hacer.

Esa introducción excitó la curiosidad del Sultán, quien ordenó que se retiraran todos los que se hallaban en el salón para que la mujer pudiera hablar con libertad.

La viuda de Mustafá hizo la petición que la había llevado hasta ahí. El Sultán no se burló, ni se encolerizó por la propuesta. Pero antes de dar su respuesta, inquirió:

—¿Qué es lo que guardas con tanto cuidado bajo ese lienzo?

La mujer, como respuesta, quitó la tela dejando al descubierto las piedras preciosas dejándolo deslumbrado con la riqueza de lo que se le ofrecía.

—¡Es imposible que exista en el mundo una colección de joyas como éstas! —comentó, ya repuesto de su sorpresa—. Este obsequio es digno de mi hija y me dispone a favor de quien lo envía. Sin embargo, te pido que me des tres meses de plazo para reflexionar mi respuesta. Concluido este plazo, ven.

La viuda de Mustafá, saludó con una gran reverencia y regresó a su casa loca de alegría.

A los tres meses, vencido ya el plazo pedido por el Sultán, la madre de Aladino, fue al palacio, se colocó en el mismo sitio de las veces anteriores. El soberano que la reconoció de inmediato, hizo que se le acercara.

—¿Qué deseas? —preguntó.

—¡Oh, señor! —respondió la viuda con una profunda reverencia —hoy vence el plazo que fijaste para darme una respuesta. Y yo, acudo a recordártelo, ¡oh, soberano poderosísimo!

Al Sultán le contrarió que le recordaran su promesa pues cuando la hizo, confiaba en que en ese tiempo fuera olvidada. Y ahora no sabía cómo librarse del compromiso.

Consultó al Gran Visir, dándole a entender que deseaba hallar una forma de poder negarse a las demandas del desconocido pretendiente.

El Gran Visir, que era hombre astuto, sonrió:

—Pon a tu hija un precio tan alto, exige tanta riqueza al pretendiente, que ningún hombre por acaudalado que sea pueda tenerla.

Al Sultán le agradó el consejo del Gran Visir. Entonces se volvió a la viuda y le respondió:

—Está bien, estoy dispuesto a acceder a la petición de tu hijo, pero para eso me deberás presentar cuarenta bandejas llenas de piedras preciosas iguales a las que me trajiste la primera vez. Estas bandejas deberán ser traídas a palacio por ochenta esclavos: la mitad negros y los otros cuarenta blancos. Sólo de esta forma podrá tu hijo conseguir lo que desea.

La madre de Aladino se prosternó y se fue, pensando que con aquellas condiciones ya podía su hijo irse despidiendo de su sueño de casarse con la princesa.

Pero estaba en un error. Porque Aladino no se inmutó ante semejante petición, y, en cuanto estuvo solo, frotó la lámpara maravillosa.

De inmediato apareció el genio preguntándole qué deseaba.

—Me han dado la princesa en matrimonio —le dijo el muchacho—, pero el Sultán accedió con la condición de que le entregue cuarenta bandejas de oro llenas de piedras preciosas como las que hay en el subterráneo. Y pide que estas bandejas las lleven ochenta esclavos, la mitad blancos y la otra mitad negros. Quiero que todo eso me lo traigas antes que anochezca para llevarlo en seguida al Sultán.

—Tus deseos serán cumplidos —respondió sencillamente el Genio.

Se desvaneció y pocos instantes después entraban en la habitación los ochenta esclavos pedidos. Vestían unas ropas tan lujosas que Aladino quedó asombrado. Cada uno de ellos llevaba una bandeja de oro rebosante de perlas, rubíes, brillantes y esmeraldas. Mientras Aladino contemplaba todo asombrado, reapareció el Genio.

—¿Estás satisfecho? —preguntó a su amo.

—Sí, y por ahora no necesito nada más —contestó el hijo del sastre.

El Genio desapareció en el acto.

Aladino llamó entonces a su madre y la mujer enmudeció al encontrarse frente a tan deslumbrante comitiva.

Cuando la comitiva salió a la calle acudió una gran multitud a admirar las riquezas que portaban los esclavos y sus vestimentas.

Cuando llegaron a palacio, depositaron todas las bandejas a los pies del soberano, y se colocaron a un lado del trono con los brazos cruzados.

El Sultán no se recuperaba de su asombro. Ni siquiera oyó las palabras de la madre de Aladino ofreciendo aquellos tesoros en nombre de su hijo.

Luego, impresionado por la riqueza de que Aladino hacía gala, sin averiguar siquiera quién era, dijo a la viuda:

—Ve mujer y dile a tu hijo que le aguardo con los brazos abiertos. Y que acuda rápido, así tendré cuanto antes el placer de entregarle la mano de Brudulbudura.

La madre de Aladino se apresuró a llevar la contestación a su hijo. Este la escuchó gozoso. ¡Lo había logrado!

Luego, ya solo en la habitación, frotó la lámpara maravillosa. Al momento apareció el Genio.

Aladino le pidió un baño perfumado, un vestido para él, que no tuviera igual, cuarenta esclavos para él; seis esclavas para su madre, cada una con un vestido en las manos para su ama; y, por último, diez mil monedas de oro.

Luego que el Genio les procuró cuanto había pedido el joven; Aladino y su madre se vistieron lujosamente y se prepararon para ir a palacio. Antes de partir, Aladino envió un soldado de mensajero para ver si el Sultán podía recibirles.

Este contestó que los esperaba con impaciencia.

Aladino montó a caballo y salió escoltado por su deslumbrante comitiva. Delante de él marchaban veinte esclavos arrojando monedas de oro al pueblo congregado para admirar la comitiva. Detrás de Aladino iban otros veinte esclavos y por último, marchaba casi toda la población.

Cuando llegaron frente al Sultán, éste descendió del trono para que Aladino no se prosternase frente a él, pues además de que ya estaba bien predispuesto hacia el joven, le agradó mucho su apostura. Y le dio un abrazo en señal de amistad.

Luego acompañados de una grata música pasaron los dos a otro salón. Allí comieron los dos, rodeados por personajes de la corte.

Al finalizar la comida el Sultán llamó al primer Cadí —juez civil del reino— para que expidiera el contrato del matrimonio de la princesa con Aladino y la boda se pudiera realizar ese mismo día. Pero en ese momento el muchacho le hizo una petición.

—Posterga la boda unos días, ¡oh, gran señor de los creyentes! Quiero construir antes de la boda un palacio digno de la belleza de Brudulbudura.

El soberano accedió y le cedió los terrenos que le hicieran falta, frente a su propio palacio.

Luego el Sultán y Aladino se dieron un abrazo despidiéndose.

Cuando el muchacho estuvo solo en su casa, llamó al Genio, que apareció al momento.

—Te estoy muy reconocido, por cómo has cumplido mis deseos —dijo Aladino al Genio—. Hoy te voy a pedir algo mucho más importante: debes construir lo más rápido posible y frente al palacio del Sultán, un palacio como no exista ningún otro. Que tenga amplios patios y jardines, muchos criados y arcones repletos de monedas de oro y plata.

Al amanecer del día siguiente, el Genio reapareció ante Aladino y le rogó que fuera a ver el palacio.

El muchacho se mostró admirado.

Lo mismo sucedió con toda la gente que acudía a contemplarlo. Unas horas después, Aladino y su madre se dirigieron a ver al Sultán, entre las exclamaciones de la multitud. El joven llevaba consigo su lámpara maravillosa.

La madre de Aladino pasó todo el día con la princesa que la agasajó espléndidamente. Al anochecer, Brudulbudura se despidió del Sultán y salió con la madre de Aladino hacia el palacio, donde éste le esperaba. El corto trayecto de un palacio a otro estaba lleno por un gentío que aplaudía con entusiasmo; y este aumentó cuando Aladino salió a la puerta a recibir a la princesa, para conducirla al salón del festín, donde se hallaban músicos y cantantes que eran hadas y geniecillos traídos por el Genio. ¡Todo fue maravilloso!

Por desgracia, en el Africa vivía un hombre que todavía recordaba a Aladino. El brujo creía que el muchacho habría muerto en el subterráneo. ¡Podéis imaginaros su furia un día que a través de sus poderes mágicos se enteró de que todavía vivía y era dueño de la lámpara maravillosa!

Dominado por la envidia y el odio, emprendió el viaje desde el Africa hacia la ciudad donde vivía Aladino.

Allí se enteró de que Aladino se encontraba ausente de la ciudad por unos días. Aprovechando la ocasión, el brujo se decidió a actuar. Momentos después corría por las calles disfrazado de vendedor de lámparas. Iba voceando:

—¿Quién quiere lámparas...? ¡Cambio nuevas por viejas!

Una esclava de la princesa que recordó haber visto una lámpara vieja en el cuarto de Aladino, corrió a buscarla para cambiarla por una nueva. Ella creyó obrar bien, porque como todo el mundo, no conocía el valor de esa lámpara.

En cuanto el brujo tuvo la lámpara en sus manos, desapareció. De noche la frotó y apareció el Genio diciendo:

—¿Qué deseas? Aquí estoy dispuesto a obedecerte.

Animado por el odio, dijo:

—Lleva inmediatamente el palacio de Aladino con todo lo que hay adentro hasta el lugar de mi residencia en Africa y, al mismo tiempo que haces eso, me llevas a mí también.

El deseo del brujo se cumplió al punto. El palacio desapareció sin dejar siquiera rastros de que hubiera estado situado ahí.

Podéis imaginaros cuál sería el asombro de toda la ciudad y, en especial del Sultán, cuando a la mañana siguiente, descubrieron lo que había sucedido. No podían creer lo que estaban viendo.

El Gran Visir, que estaba celoso de Aladino, aprovechó la ocasión para perjudicarlo.

—¡Oh, señor de los creyentes! Siempre creí que Aladino era un brujo. Si por mí hubiera sido, vuestra hermosa hija jamás se habría casado con un joven de conducta tan extraña. ¿Dónde se hallará vuestra hija ahora?

El Sultán, que estaba furioso por lo que había pasado, no necesitó de más consejos, sino que mandó de inmediato que le trajeran a Aladino preso y cargado de cadenas.

No les costó mucho encontrar al joven. Este se encontraba con unos amigos en las afueras de la ciudad, cazando. En vano protestó de su inocencia. Le encadenaron sin compasión, y así fue conducido a la ciudad.

Pero el pueblo le quería. Porque Aladino en su época de esplendor no había olvidado a los pobres, de donde él mismo saliera. Siempre les ayudó y trató por todos sus medios de remediar su dolor.

Cuando esa gente de pueblo vio cómo llevaban a Aladino, encadenado, quisieron liberarlo y fueron precisos casi todos los soldados del Sultán, para que no lo lograran. Pero cuando llevado ante el Sultán, éste no le permitió explicar lo ocurrido ni excusarse, y ordenó que le cortaran la cabeza, las masas ya no pudieron ser dominadas.

El Sultán, al ver a la gente dispuesta a todo, se dio cuenta de que tendría que revocar la orden.

Suspendió la ejecución y dejó en libertad a Aladino, pero con la orden de alejarse cuanto antes del reino.

Pero el muchacho no estuvo de acuerdo con eso. Por el contrario, suplicó al Sultán que le aclarase el motivo de su súbito enojo contra él.

Cuando el soberano le comunicó la desaparición del palacio y de su hija, la princesa, Aladino experimentó un dolor inmenso.

—Yo no conozco nada de lo sucedido —dijo cuando se serenó—. Te pido un plazo de cuarenta días para devolverte a Brudulbudura. Si cuando se cumpla este plazo no logro hacerlo, yo mismo acudiré aquí para colocar mi cabeza en manos del verdugo.

Luego, abandonó el palacio y la ciudad.

Durante tres días anduvo vagando por campos y pueblos. Al anochecer del tercer día, viendo que no obtenía resultados, cayó en una completa desesperación.

Y he aquí, que cuando se retorcía las manos, se frotó el anillo mágico que le había entregado el brujo anteriormente.

De inmediato, se le apareció el Genio de la sortija, que le dijo:

—¿Qué deseas de mí? Ordena, que yo te complaceré.

Aladino quedó agradablemente sorprendido, pues ya no se acordaba de los poderes de la sortija. Le pidió:

—Llévame en el acto adonde se encuentra mi esposa.

En cuanto lo pidió, fue transportado a los jardines de su palacio, que en ese momento se hallaba en África. Aladino enseguida reconoció el lugar, aunque ya era de noche. Pero al momento comprendió que eso debía ser obra de la lámpara maravillosa. Aunque no podía sospechar quién era su nuevo dueño.

Cuando amaneció, la princesa salió al jardín. ¡Es de imaginarse la alegría que experimentó cuando encontró en él a su esposo! Se abrazaron emocionados y luego ella relató a Aladino todo lo que había sucedido y que se debía al vengativo brujo.

El joven quiso averiguar dónde guardaba éste la lámpara y la princesa le contó que la llevaba siempre encima. Luego, entre los dos trazaron un plan para recuperarla.

De acuerdo al plan que habían acordado. Brudulbudura, que hasta ese momento había demostrado al brujo todo el odio que le profesaba; lo invitó a cenar esa noche. El hechicero, que no desconfió nada, aceptó encantado, pues estaba enamorado de la princesa. En la noche acudió a las habitaciones.

Al comenzar la cena, el brujo tomó una copa de vino que le hizo caer fulminado en el suelo. En esa copa la princesa había colocado un poderoso veneno que le entregara Aladino.

En seguida, el joven cogió la lámpara y la frotó. Cuando apareció el Genio, pidió que trasladara el palacio con sus jardines al lugar donde se hallaba anteriormente. Esto se cumplió en el acto.

En cuanto llegaron a China, Aladino junto con su madre y la princesa se dirigieron al palacio del Sultán, que tuvo una alegría inmensa. Después Aladino le refirió toda la aventura, informándole sobre el poder que tenía la lámpara maravillosa.

El Sultán no terminaba de creer en todas aquellas cosas maravillosas, pero tuvo que convencerse al ver el palacio de Aladino en su lugar y encontrar el cadáver del viejo brujo en el comedor.

Concedió su perdón a Aladino y para festejar el acontecimiento realizó unas grandes fiestas.

Desde ese entonces Aladino y su esposa vivieron felices.

HANS CRISTIAN ANDERSEN

Escritor nacido en Dinamarca (1805-1875), fue hijo de un humilde zapatero, que apenas ganaba lo suficiente para comer, por lo cual se vio obligado a trabajar desde muy niño en las fábricas de la ciudad. Sin embargo, en una ocasión, una gitana le predijo fama y gloria.

Cuando murió su padre, Andersen partió hacia Copenhague, donde por cuatro años vivió muy pobremente, sufriendo incluso hambre. Trabajó y estudió poniendo en ello toda su voluntad, escribiendo cuentos, poesías, obras teatrales. Por fin, el director de un teatro leyó una de sus obras y habló de Andersen al Rey, el que le ofreció una beca para perfeccionar sus estudios.

La primera recopilación de sus cuentos apareció en 1835 y estaba dedicada a los niños. Al principio tomó su inspiración de los cuentos populares, como lo hicieron Perrault y Tieck, Hoftmann, etc. Sus relatos van de lo fantástico tradicional a las simples noticias de la vida cotidiana. Andersen trabajó todos los géneros, pero su verdadera gloria, la que hizo que su nombre se conociera mundialmente, la obtuvo con sus cuentos infantiles. En un lenguaje sencillo y travieso, satírico y bondadoso, supo dar a un género tan viejo como el mundo: el cuento, una nueva dimensión y hacer su obra universal.

Andersen ordenó en su testamento que su fortuna —la fortuna que logró acumular después de tantos años de trabajo y padecimientos—, fuese repartida entre varias escuelas para que los jóvenes más pobres pudieran estudiar. Andersen no olvidó jamás los años duros de su niñez y por eso tendía su mano a aquellos que, al igual que él, lucharan por triunfar.

EL PATITO FEO

Era la llegada de la primavera. Todo reverdecía. Los campos se llenaban de flores silvestres y de los árboles brotaba el perfume de las hojas nuevas y los retoños. Montones de heno dorado se alzaban aquí y allá, entre la avena verde. Un gran bosque se extendía más allá de la pradera donde un ancho estanque reflejaba el sol.

En medio de aquella hermosa campiña se levantaba un antiguo castillo rodeado de profundos fosos con agua. Las hiedras y las plantas trepadoras habían cubierto sus viejas paredes de hiedra.

En un hueco abierto por el tiempo en la muralla una pata había hecho su nido y empollaba orgullosa sus huevos. Estaba ansiosa de verlos abrirse, pues se sentía muy sola ya que otros patos amigos ni siquiera la visitaban porque como buenos egoístas se pasaban la mayor parte del tiempo en el agua.

Finalmente después de mucho esperar, el cascarón de un huevo hizo ¡Cric! y asomó la cabecita de un patito. Mientras éste gritaba "Pío, pío", otro huevo comenzó a romperse. Al día siguiente otro y así todos, menos uno. Los animalitos asomaban sus cabecitas por entre las verdes hojas que tapizaban su nido, con la curiosidad digna de todo el que llega por primera vez al mundo, con "Pío, pío" querían decir: "¡Qué grande es el universo para nuestros pequeños ojitos!".

—No crean que lo que ven desde aquí —dijo la madre— es todo el universo. Se extiende mucho, mucho más lejos. Por lo menos hasta una iglesia que hay detrás del bosque y que sólo vi una vez. Bueno, vamos a dar un paseo. ¿Ya están todos listos?

Y mirando hacia atrás, la mamá pata vio que aún había un huevo sin abrirse.

—¡Oh, no! —exclamó—. Todavía falta el más grande de los huevos. ¿Cuánto tardará? Ya estoy cansada.

Y, como madre paciente y buena que era, volvió a echarse. En ese momento una vieja pata que pasaba por allí se acercó.

—¿Qué tal? ¿Cómo estás? —le dijo—. Veo que han nacido tus niños y son muy hermosos.

—¿Verdad que sí? —dijo mamá pata— pero estoy un poco cansada. Hay uno de ellos que no quiere salir.

—Déjame ver ese huevo —pidió la pata vieja. Y después que lo revisó, dijo:

—Eso es un huevo de pavo.

—¿De pavo?

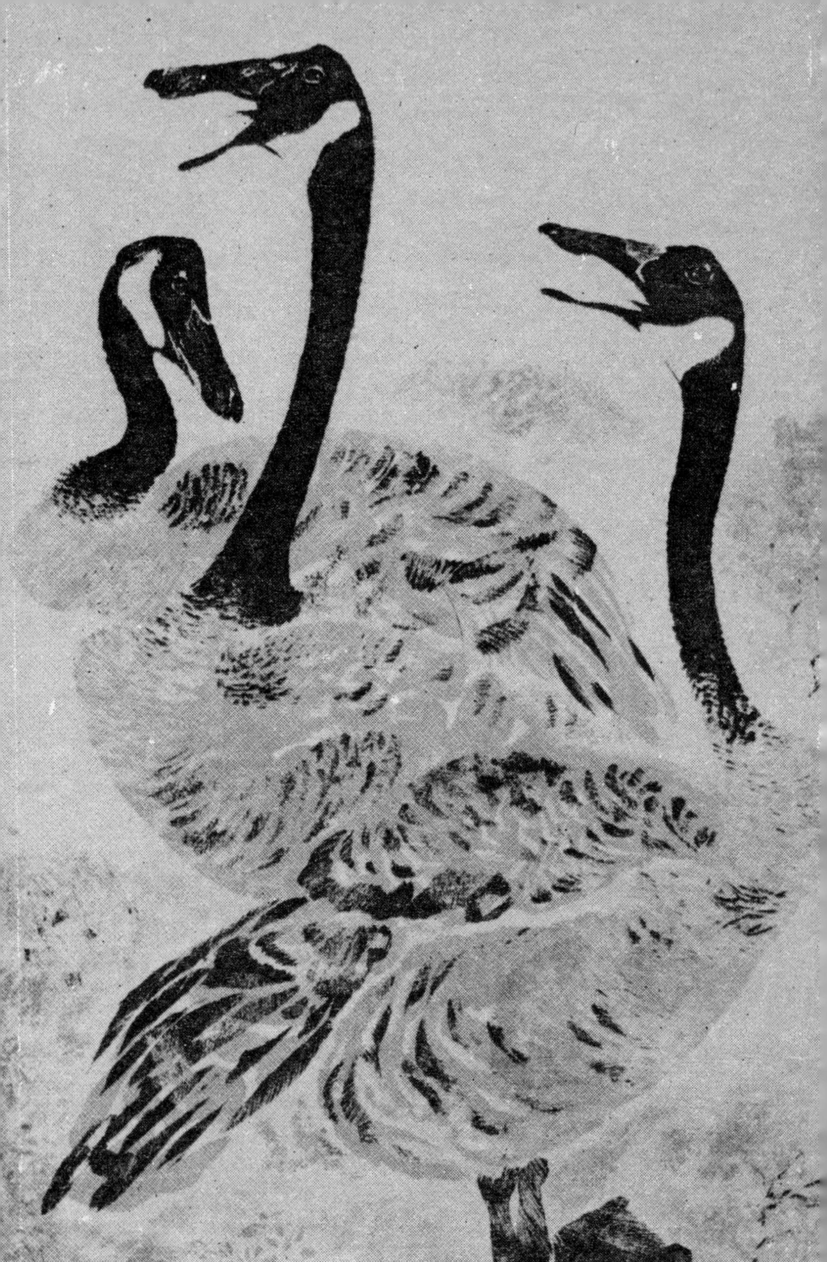

—Sí, estoy segura que es de pavo. A mí me engañaron así una vez. Yo que tú abandonaba ése y me dedicaba a enseñar a nadar a los patitos.

—Oh —dijo mamá pata con pena— no importa que sea de pavo, ya he esperado tanto tiempo que no me importa esperar un poco más.

—Como gustes —contestó la pata vieja— que te diviertas entonces.

Y despidiéndose se alejó.

Al cabo de un tiempo, el cascarón comenzó a quebrarse. Asomó una fea cabecita y después un animalito muy grande y desproporcionado.

—¡Dios mío, qué monstruito! —dijo la madre—. ¿Será realmente un pavo? Vamos a ver. Voy a llevarle al agua y si se resiste a entrar lo echaré por la fuerza.

A la mañana siguiente brilló un sol espléndido. Mamá pata salió con toda su familia derecho al estanque. Y ¡zúmbate!: uno por uno los patitos se fueron echando al agua y nadaban que era una maravilla. Zambullían sus cabecitas y al instante volvían a aparecer y la sacudían con ímpetu.

Todos estaban en el agua, hasta el feo de la familia que salió del huevo grande.

—Así que no es un pavo. —reflexionó la madre—. Nada muy bien, se sirve perfectamente de sus patitas y se tiene muy tiesecito. No hay duda de que es hijo mío. Y mirándolo bien, no es tan feo.

—¡Vengan aquí, hijitos! —llamó— que voy a presentarles a los vecinos. No se alejen de mis alas y mucho cuidado con el gato.

Uno tras uno, en fila india, salieron detrás de su madre. Más allá dos grupos de patos se disputaban la cabeza de una anguila. En medio de la batalla, el gato que acechaba muy cerca dio un salto, les quitó la cabeza de la anguila y se puso a comerla tranquilamente.

—¿Ven hijos míos? —dijo la madre—. El mundo es una selva llena de peligros. Mucho deben aprender ustedes y comportarse con gran educación y sabiduría. Vengan, saluden respetuosamente a ese viejo pato. El es un ave fina y le han puesto un distintivo colorado en su pata trasera para que la cocinera no lo confunda con otro y lo eche al asador. A ver: caminen con elegancia, abran bien hacia afuera sus patitas, así como hago yo. Es muy poco distinguido caminar con ellas hacia adentro.

Mientras la madre daba instrucciones. Los demás que vieron la escena comenzaron a observar la pollada.

—Cada día somos más —dijo uno—. Con la poca comida que nos echan todavía tendremos que hacer un nuevo reparto.

—Oye, dijo otro, fíjate en ése que va al final. ¡Qué bicho horroroso! Ese no tiene aspecto de pato ni de nada que se le parezca. Es una ofensa para nuestra raza.

Y diciendo esto, se tiró encima del pobre patito feo dándole unos picotazos y tirándole de las plumas. La madre corrió en defensa de su hijo.

—¡Déjalo en paz, malvado! ¿Qué daño te hace el pobrecito?

—Ninguno, es verdad. Pero es tan feo que no es digno de estar entre nosotros. No parece de nuestra raza.

—¿Y quién te dijo a tí que nuestra raza es la más hermosa, tonto? —contestó mamá pata indignada.

El señor pato español se había acercado y le dijo a mamá pata:

—No haga usted caso, tiene unos hijos muy hermosos. Es cierto que éste es grande y feo, pero tal vez posea algunas buenas cualidades que no le conocemos.

—Es cierto —dijo mamá pata—. Tiene un carácter muy dulce y es un gran nadador. Tal vez se arregle con el tiempo. —Y mientras peinaba a su hijo las plumas que le habían quedado levantadas por el ataque del pato malo, afirmó—: Además es macho. Los machos no necesitan ser bonitos como las hembras.

Todos simpatizaron con la nueva cría de mamá pata, menos con el patito feo, que al menor descuido ligaba un picotazo o era zarandeado por alguno que se quería lucir o hacer el gracioso frente a los demás. Incluso la criada, cada vez que iba a llevar la comida y encontraba al patito feo en su camino, lo apartaba de una patada.

Dolorido y triste, el pobre animalito no aguantó más y un día levantó vuelo por encima de jardines y praderas y se alejó. Los pajarillos huían al verlo volar tan torpemente y él pensó:

—Soy tan horrible que se asustan de mi fealdad. Cerró sus ojitos para no ver cómo se alejaban de él los pajaritos y siguió volando.

Así llegó a un pantano habitado por patos silvestres. Cansado del viaje se durmió escondido entre los juncos. A la mañana siguiente un fuerte "Cuac, cuac" lo despertó:

—Vengan a ver esto —decía uno de los patos—. ¿De dónde has salido criatura?

—¡Qué feo eres! ¡Pobrecito! —dijo otro.

El escondía la cabecita entre sus alas, avergonzado y sufría en silencio al verse vapuleado.

En ese momento se sintió un estampido y luego otro. Dos

patos que andaban revoloteando, cayeron como heridos por un rayo. Estaban muertos.

Los demás levantaron vuelo alborotados, y se alejaron. El patito vio a la orilla del pantano a varios hombres que andaban de cacería con sus perros. Trató de ocultarse lo más que pudo entre los juncos. Así esperó. De pronto sintió un ruido, se dio vuelta y casi se muere del susto. Frente a él tenía el hocico de un perro. El perro lo olfateó y luego con gran indiferencia se dio media vuelta y se fue. El patito se quedó quieto esperando mientras pensaba: "Claro, soy tan feo, que ni los perros me quieren". Y una lagrimita de pato le corrió por su pico: "Bueno, al fin y al cabo, la fealdad me ha servido para algo —se consoló. Todavía estoy vivo".

Y ya más contento, salió de entre los juncos viendo que los cazadores se habían alejado. Remontó vuelo y siguió su camino. Llegó por fin después de mucho andar, hasta una cabaña solitaria. Huyendo de la tormenta que se avecinaba, se metió por la puerta entornada. Allí vivía una mujer que tenía un gato que sabía hacer "ron ron" y despedir chispas cuando le pasaban la mano por el lomo, también había una gallina muy coqueta que hacía "co-co-có" y ponía unos hermosos huevos.

El patito durmió en un rincón hasta el día siguiente en que fue despertado por la gallina.

—¿Quién eres tú, extraño ser? —preguntó la gallina—. ¿Y cómo has llegado hasta nosotros?

Antes de que el patito pudiera contestar, apareció la mujer que contentísima creyéndole una pata, dijo:

—Ay, qué suerte, por fin podré tener huevos de pato y los pondré a empollar.

Esos días fueron los más felices para el patito feo. La mujer le dio muy bien de comer y lo trató con amabilidad, aunque la gallina y el gato eran muy vanidosos de sus dotes y cada vez que el patito quería dar una opinión diferente a la de ellos, lo mortificaban preguntándole:

—¿Sabes tú poner hermosos huevos como yo? —decía la gallina.

—¿O sabes hacer "ron ron" como yo y sacar chispas cuando te pasan la mano por el lomo?

—No —contestaba humildemente el patito.

—Entonces no tienes derecho a voz ni voto —decía la gallina y se iba orgullosamente dejando al pobre patito sumido en su humillación.

Un día al abrirse la puerta de la cabaña, un aire tibio penetró en el ambiente y el patito sintió un deseo muy fuerte de ir a nadar y zambullirse. Se lo comentó a sus vanidosos amigos y estos le dijeron:

—¡Pero qué cosas tontas se te ocurren! Eso pasa porque no sabes hacer nada. Si aprendieras a hacer "ron ron" o a poner huevos no andarías pensando esas extravagancias.

—Ustedes no pueden comprenderme —les contestó el patito.

—Verdaderamente no —dijo el gato alzando su peluda cola y dando media vuelta se alejó.

Pasó el largo invierno. Las tormentas cesaron y la primavera volvió a reverdecer los duraznEros y ciruelos. El patito sentía unos tremendos deseos de vivir y resolvió abandonar la cabaña. La mujer ya no lo trataba como antes porque se dio cuenta de que nunca iba a poner huevos y sus orgullosos amigos no lo entendían. De modo que se lanzó de nuevo solo al mundo. Anduvo por muchos lugares. Se sentía más fuerte y más poderoso, más ágil al volar. Así llegó hasta un hermoso lago. Estaba ansioso por tirarse al agua y nadar un rato, pero un ruido de alas lo detuvo. Miró al cielo y vio una bandada de hermosas aves blancas de largos cuellos. Eran cisnes. El patito se sintió tan conmovido por su belleza que la emoción le anudó la garganta. Corrió a zambullirse en las aguas para poder llorar a solas sin que nadie lo molestara.

"¡Quien pudiera ser tan hermoso como ellos!" se dijo. "¿Por qué yo que amo tanto la belleza debo ser tan feo?". Y se hundió en el agua. Al volver a la superficie sintió que se deslizaba con una suavidad como nunca lo había hecho antes. "¿Qué me está pasando?", se preguntó y al doblar su cabecita contempló su reflejo en las aguas. Apenas pudo creer lo que vio. Un hermosísimo cisne de largo cuello y grandes alas blancas lo miraba desde el espejo de la laguna. ¡El era un cisne! ¡Era un cisne!

Los niños que jugaban alrededor se acercaron corriendo.

—¡Hay uno nuevo! —gritaban— ¡Hay uno nuevo y es el más hermoso de todos!

El nuevo cisne no sentía vanidad. Después de tantos padecimientos, la felicidad lo desbordaba. Los otros cisnes se le acercaron, le hablaron y nadaron con él. El, mientras tanto, pensó en que se dedicaría a buscar la belleza que vive oculta en muchos para revelarla a los ojos de los otros seres.

HISTORIA DE UNA MADRE

Una madre estaba sentada junto a la cuna de su hijito enfermo temiendo que muriese. El niño pálido y con los ojos semicerrados, respiraba con tanta dificultad que a veces parecía gemir.

Llamaron a la puerta y cuando la madre abrió, entró un pobre hombre, muy viejo. Venía envuelto en una gran piel de caballo para abrigarse del terrible frío de aquel crudo invierno. Afuera todo era nieve y viento.

El hombre temblando de frío fue a sentarse junto al niño, mientras la mujer iba hasta la estufa y servía un vaso de cerveza para el viejo a fin de que se calentara un poco. El hombre se puso a mecer al niño. La mujer tomó una silla destartalada y se sentó también junto a su hijo tomándole una manecita.

Lo contemplaba viéndolo respirar más fuerte que antes, cuando le dijo al viejo:

—¿Verdad que tú piensas como yo, que lo conservaré, que vivirá?

Aquel buen hombre era la Muerte. Hizo un gesto con la cabeza que tanto podía significar que sí como que no. La madre bajó los ojos mientras gruesas lágrimas rodaban por sus mejillas. Sintió que la cabeza le pesaba terriblemente. En tres días y tres noches no había pegado los ojos. Se adormeció unos minutos, luego se despertó sobresaltada. Temblaba de frío.

—¿Qué pasa? —preguntó en voz alta y mirando a su alrededor un poco perdida todavía.

¡De pronto vio con asombro que su hijo no estaba en la cuna y el viejo tampoco! ¡Sin duda se lo había llevado! Un viejo reloj que rechinaba en un rincón se vino al suelo con estrépito, desparramándose todas sus piezas. Ya no servía más. Ninguna otra cosa se movió.

La madre salió desesperada buscando a su hijo. Afuera, sobre la nieve, se encontró con una mujer vestida de negro, que le dijo:

—La Muerte entró a tu casa y se llevó a tu niño. Es más rápida que el viento y nunca devuelve lo que toma.

—Por favor, dime en qué dirección se ha ido —preguntó la madre—. Dímelo que yo la encontraré.

—Yo sé el camino que ha tomado y te lo diré. Pero antes quiero que me cantes las lindas canciones que acostumbras a cantar a tu hijo. ¿No me conoces? Soy la noche y me gusta oírte, me gustan tu voz y las lágrimas que derramas cuando las cantas.

—Oh sí, te las cantaré. Te cantaré todo lo que quieras pero no me detengas ahora. Tengo que encontrar a mi hijo.

La Noche hizo silencio. Y la madre retorciendo sus manos de impaciencia y de pena, se puso a cantar, mientras lloraba intensamente.

Por fin, la Noche conmovida dijo:

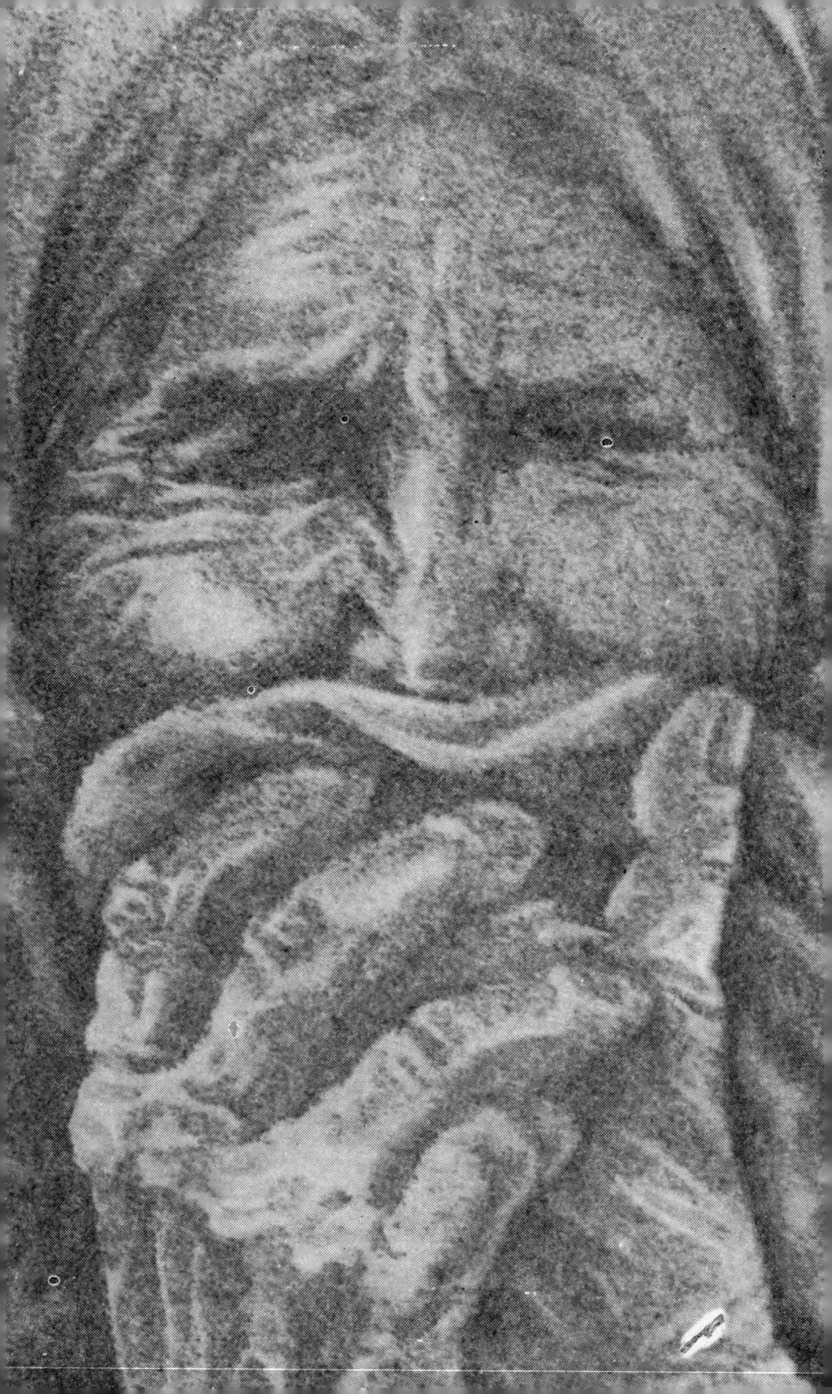

—Toma por la derecha, por ese oscuro bosque de pinos. Por allí se fue la Muerte con tu hijo.

La madre corrió hacia el bosque hasta que se encontró con un camino que se abría en dos. Allí no había más que una zarza erizada de espinas. Estaba congelada y gruesos témpanos de hielo colgaban de sus ramas.

—¿No has visto a la Muerte llevándose a mi hijo? —preguntó la madre.

—Oh, sí que la he visto —contestó la zarza—. Pero te lo diré si antes me calientas en tu seno. Siento que me estoy convirtiendo en hielo.

Sin tardar, la madre estrechó a la zarza contra su corazón para calentarla. Las espinas la hirieron y pequeñas gotas de su sangre cayeron sobre las ramas. La zarza entonces floreció, llenándose de verdes hojas en aquel terrible invierno.

La zarza, agradecida, le señaló el camino. Llegó así a la orilla de un enorme lago, pero no había puentes ni barcas. Era muy profundo y no estaba tan helado como para caminar sobre él. Pero la madre tenía que pasar para encontrar a su hijo. Se arrojó al suelo, diciendo:

—Me beberé todo el lago. Sé que es imposible, pero tal vez se produzca el milagro.

—Sabes que eso no ocurrirá —dijo el lago—. Mejor que nos entendamos amistosamente. No hay cosa que más me guste que ver perlas en el fondo de mis aguas. Tú tienes los más bellos ojos que yo haya visto, de un tornasol más intenso que el de mis perlas. Si por tu inmenso llanto se desgajan de tu rostro y los dejas caer en mí, te llevaré hasta el gran invernadero que se levanta en la otra orilla. Ese invernadero es la casa de la Muerte, allí cultiva sus árboles y sus flores. Cada uno de ellos es una vida humana.

—Cualquier cosa daría por recuperar a mi hijo —contestó la madre. Y aunque ya no le quedaban lágrimas, lloró tan amargamente que sus hermosos ojos desprendiéndose cayeron al fondo del lago y se transformaron en las perlas más finas jamás vistas.

El lago entonces la levantó y en una sola ola la depositó en la otra orilla. Allí se alzaba un magnífico castillo, de enormes y extensos pasillos. De lejos tenía la apariencia de una montaña llena de grutas y bosques. Pero la madre no veía porque había entregado sus ojos.

—¿Cómo podré reconocer a la Muerte ahora? —dijo en voz alta—. ¿Cómo hallaré a mi hijo?

—La Muerte no ha llegado todavía —le contestó una vieja

servidora que cuidaba el invernadero—. ¿Cómo has encontrado el camino para llegar hasta aquí? Nadie llega... ¿Quién te ha ayudado?

—Seguramente la mano de Dios me ha socorrido. Ha tenido piedad de mí, tú también la tendrás. Dime por favor, donde encontrar a mi adorado niño.

—No sé. No lo conozco —respondió la anciana—. Y tú estás ciega. Hay aquí muchas plantas, árboles y flores que se han secado. Esta noche la Muerte vendrá de un momento a otro a sacarlas del invernadero. Sabrás que cada ser humano tiene aquí una planta o un árbol que representa su vida y que muere cuando él muere. Si los miras no encuentras en ellos más que vegetales comunes, pero basta tocarlos para sentirlos latir como un corazón. A lo mejor tú puedes reconocer los latidos del corazón de tu hijito. ¿Qué me darás si te enseño lo que debes hacer después?

—No tengo ya nada para darte —respondió la madre—. Pero iré hasta el fin del mundo a buscar lo que más te agrade.

—Realmente aquí no necesito nada. Pero podrías darme tus negros cabellos. Son largos, suaves y me gustan mucho, puedo cambiarlos por mis canas.

—¿Es eso todo tu deseo? —preguntó la madre—. Tómalos te los doy con gusto.

Se cortó sus largos y hermosos cabellos y los entregó a la anciana quien le dio los suyos cortos y canosos.

La vieja le dio la mano y entraron juntas al invernadero. Una vegetación maravillosa se desbordaba por todos lados. Bajo algunas campanas de cristal crecían bellísimos jacintos y orquídeas, a su lado humildes claveles o violetas se recostaban contra gruesos troncos. Había también plantas acuáticas, algunas de un verde joven y brillante y otras ajadas y viejas rodeadas de viscosas culebras. Hacia un lado del camino se levantaban elegantes palmeras, robles, cipreses y también una larga extensión de hortalizas, perejil, tomillo, todas símbolo de utilidad del ser humano al cual representaban. Todos los hombres de la tierra tenían allí su planta.

Estaba todo muy bien cuidado y la anciana comenzó a explicar su trabajo, pero la madre le rogó:

—Por favor, llévame donde están las plantas pequeñitas, quiero encontrar a mi hijo.

La anciana la acercó a un inmenso jardín repleto de flores pequeñitas. La madre las fue tocando una por una, hasta que de pronto exclamó:

—¡Es él! ¡Es mi hijo! —Estaba hablando de un pequeño azafrán que se inclinaba mustio hacia un costado.

—No lo toques —recomendó la anciana—. Quédate aquí y cuando llegue la Muerte amenázala con arrancarle todas las flores de este jardín si arranca tu pequeño azafrán. Tendrá miedo porque es responsable de todo esto.

En ese momento un viento helado cruzó la cara de las dos mujeres y la madre se dio cuenta que era la Muerte quien se acercaba.

—¿Cómo has podido encontrar el camino hasta aquí y llegar antes que yo? —tronó la Muerte.

—¿Te olvidas que soy una madre? —respondió la mujer.

La Muerte estiró su huesuda mano hacia el pequeño azafrán, pero la madre asiéndola con delicadeza para no apretar sus delicados pétalos, lo rodeó con sus manos. La Muerte sopló sobre ellas y la madre las dejó caer sin fuerzas.

—Ya lo ves —dijo la Muerte—. Nada puedes contra mí.

—Pero Dios es más fuerte que tú —gritó la madre.

—¿Dios? No me hagas reír. ¿Acaso no cumplo órdenes suyas? ¿No soy su fiel jardinero? ¿Acaso no trasplanto estas plantas cuando no prosperan aquí hasta su jardín del paraíso?

—No, por piedad —rogó la madre y viendo que la Muerte no la escuchaba, tomó dos hermosas flores y dijo:

—Mira, ¿ves estas flores? Pues las voy a arrancar si no me devuelves a mi hijo; a éstos y a todas las demás.

—No, no las lastimes. No hagas eso —dijo la Muerte—. Eres tan desgraciada y ¿quieres que otras madres también lo sean?

—¿Otras madres? —dijo la infeliz mujer soltando las flores como si ellas le quemaran.

—Ven, te entrego tus ojos —dijo la Muerte—. Los he recogido del lago. Tómalos y mira en el fondo de este pozo. Aquí verás lo que pudiste haber destruido de haber arrancado esas flores. También verás la suerte destinada a tu hijo si viviera.

Recuperando sus ojos, la madre se inclinó a mirar en el pozo. Vio pasar innumerables escenas de alegría y felicidad, pero también de luto y miseria.

—Una y otra son la voluntad de Dios —dijo la Muerte—. No existe la una sin la otra.

—No veo nada que pueda ser el destino de mi hijo —respondió angustiada la mujer.

—¿No? ¿No has descubierto en todo lo que has visto, la suerte que pudiera esperarle?

—Acaso, —dijo la mujer temblando— ¿era lo peor?

La Muerte no respondió.

—Entonces, —dijo la madre— ¿es preferible que te lo lleves? ¿Tenía designado un destino tan cruel que es mejor que quede en tus brazos? ¡Respóndeme!

—¿Tú qué prefieres? —preguntó la Muerte después de un silencio.

—Lo que sea mejor para él. Lo amo tanto que sólo deseo que no sufra, que sea feliz.

La Muerte entonces, arrancando el azafrán lo llevó a los secretos jardines del paraíso.

CHIQUITITA

Había una vez una viuda que tenía un deseo muy fuerte y muy extraño: quería tener una niña, pero una niña muy, muy pequeñita y que no creciera nunca para poder tenerla siempre a su lado.

Como esto la tenía obsesionada, fue a visitar a una hechicera que le había recomendado una vecina, y le contó su problema.

—Trataré de complacerte —dijo la bruja—. Pero no es fácil. Mira, toma esta semilla, parece un grano de cebada pero es muy distinto de los que comúnmente se cultivan. Siémbralo en una maceta de flores con mucho cuidado y tendrás lo que tanto quieres.

La viuda le dio las gracias a la hechicera y le pagó gustosa las doce monedas de oro que le cobró por tan especial favor. Se fue a su casa y plantó la semilla como se lo habían indicado. Al instante brotó un capullo grande y muy hermoso de brillantes colores parecido a un tulipán.

—¡Qué hermosura! —dijo la viuda y con gran ternura besó los pétalos aún recogidos. En ese momento, el capullo se abrió con suavidad y en el centro de la flor, sobre los estambres, apareció una encantadora y dulce niñita, tan pequeña que la mujer le puso por nombre "Chiquitita".

La viuda buscó una cáscara de nuez, la barnizó con todo cariño y con ella fabricó la cuna de la niña. Le puso un colchón de hojas de violetas y un cobertor de pétalo de rosa. Allí dormía Chiquitita por las noches y durante el día se pasaba jugando encima de la mesa. La viuda le llenó un plato con agua, lo rodeó de rosas y colocó un pétalo de tulipán para que flotara sobre el agua. Sobre él se sentaba la niña, quien con dos pajitas a modo de remos, navegaba de una orilla a otra del plato, mien-

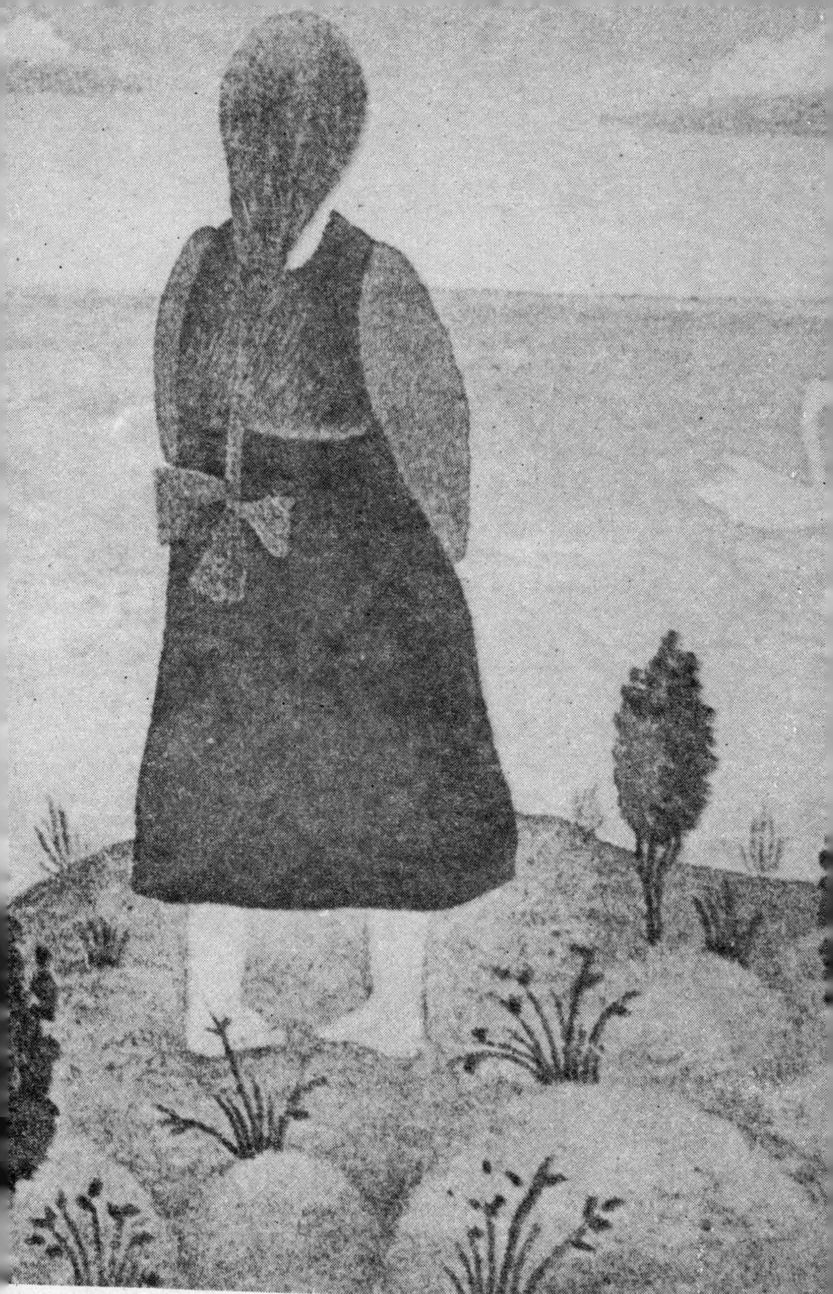

tras cantaba con una dulce y melodiosa vocecita. Su madre adoptiva se quedaba contemplándola admirada de tanta maravilla.

Una noche, Chiquitita dormía plácidamente. Su madre había dejado la ventana abierta por el calor que hacía y por ella penetró un sapo que saltó sobre la mesa donde estaba la cuna de la niñita. Era un sapo feo, grande y gelatinoso.

—¡Qué linda novia para mi hijo! —dijo mirando a Chiquitita dormida y sin más se cargó la cunita al hombro y se la llevó al jardín.

Llegó hasta el pequeño arroyo de orillas pantanosas, donde vivía con su hijo. Cuando el sapo vio a la linda niña, gritó:

—¡Croac, croac, croac!

No sabía decir otra cosa. Chiquitita seguía dormida en su cáscara de nuez.

—Ven, no grites —dijo el sapo padre—. Puedes despertarla y se nos escapará. Mira qué liviana es, parece una pluma de cisne. Pongamos su cuna sobre esas hojas de nenúfares que vagan en el arroyo. Así se sentirá como en una isla y no se podrá escapar. Después iremos a adornar nuestra casa y prepararemos todo para la boda.

Llevaron entre los dos la cáscara de nuez hasta el centro del riachuelo y regresaron a su casa.

Cuando despertó Chiquitita al amanecer, quedó sorprendida de ver tanta agua a su alrededor.

—¿Qué habrá pasado? —se dijo—. ¿Cómo podré salir de aquí y llegar hasta la orilla?

Estaba muy triste y angustiada cuando llegaron el sapo padre y su hijo.

—Te presento a tu futuro esposo —dijo a Chiquitita—. Hemos adornado la casa con flores de lirio y hojas de nenúfares para la boda.

—Croac, croac, croac, croac —dijo el bobo del sapo hijo.

Chiquitita se puso a llorar desconsolada. No quería casarse y menos con ese monstruo que se le presentaba por marido.

Entonces los pececitos del arroyo conmovidos por la suerte de la niña, realizaron una asamblea.

—Esto no puede ser —dijo el pez más viejo de la colonia que vivía en el arroyo—. Es injusto querer casar a esa niña tan hermosa con ese sapo tan feo y tan tonto.

—¿Y qué podemos hacer nosotros? —preguntó otro pececito joven que había quedado fascinado por la belleza de Chiquitita.

—Pienso que si todos nos ponemos a roer el tallo de la hoja

donde está su cunita, ella podrá navegar y ponerse a resguardo de esos dos —dijo el pez viejo.

—Entonces manos a la obra —dijeron todos—. Y cuando los sapos se alejaron se acercaron al tallo de nenúfar y rápidamente consiguieron que la hoja se desprendiera y se deslizara sobre las aguas, llevando encima a Chiquitita. Esta sintió una enorme alegría de verse libre. Con su pequeña barquita verde navegó pasando por pueblos, bosques y prados. Los pajaritos la saludaban desde las ramas de los árboles al sentir el dulce canto de la niña que olvidada de sus penas disfrutaba del viaje. Una gran mariposa de lindos colores revoloteó sobre su cabeza y se posó sobre la hoja de nenúfar.

Chiquitita sacó su cinturón y lo enlazó a una de las alas de la mariposa, quien sin protestar comenzó a jalar la pequeña embarcación. La niña contenta miraba encantada el reflejo del sol sobre las aguas.

En ese momento se acercó un abejorro y con sus largas y peludas patas cogió a Chiquitita por la cintura y la subió a lo más alto de un árbol, mientras la hoja de nenúfar siguió su camino jalada por la mariposa.

Chiquitita sintió mucho miedo de andar por tales alturas pero se quedó mucho más preocupada por la mariposa que podía morir de hambre si no lograba desatarse.

El abejorro le trajo polen que juntó de las más delicadas flores para que ella se alimentase y le dijo que era muy bonita. Sin embargo, cuando llegaron de visita otros abejorros amigos no hicieron más que criticarla.

—Fíjate —dijo uno—. Sólo tiene dos patas. No tiene antenas. Tiene apariencia de ser humano, ¡qué espantoso!

Y riéndose se fueron y dejaron al pobre abejorro humillado y más humillada aún a Chiquitita que jamás se había visto tratada de esa manera.

—Yo no creo que seas tan fea —dijo tristemente—. Yo he recorrido mucho mundo y tengo un gran sentido de la belleza.

—Bah, no les hagas caso, dijo Chiquitita para consolarlo y consolarse. Todo el mundo siempre ha dicho que no soy nada fea y además tengo una buena voz. ¿Quieres oírme?

—Bueno —dijo el abejorro y se dispuso a escuchar—. Cuando Chiquitita terminó, le dijo:

—Realmente tienes muchas virtudes. ¿Por qué no tendrás también antenas y patas peludas como nosotros? Tendré que abandonarte, porque mis amigos se reirán de mí. Ellos no saben apreciar tus encantos como yo.

Y llevando a Chiquitita hasta una humilde margarita que

crecía en el campo, la depositó con suavidad. Luego se alejó un poco avergonzado de no tener valor para defender lo que él quería.

Chiquitita se sintió muy sola al principio, pero después las tareas de su nuevo hogar la entretuvieron. Se tejió una linda hamaca con ramitas y hierbas que colgó de una gran hoja que podía cubrirla de las lluvias. Comía el polen de las flores y por las mañanas bebía gotas de rocío.

Así pasó el verano y el otoño, hasta que llegó el invierno con su nevado manto. Aquí empezaron los sufrimientos de Chiquitita porque los pajaritos que cantaban con ella por las mañanas emigraron en busca del calor, los árboles y las plantas perdieron su verdor y la hojita que le servía de techo se secó, por lo que la niñita quedó a merced del frío y de la nieve. Decidió entonces salir a la búsqueda de un lugar mejor donde cobijarse. Corrió temblando de miedo y llegó hasta la casa de una rata campesina que vivía bajo tierra. Tenía un cuarto muy calientito y lleno de alimentos para todo el invierno. La rata la recibió muy amablemente y Chiquitita le contó que hacía dos días que no comía.

—¡Pobre niña mía! —dijo la señora rata, que tenía muy buen corazón—. Entra, te daré algo de comer y te calentarás.

Después de observar a Chiquitita tan fina y delicada, la rata le hizo esta proposición:

—Te puedes quedar conmigo, si quieres, pero me ayudarás a limpiar la casa y al terminar me contarás cuentos, pues me gustan mucho.

Chiquitita estuvo de acuerdo con la rata quien desde ese momento la trató como a una hija.

Un día la rata le dijo:

—Tendremos visitas hoy. Mi vecino, el señor topo, que es un hombre muy distinguido vendrá a casa. El tiene un hermoso palacio, su pelo es negro y brillante. ¡Qué afortunada serías, si él quisiera casarse contigo! Claro que no tiene muy buena vista y no podría apreciar toda tu belleza. Pero cuéntale todos los cuentos que sepas, que le gustan mucho.

A Chiquitita no le hizo mucha gracia la alusión de la rata al posible matrimonio, sabiendo que su vecino era un topo. Cuando éste llegó, la rata se deshizo en elogios sobre la mansión del topo, sobre sus abundantes reservas de alimentos para el invierno y sobre su carácter serio y reposado. El topo se dejaba halagar tranquilamente. Sólo le molestaba que se hablase del sol, cosa que lo irritaba sobremanera porque su delicada vista no soportaba el brillo.

Chiquitita hizo algunos cuentos y cantó como se lo había pedido la señora rata. El topo elogió su hermosa voz, aunque no demasiado porque su orgullo se lo impedía. Invitó luego a Chiquitita y a la señora rata a su palacio.

—Nos sentimos muy halagadas —dijo la rata.

—Eso sí —acotó el topo—, debo prevenirlas para que no se asusten del pájaro que encontrarán a la entrada. No les hará nada, pues debe estar ya muerto. Cayó allí la semana pasada y el frío debe haber terminado con él.

Los tres se pusieron en camino atravesando un oscuro túnel. Cuando estaban cerca de la puerta, el topo rascó con el hocico en el techo, separó la tierra y un pequeñísimo rayo de luz alumbró el cuerpo de un pájaro. Era una hermosa golondrina: tenía las patas muy pegadas al cuerpo y la cabeza escondida bajo las plumas. Nadie dudó de que había muerto helada.

Chiquitita fue la única que sintió una gran congoja, pues amaba mucho a los pájaros. Recordó cuando andaba en su pequeña balsa y ellos la acompañaban en sus canciones y después, cuando viviendo debajo de la margarita le cantaban desde los árboles.

—Esta no vuela más —dijo el topo—. Y filosofó: —Qué poca cosa es un pájaro. En el verano disfrutan y cantan todo el tiempo, pero apenas llega el invierno no saben qué hacer, se mueren de hambre y de frío.

—Muy bien dicho —acotó la rata—. Los pájaros son como los humanos. Sólo piensan en los buenos tiempos, pero no saben prevenirse para los malos ni guardar provisiones para el invierno.

Chiquitita no dijo nada. Cuando pasaron los dos animales, sin que la vieran ella se inclinó sobre la golondrina y la besó en los ojos.

—¡Pobrecita! —pensó—, morir tan lejos de los suyos y tan sola.

En la noche, estando ya Chiquitita y la rata en su casa, la niñita no podía dormir pensando en la golondrina. Al final se levantó, cogió una cobija de paja que ella misma había tejido y fue hasta donde estaba el pobre pajarillo. Lo envolvió en la manta y la abrazó recostando la cabecita sobre su pecho, mientras le decía:

—Adiós, linda golondrina. Seguramente irás al cielo azul de los pájaros donde todos vuelan jugando con los rayos del arcoiris...

En ese momento, la golondrina comenzó a moverse y pronto se reanimó. Sólo estaba entumecida por el frío. Chiquitita temblando de emoción corrió a buscar una perfumada hoja de yerbabuena y la colocó debajo de la cabecita de la golondrina. Luego volvió a su casa para que la rata no notara su ausencia.

A la noche siguiente, cuando regresó, la golondrina estaba mucho más repuesta y mirando a Chiquitita con mucha ternura, le contó que se había perdido de sus hermanas y que buscando refugio de la nieve, fue a dar a la casa del topo.

—¡Cuánto te debo! —dijo a Chiquitita—. Me has salvado la vida. Gracias a tí podré volver junto a mis hermanas.

—Tendrás que esperar a que haga mejor tiempo —contestó Chiquitita—, está nevando mucho. Pero no te preocupes, yo te cuidaré.

Durante todo el invierno Chiquitita se ocupó de la golondrina, sin que se enteraran ni el topo ni la rata. Estaba muy contenta con su nueva amiga y temía el momento en que la golondrina tuviera que partir.

Por fin, al llegar la primavera, fue inevitable que la golondrina le anunciara a Chiquitita que iba a dejarla. La niña con profunda tristeza, hizo una abertura por donde su amiga pudiera salir. Un rayo de sol radiante iluminó el oscuro túnel y la golondrina exclamó:

—¡Que tiempo hermoso hace! —y mirando a Chiquitita le dijo— ¿No quieres venir conmigo? Te subes en mi lomo y nos iremos por los verdes bosques.

Chiquitita casi le dice que sí, pero pensó en todo lo que le debía a la rata y que no podía dejarla así bruscamente.

—No, no puedo —contestó.

—Está bien, como tú quieras —dijo la golondrina—. Cada uno sabe de sus obligaciones. ¡Dios te bendiga por lo buena que eres!

Y se lanzó por los tibios aires primaverales, mientras por el rostro de Chiquitita caían ardientes lágrimas.

Todo cambió para ella. La rata no la dejaba salir a pasearse al sol porque habían sembrado trigo y temía que Chiquitita se perdiese en la inmensidad del campo. Chiquitita sufría mucho, pero el colmo de su angustia se presentó cuando la rata le anunció:

—El topo te ha pedido en matrimonio. Así que no podrás despreciar tal honor. Prepararé tu ajuar para la boda, que será muy distinguida pues te casas con un gran señor.

Y mandó traer cuatro arañas para que tejieran las más finas telas.

El topo, como buen novio, la visitaba todos los días pero no hablaba más que tonterías. La única distracción de Chiquitita era asomar su cabecita por entre el trigo verde y mirar desde allí el azul del cielo.

—¿Será posible que tenga que vivir toda la vida en un agujero? —se preguntaba—. ¡Ah!, si por lo menos estuviese mi amiga la golondrina! Pero ella me habrá olvidado. Estará feliz volando sobre ríos, mares y montañas.

Al llegar el otoño, la rata había terminado el ajuar y al ver que Chiquitita lloraba y protestaba, le dijo:

—No seas ingrata, niña. Pórtate bien y sé obediente. El topo es muy rico y la pasarás bien, ¿qué más puedes pedir?

Cuando llegó el día del matrimonio, Chiquitita pensando que ya no vería más el sol metida para siempre en la mansión del topo, pidió a la rata que la dejara ir a contemplarlo una vez más.

—De acuerdo —dijo la rata—. Pero no tardes.

Chiquitita contemplaba el campo embelesada, cuando un agudo silbido le llamó la atención. Levantó la cabeza y vio, con gratísima sorpresa, a su amiga la golondrina. Entre sollozos, Chiquitita le contó su horrible situación.

—No desesperes —dijo la golondrina—. Ven conmigo. Iremos a un país de eterno sol y hermosas flores. Dame la oportunidad de salvarte de ese odioso topo como tú me salvaste de morir helada.

—Está bien —dijo Chiquitita—. Llévame contigo.

Y montando sobre la golondrina, se ató a una pluma. La golondrina se elevó por encima de las montañas. Cruzaron valles, ríos, espesos bosques hasta llegar a un lago en cuyas orillas se levantaba un hermoso palacio de mármol. Bajo el alero y entre los capiteles de sus columnas, podían verse muchos nidos de golondrinas.

—Esta es mi casa —dijo la golondrina—. Pero no es lo bastante cómoda y hermosa para tí. Mira, iremos entre las flores, allí escogerás el lugar que más te guste para vivir.

—Muy bien, como tú digas —contestó Chiquitita feliz de verse nuevamente libre.

La golondrina dejó a Chiquitita en una flor de las muchas que brotaban en aquella verde tierra. Apenas la depositó, Chiquitita se encontró frente a sí, un personaje de su mismo tamaño. No podía creer tanta maravilla. Era un niño pequeñito, de su mismo tamaño, con su cuerpecito luminoso y transparente como el de la niñita, tenía unas alas nacaradas y lucía una corona de oro.

—Bienvenida, hermosa niña —le dijo—. Soy el príncipe de las flores y en ellas viven todos mis súbditos.

—¡Qué bonito es! —se dijo Chiquitita.

Vivió la niña entre las flores y al poco tiempo el príncipe le confesó su amor y le dijo que quería casarse con ella, para hacerla reina de las flores.

—¡Qué diferencia, —pensó Chiquitita— entre este marido y lo que hubieran sido el sapo y el topo!

Por supuesto que dijo que sí a tan hermoso y delicado galán.

Entonces las flores se abrieron todas y de ellas salieron jovencitos y jovencitas todos del tamaño de Chiquitita, que corrieron a saludar a su nueva reina. Muchos meses duraron los festejos del real matrimonio. Desde entonces la niñita vivió para siempre feliz y amada en su florido reino.

Esta es la historia de Chiquitita que cuentan las golondrinas que se reúnen a conversar sobre los techos de los hogares de un frío país de Europa llamado Dinamarca.

EL TROMPO Y LA PELOTA

Había una vez un trompo y una pelota que una señora había regalado a su hijo. El trompo era rojo, azul y amarillo, y corría y brincaba como ningún otro. La pelota tenía un hermoso forro de tafilete de vistosos colores y al rodar formaba un arco iris perfecto y pocas como ella llegaban tan alto cuando la hacían botar. El niño pasaba todo el día jugando con el trompo y la pelota, de modo que los pobres no podían descansar ni hablar nunca, porque su dueño no los dejaba quietos ni un instante.

Un día sucedió que la mamá llevó al niño de paseo y el trompo y la pelota se sintieron muy felices porque por primera vez en mucho tiempo se habían quedado solos y tranquilos, y no tenían que andar moviéndose y agitando para que el niño se divirtiera. Así que lo primero que hicieron fue echar un lindo sueño y cuando se despertaron muy contentos por haber descansado tan bien, se pusieron a hablar muy animadamente. El trompo, que estaba muy enamorado de la hermosa pelota, le dijo:

—¿Quieres casarte conmigo, pelota?

Ella, que era muy orgullosa, rió desdeñosamente:

—¿Casarme con un pobre trompo? —dijo—. ¿Te has vuelto loco? Nunca me casaría con alguien como tú.

—¿No? —dijo tristemente el trompo—. ¿Por qué?

—¿Acaso no te has mirado en un espejo? —contestó ella.

—Sí que lo hice —dijo el trompo—. Y he visto que soy casi

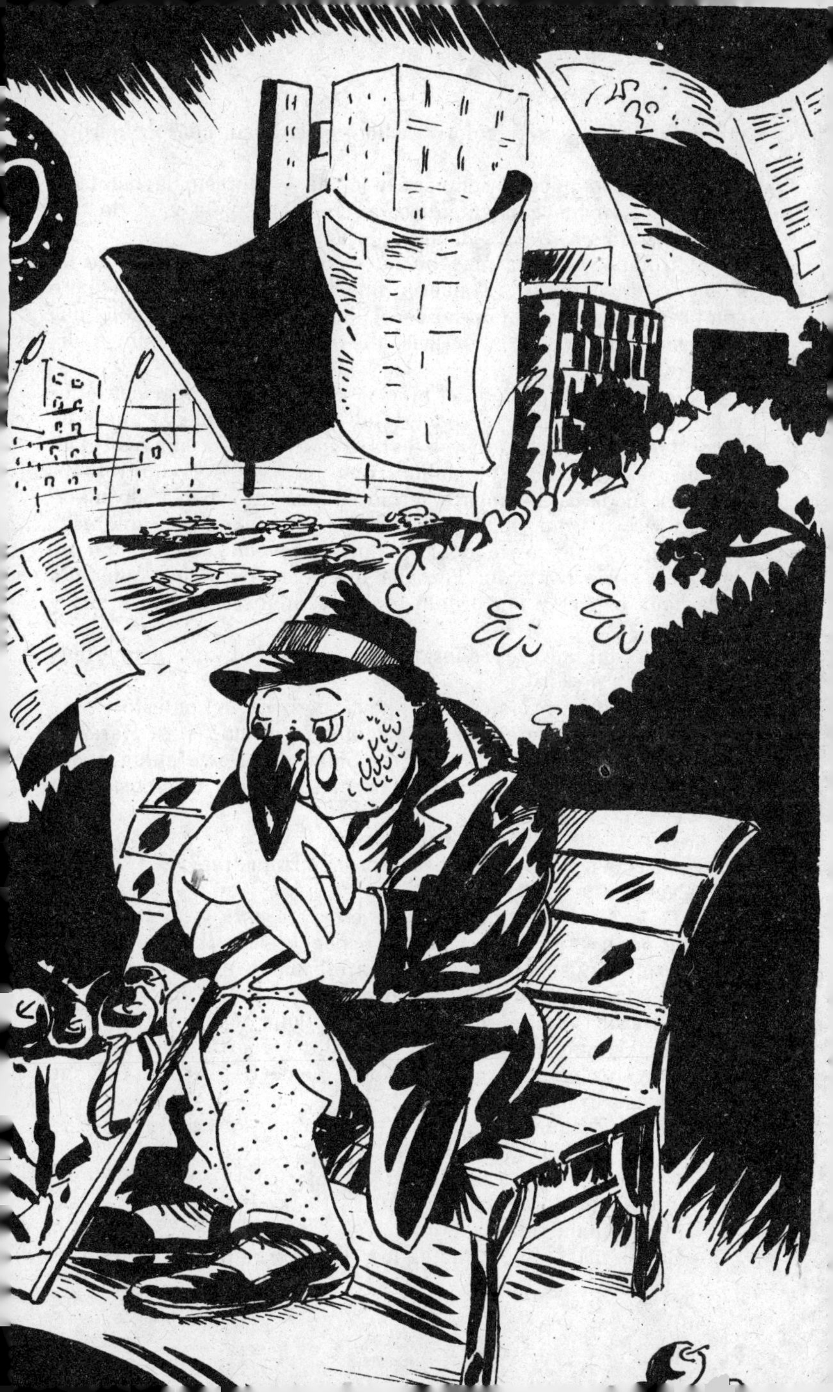

tan bello como tú. Mis colores brillan y tengo un cuerpo fuerte y bien formado.

—¡Bah! No puedes compararte a mí —contestó la pelota—. Yo estoy formada con auténtico corcho de España y tú de madera dura y áspera. Eres demasiado poco para mí.

El trompo, que era muy bueno y muy humilde, se quedó en silencio, muy triste. El quería mucho a aquella pelota pero comprendió que ella era muy orgullosa. Siguió pidiéndole que se casara con él, pero por más que rogó, ella pasó todo el día burlándose de él.

A la mañana siguiente, el niño vino otra vez a jugar con ellos y lo primero que hizo fue ponerle al trompo una nueva punta de bronce, para que brincara y bailara mejor. Era una punta brillante, de metal flamante y pulido, que lucía al sol con reflejos dorados, incomparablemente hermosos. Era un espectáculo maravilloso ver al trompito danzar y danzar, luciendo sus colores y despidiendo reflejos de oro su punta nuevecita. El trompo no cabía en sí de contento. Pensaba que ahora la pelota quedaría encantada con él y tan pronto se fue el niño, se acercó a ella y le dijo:

—¿Qué tal me ves ahora? ¿No es verdad que estoy muy bonito?

Ella lo miró, miró su punta nueva, pero no le contestó.

—¿Ahora sí quieres casarte conmigo? —siguió él—. Haremos una pareja perfecta. Tú saltas y yo bailo y con esta punta nueva que me han puesto soy el más hermoso de los trompos. ¿Qué dices?

La pelota lo miró desdeñosamente y dijo:

—¿Acaso no sabes quiénes fueron mis padres?

—No—, dijo el trompo.

—Te lo diré para que lo tengas bien presente y no se te olvide. Mis padres fueron un magnífico par de zapatillas de tafilete. Ya ves que soy superior a ti, pese a esa punta nueva que te han puesto. Y yo no puedo casarme con alguien que es inferior a mí.

—¿Inferior? —dijo el trompo—. Para que sepas, estoy hecho de roble legítimo. Provengo del más alto y fuerte roble del bosque y tú eres sólo de corcho. Nada puede destruirme y tú no puedes decir lo mismo.

Ella, al oír aquello empezó a interesarse y preguntó:

—¿Es verdad lo que me dices?

—Por supuesto que es verdad —contestó él—, y te diré más. Mi padre es un ilustre comandante.

—¿Un comandante?

—Sí. El más famoso de todos. En sus ratos de ocio él se

dedica a labrar toda clase de objetos y yo soy el mejor de cuantos ha hecho.

—¿Estás seguro? —preguntó ella, cada vez más interesada.

—Sí que lo estoy —respondió el trompo—. Yo mismo he oído decírselo a sus amigos.

—¿Cómo sé que no estás mintiendo?

—Mira —dijo él—. Yo sé que es muy feo jurar, pero para que me creas, te juro que cuanto te he dicho es verdad.

—¿Realmente lo juras?

—Sí, te juro que es cierto. Y si estoy mintiendo que nunca más pueda yo volver a bailar y que se borren mis hermosos colores y que se apague el brillo de mi hermosa punta.

Y al decir esto le caían lágrimas de los ojos al trompo, porque los trompos y todos los juguetes también hablan y lloran y ríen como nosotros, aunque no podamos verlos.

—Está bien, no llores —dijo conmovida la pelota—. Te creo.

—¿Me crees? —dijo el trompo—. Entonces sí. ¿Ahora te casarás conmigo?

—No —dijo ella.

—¡Oh! —dijo el trompo— ¿por qué?

—Por que estoy comprometida. No te lo quise decir antes, pero esa es la verdad.

—¿Y con quién? —interrogó con tristeza el trompo.

—Con una golondrina —dijo la pelota—. Cada vez que el niño me arroja al aire en el jardín ella asoma su cabecita fuera del nido y me dice tiernas palabras con su lindo piquito. La última vez que nos vimos nos juramos un amor eterno. Cuando yo pueda reunirme con ella en su nidito seremos muy felices.

Al oír aquello el trompo se quedó muy triste y no volvió a hablar durante el resto del día. Se quedó solito en un rincón, llorando en silencio, como lloran los juguetes.

Al día siguiente el niño salió a jugar con la pelota al jardín y la arrojó fuertemente al aire. La pelota voló como los pájaros, cayó al suelo y volvió a elevarse una y otra vez. Se esforzaba en subir cada vez más alto, para llegar hasta el nido de la golondrina: Si lo alcanzaba se quedaría a vivir con ella, lejos de aquel niño que la lanzaba tanto y de aquel trompo que la molestaba tanto con sus propuestas de matrimonio. En verdad que él no era tan feo y además era de noble cuna, pero de ninguna manera podía compararse con ella. Hasta que de pronto desapareció de la vista del niño, que la buscó pero no pudo encontrarla. Dándola por perdida, el niño entró a la casa. El trompo, al verlo regresar sin la pelota, comprendió lo que había sucedido y se dijo para sí:

—Ya sé por dónde debe andar la muy traviesa. Debe estar en

el nido con la golondrina y con seguridad que ya se han casado.

Al pensar en eso el trompo se puso muy triste.

—¿Y ahora qué haré? —se decía sollozando— ¿Qué haré sin ella? ¡Tanto que yo la quería! Jamás sentí tanto cariño hacia nadie. Y ahora estoy solo y ella...

De pronto, la voz del niño interrumpió los pensamientos del trompo.

—¡Trompo, trompo! —dijo el niño y vino corriendo hacia él.

—Por favor —dijo el trompo—. No tengo deseos de jugar.

Pero el niño no podía oír al trompo y por más que éste rogó y sollozó lo hizo dar vueltas y vueltas sobre su nueva punta. Mientras giraba, el trompo iba llorando. Llorando cada vez más pensando en su querida pelotita a la que pensaba que nunca más volvería a ver. Tanto lloró que las lágrimas fueron borrando sus lindos colores y el pobre se fue poniendo descolorido y viejo. El niño, al verlo con tan feo aspecto lo hizo pintar nuevas rayas rojas y doradas, pero luego, cansado ya de jugar tanto con él se lo regaló a un amigo. El nuevo dueño del trompo era muy bueno y lo dejaba descansar y además lo hizo pintar otra vez, de manera que el trompo quedó más hermoso que nunca. Sin embargo, seguía muy triste, pensando en la traviesa pelotita.

Un día, mientras jugaba con su nuevo dueño, tropezó con una piedra y salió despedido muy lejos, de tal suerte que el niño lo perdió de vista. Por más que el niño lo buscó no pudo encontrarlo. Claro que si hubiera buscado en el cesto de la basura. Como el niño no vio dónde había caído, lo dio por perdido y el trompo se quedó entre los desperdicios y el polvo pensando que nadie iría a buscarlo allí. Junto a él, entre unas hojas de lechuga y una naranja podrida, vio algo que le pareció una manzana sucia y vieja. La miró con mayor atención y se dio cuenta que en realidad era una bola, húmeda y cubierta de suciedad. Tenía todo el aspecto de haber estado mucho tiempo en un charco. Tenía un aspecto lamentable y el trompo, al verla en ese estado, sintió pena por ella. Era seguro que nadie querría jugar con ella, de tan fea que estaba. Y eso si lograba salir de allí, lo que no era muy probable. El trompo estaba pensando en ello y decidido le habló:

—¿Cómo te has puesto así? —le preguntó.

—¿Qué quieres decir? —preguntó la bola.

—Bueno... —dijo el trompo—. Estás tan fea, tan sucia que...

Ella lo interrumpió:

—¿Fea?, ¿Sucia? Mírame bien. Tengo el cuerpo de corcho de España y estoy forrada de tafilete. Si ahora me ves así es porque caí en un charco y estuve en él largo tiempo. Pero para que sepas, tengo el cuerpo de corcho de España y además estoy forrada del más fino tafilete.

El trompo no cabía en sí de su sorpresa. ¿Sería aquella su vieja compañera?

—Tú... —empezó a decir, pero ella volvió a interrumpirlo:

—Y lo peor de todo es que esto me sucedió cuando estaba por casarme.

—¿Por casarte? —preguntó el trompo ansiosamente.

—Sí —dijo ella—. Iba a casarme con una golondrina.

¡Era aquella! Qué diferencia entre aquella hermosa pelota de la que él se había enamorado y ésta de ahora.

—¡Qué mala suerte la mía! —dijo la pelota—. Mira cómo me ha puesto la lluvia. Y tú, ¿quién eres?

El trompo estaba a punto de contestar cuando una criada vino a vaciar el cajón de la basura.

—¡Toma! —dijo la criada—. ¡Miren dónde vino a parar el trompo del niño!

La criada agarró el trompo y se lo llevó al niño. Después sacó la pelota del cesto y la arrojó a la calle. La pelota cayó entre el lodo y se puso peor que antes, más sucia y más fea. Al verse en ese estado sufría muchísimo, pues recordaba su época feliz, cuando su hermoso cuerpo y sus colores la habían hecho sentirse tan orgullosa. Al pensar en eso recordó al trompo que le había propuesto matrimonio y pensó si no sería el mismo que acababa de ver en el cesto de la basura.

—No —se dijo después de reflexionar un rato—. No puede ser el mismo. Si fuera aquél, me habría reconocido inmediatamente y me habría dicho quién era y éste casi ni me habló. Lo que la pelotita no sabía era que el trompo sí la había reconocido pero que no había tenido tiempo de decírselo, porque ella se había pasado hablando todo el tiempo. Mientras tanto, la golondrina, afligida por la desaparición de su amiga, la pelotita, se había puesto a buscarla. Salió del nido y se la pasó revoloteando por ahí, hasta que la vio entre el barro de la calle. La vio tan sucia, tan gastada, tan fea y vieja, que en vez de ayudarla ni siquiera se acercó a ella. Antes la pelota le gustaba porque tenía hermosos colores, pero ahora la pelota había perdido para ella todo su encanto. Así que siguió volando a su nido, pensando en un trompo de brillantes colores que había visto una vez al volar sobre la casa de su dueño.

—¡Ese trompo, sí que es hermoso! —se dijo la golondrina.

Y pensando y pensando en el trompo, se enamoró de él. Claro que la golondrina no sabía que ese trompo amaba a la pelotita con la que ella había estado a punto de casarse y un día, cuando él estaba bailando para su dueño, bajó volando desde su nido y se le acercó. Cuando estuvo bien cerca de él empezó a cantar moviendo su lindo piquito. Al trompo le gustó mucho el canto de la golondrina, y ésta, dándose cuenta de ello, le declaró su amor.

—No puedo amarte —dijo entonces el trompo.

—¿Por qué? —preguntó la golondrina, tal como él había preguntado antes a la pelota.

—Porque amo a una pelota y quiero casarme con ella. Es una hermosa pelota que se perdió hace tiempo. Cuando la encuentre me casaré con ella.

La golondrina se dio cuenta de qué pelota estaba hablando el trompo y se puso triste y pensativa. Recordó que la había visto abandonada y sucia y que ni siquiera se le había acercado para ayudarla. Recordó cuánto la quería a ella la pelotita y se sintió arrepentido, así que fue nuevamente a buscarla. Cuando llegó al lugar donde la había visto, no la encontró. La pelotita había muerto, hecha pedazos por unos chicos malos, quienes después de destrozarla la habían arrojado a una cloaca.

Ahora la golondrina y el trompo están casados. Viven muy felices pero no olvidan nunca a la pelotita, que siendo tan orgullosa despreció lo que tenía a su lado y quiso volar tan alto que se perdió.

NICOLAS Y NICOLASIN

En un pueblo vivían, hace muchos años, dos hombres que tenían el mismo nombre. Los dos se llamaban Nicolás, pero uno de ellos tenía cuatro caballos y el otro sólo tenía uno. Para poder distinguirlos la gente los empezó a llamar Nicolasón, al dueño de los cuatro caballos y Nicolasín, al que tenía sólo uno.

Durante toda la semana, Nicolasín trabajaba para Nicolasón, labrando la tierra y además le prestaba su único caballo. Pero, una vez por semana, el domingo, Nicolasón le prestaba a Nicolasín, sus cuatro caballos. El domingo, Nicolasín hacía restallar su látigo sobre los cinco caballos, porque era como si los cinco fueran suyos.

El sol brillaba y las campanas de la iglesia repicaban, mientras los pobladores, con sus mejores ropas y llevando bajo el brazo el libro de oraciones, pasaban delante del pequeño pedazo de tierra de Nicolasín. Y observaban a éste que araba su campo

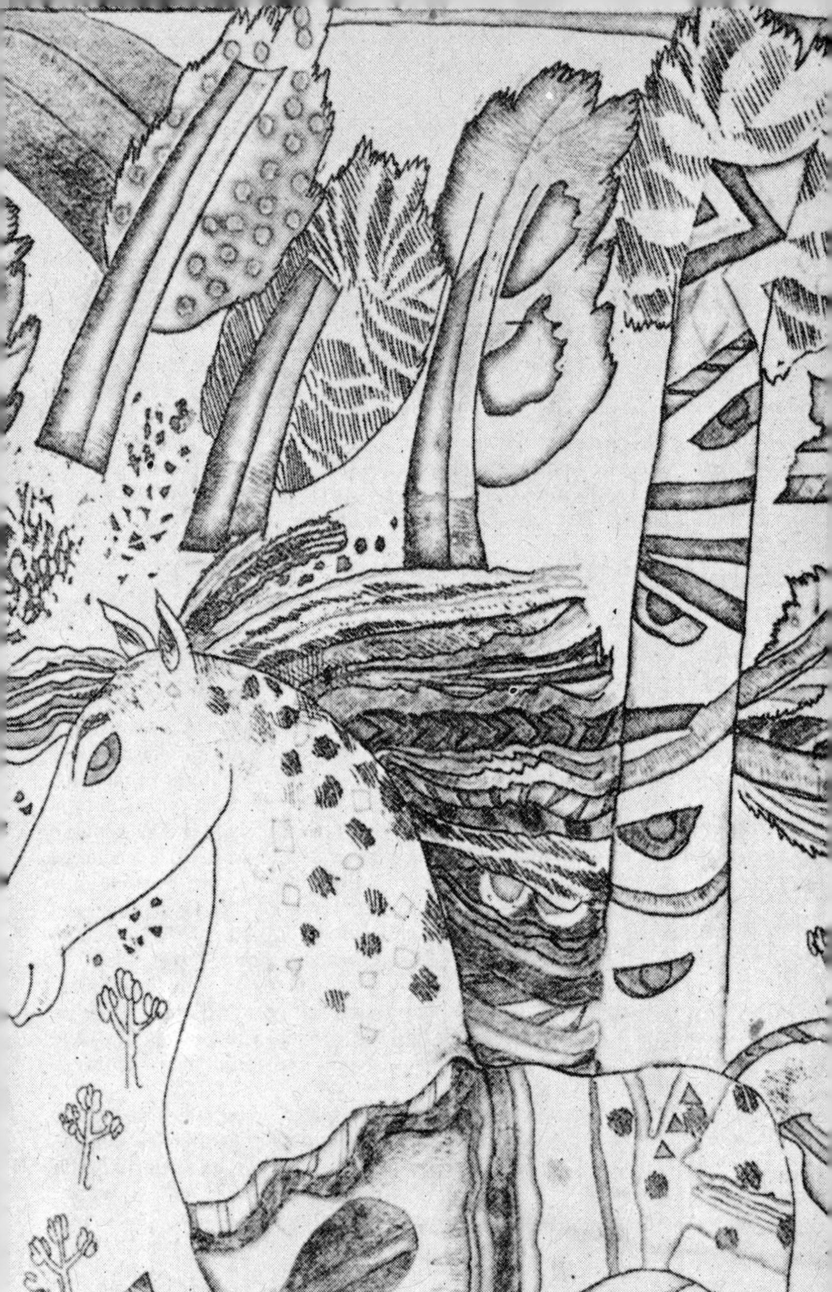

con los cinco caballos. Nicolasín estaba tan orgulloso que hacía restallar el látigo gritando:

—¡Arre mis cinco caballos!

—No debes decir eso —le dijo un día Nicolasón—. Porque solamente un caballo es tuyo. Ya verás lo que te pasa si lo dices otra vez.

Nicolasín, sin embargo, se olvidó pronto de esta amenaza y cada vez que alguien pasaba por delante del campo, exclamaba:

—¡Arre mis cinco caballos!

—Por favor no vuelvas a decir tal cosa —le dijo enojado Nicolasón—. Si lo repites, daré un golpe tan fuerte en la cabeza de tu caballo que caerá muerto y no se hablará más de él.

—Está bien —dijo Nicolasín—. Prometo no volver a decirlo. Pero apenas pasaba alguien por delante del campo y lo saludaba, Nicolasín se sentía tan satisfecho y se consideraba tan rico y poderoso al ver que labraba el campo con cinco caballos, que repetía:

—¡Arre mis cinco caballos!

—Ahora voy a arrear tus caballos —exclamó Nicolasón. Y tomando un mazo grande dio tremendo garrotazo en la cabeza del caballo de Nicolasín, que el pobre animal cayó muerto en el acto.

—¡Pobre de mí. Ya no tengo ningún caballo! —repetía llorando Nicolasín. Sin embargo, un rato después desolló el caballo muerto y colgó la piel para que se secara al aire. Luego metió la piel en un saco de arpillera y, echándoselo al hombro, se dirigió al pueblo vecino para venderlo. El camino era muy largo y había que atravesar un sombrío y triste bosque. De repente estalló una tormenta y Nicolasín perdió el rumbo. Oscurecía ya y él se hallaba muy lejos de donde había partido y más lejos aún del pueblo al cual iba. De modo que se acercó a una gran casa que había cerca del camino donde él estaba. Todo estaba cerrado en esa casa, pero la luz salía por las rendijas.

—Veré si puedo pasar aquí la noche —se dijo Nicolasín. Llamó a la puerta y abrió la mujer del granjero, pero cuando Nicolasín le dijo lo que quería, le aconsejó que se alejara, que su marido no estaba en la casa y ella no podía dejar entrar a ningún extraño.

—No me queda más remedio que pasar la noche a la intemperie —se dijo Nicolasín mientras la mujer le cerraba las puertas en las narices. Cerca de la casa había un pajar y un cobertizo con tejado de paja.

—Aquí me quedaré —pensó Nicolasín—. La cama será buena y espero que no vendrá la cigüeña a morderme las piernas. Porque había una cigüeña cuidando su nido que estaba en el tejado.

Nicolasín se subió al tejado del cobertizo y ya se estaba acomodando para ponerse cómodo, cuando descubrió que los postigos de la parte superior de las ventanas de la casa no estaban cerrados y así él podía ver lo que sucedía adentro. En la sala había una mesa muy grande y sobre ella, vino, carne y un enorme pescado.

A la mesa estaban sentados la mujer del granjero y el sacristán, los dos solos. Ella le llenaba el vaso de vino y le servía una opulenta porción de pescado que, al parecer, era su plato favorito.

—¡Ojalá yo pudiera comer un poco! —pensó Nicolasín. Y estiró el cuello hasta la ventana. Entonces pudo ver un magnífico pastel. Por lo visto aquello era un estupendo banquete.

En aquel momento oyó que alguien venía por el camino en dirección a la casa. Era el granjero que regresaba. El granjero era un hombre excelente, pero tenía una vieja manía: no podía soportar a ningún sacristán. Y, si por casualidad, uno se le ponía delante, le daba un tremendo ataque de rabia. Por esa razón, el sacristán iba a visitar a la dueña de la casa en ausencia del marido y la buena mujer le ofrecía lo mejor que tenía para comer.

Cuando sintieron que se acercaba el granjero, se asustaron mucho y la mujer señaló un cofre muy grande que había en un rincón al sacristán para que se escondiera. Cosa que éste hizo rápidamente ya que sabía la aversión que el granjero tenía por los sacristanes. Entonces la dueña de casa ocultó todos los manjares que había sobre la mesa y los metió en el horno, porque si su marido los veía, no dejaría de preguntar para quién los había preparado.

—¡Dios mío! —exclamó Nicolasín al ver que desaparecía la comida.

—¿Hay alguien ahí? —preguntó el granjero, mirando hacia donde estaba Nicolasín—. ¿Qué hace ahí arriba? Mejor será que entre a la casa conmigo. Nicolasín le contó que se había perdido y le pidió albergue para pasar la noche.

—Cómo no. Con gusto —dijo el hombre—. Pero es mejor que primero cenemos.

La mujer los recibió muy bondadosamente, puso la mesa y les dio un plato de frijoles. El granjero que venía con mucha hambre, comía con el mejor apetito, pero Nicolasín no podía olvidar la carne asada, el pescado y el pastel que, sabía, estaban escondidos en el horno.

Puso el saco que contenía el cuero de caballo debajo de la

mesa. No le gustaban los frijoles. En determinado momento pisó el saco y la piel seca dio un crujido.

—¡Calla! —dijo Nicolasín dirigiéndose al saco y pisando de nuevo sobre él. La piel dio un crujido aún mayor.

—¿Qué llevas en el saco? —preguntó el granjero.

—Es un duende —contestó el muchacho—. Me dice que no hay necesidad de que comamos frijoles porque ha encantado el horno que ahora contiene carne asada, pescado y pastel.

—¿Qué dices? —fue rápido a abrir el horno y en efecto, encontró allí las cosas escondidas por su mujer, pero él creyó que era obra del duende.

La mujer no se atrevió a protestar ni a decir nada. Puso los manjares en la mesa, ante los dos hombres, que los comieron con sumo placer.

Después Nicolasín volvió a pisar el saco que otra vez dio un crujido.

—¿Qué dice ahora? —preguntó el granjero.

—Dice que también ha puesto en el horno tres botellas de vino —contestó Nicolasín—. Y que nos las regala.

La mujer se vio obligada a traer el vino y los hombres bebieron hasta alegrarse. Nicolasín preguntó al granjero si le gustaría tener un duende como el suyo.

—¿Es capaz de hacer aparecer al Diablo? —preguntó el granjero—. Lo pregunto porque ahora, después de beber, no me importaría verle.

—¡Oh, sí! —contestó Nicolasín—. Mi duende hace cuanto le pido. Vamos a ver —dijo dirigiéndose al saco y haciendo de modo que crujiese con más fuerza—. ¿Me oyes? ¿Puedes hacer que aparezca el Diablo? Aunque —comentó volviéndose al granjero— el Diablo es tan feo que mejor haría renunciando a verlo.

—No tengo ningún miedo —contestó el granjero—. ¿Qué dice ahora? —preguntó.

—Es que... —dijo Nicolasín— dice que se presentará bajo el aspecto de un sacristán.

—¡Qué lástima! —contestó el granjero. Porque debo decirte que no puedo resistir la presencia de ningún sacristán. Pero, en fin, no tiene importancia. Ya sé que, en realidad será el Diablo. Bien. Estoy dispuesto. Recomiéndale, sin embargo, que no se acerque mucho.

—Se lo encargaré a mi duende —contestó Nicolasín, pisando de nuevo el saco y acercándose como para oírlo mejor.

—¿Qué dice ahora?

—Que vayáis a abrir el cofre que hay en el rincón y veréis

al mismísimo Diablo atontado en la oscuridad. Pero cuidad de no levantar demasiado la tapa para que no se escape.

—¿Quieres ayudarme a sostenerla? —preguntó el granjero. Después fue derecho al cofre donde la mujer escondiera al sacristán quien temblaba de miedo. El granjero levantó un poco la tapa y miró.

—¡Oh! —exclamó dejando caer otra vez la tapa—. Sí, acabo de verlo y realmente tiene la misma cara que nuestro sacristán. ¡Qué cosa tan espantosa!

Después de aquel susto, los dos tuvieron necesidad de echar un trago y así continuaron bebiendo hasta altas horas de la noche.

—Quiero que me vendas ese duende —dijo el granjero—. Pide por él lo que quieras. Te daré un barril lleno de dinero.

—No. No puedo venderlo —contestó Nicolasín—. Ya veis qué útil me es.

—Pues yo quiero tenerlo —insistió el granjero, y siguió porfiando con Nicolasín.

—Bueno —dijo éste al final—. Ya que me habéis tratado tan bien, no tendré más remedio que vendéroslo. Os daré mi duende a cambio de un barril de dinero, pero siempre y cuando lo llenéis hasta el borde.

—Convenido —dijo el granjero—. Pero te llevarás ese cofre. No quiero verlo más en casa, pues ya no sabría nunca si el Diablo está o no adentro.

Nicolasín entregó su saco que contenía la piel de caballo y en cambio recibió un barrilito de dinero, lleno hasta el borde. El granjero le dio también una carretilla para que Nicolasín pudiera llevarse el cofre.

Después de despedirse, Nicolasín partió llevándose el barrilito y el cofre que contenía adentro al sacristán. Al llegar a la mitad del puente que atravesaba el río del bosque, cuya corriente era muy fuerte, dijo en voz alta para que el sacristán oyera:

—¿Qué voy a hacer con este cofre viejo? Mejor lo tiro al río, ya me cansé de llevarlo. Si flota hasta llegar a mi pueblo, bien y si no, no me importa —levantó un poco el cofre como para tirarlo al río.

—¡No por favor, déjame salir antes! —gritó el sacristán.

—¿Qué es esto? —exclamó Nicolasín fingiéndose espantado—. Aún está el Diablo adentro. ¡Al río con él!

—¡Por favor, no! —gritó el sacristán— Te daré un barrilito de dinero si me dejas salir.

—Ah, bueno. Así es otra cosa. —dijo Nicolasín y abrió el cofre.

El sacristán salió y arrojó el cofre al agua. Después fue a su

65

casa a buscar el barrilito de dinero prometido a Nicolasín. Este, con la carretilla cargando sus dos barrilitos de dinero, emprendió el regreso a su casa. Ya en ella, tiró el dinero en el suelo formando un montón.

—La verdad es que me han pagado bien la piel de mi caballo —se dijo—. ¡Qué rabioso se pondrá Nicolasón cuando vea lo rico que soy gracias a mi caballo! Claro que no voy a decirle la verdad.

Entonces mandó un muchacho a casa de Nicolasón para pedirle prestada una medida de a litro.

Curioso Nicolasón por saber para qué quería Nicolasín la medida, puso un poco de sebo en el fondo para que se quedara algo de adherido de lo que aquél midiera. Y, por supuesto, así sucedió. Al serle devuelta la medida vio que en el fondo había quedado adherida una moneda de plata.

—¡Caramba! —exclamó Nicolasón y se fue corriendo a casa de Nicolasín.

—¿De dónde has sacado tanto dinero? —le preguntó.

—Pues de la venta de la piel de mi caballo —contestó Nicolasín.

Nicolasón corrió a su casa y con un hacha pegó en la cabeza de sus cuatro caballos. Luego los desolló y se fue al pueblo llevando las pieles.

—¡Pieles! ¡Pieles! ¿Quién compra pieles? —gritaba por las calles.

La gente del pueblo se acercó y le preguntó qué precio pedía por ellas.

—Un barrilito de dinero por cada una. —contestó Nicolasón.

—¿Estás loco? —le contestaban— ¿Te imaginas que tenemos dinero como para darlo a barriles? —Y expulsaron a puntapiés y golpes a Nicolasón del pueblo. Nunca en su vida había recibido Nicolasón una paliza tal. Furioso llegó a su casa y tomando un hacha, dijo:

—Ya verá Nicolasín por lo que me ha hecho. Lo mataré.

La abuela de Nicolasín se había muerto de vieja en su casa. Durante toda su vida fue una mujer de carácter avinagrado que trataba muy mal a Nicolasín. Pero éste al verla muerta lo sintió mucho. Tomó a su difunta abuela y la puso en su cama caliente, para ver si podía reanimarla. La dejó allí toda la noche, mientras él dormiría sentado en una silla, cosa que ya había hecho otras veces.

En medio de la noche entró Nicolasón armado con su hacha y creyendo que en la cama se encontraba Nicolasín, descargó su hacha sobre la pobre abuela muerta.

—¡No volverás a engañarme! —dijo Nicolasón al marcharse.
—¡Qué malo es este hombre! —murmuró Nicolasín—. Ha querido matarme. Ha sido una suerte que mi abuela estuviese ya muerta, pues de lo contrario ese criminal la habría asesinado.

Después vistió a su abuela con el mejor traje, pidió un caballo prestado a su vecino, lo enganchó a un carro y sentó a su abuela en el asiento posterior, de forma que no pudiera caerse, a pesar del movimiento del vehículo. Se dirigió al bosque. A la salida del sol llegó ante una gran posada y Nicolasín entró a tomar algo.

El posadero era un hombre muy rico y no era mala persona pero tenía un carácter endiablado.

—Buenos días. —dijo el posadero a Nicolasín—. Veo que te has vestido con tu mejor traje, pese a que es muy temprano.

—Es que voy a la ciudad con mi abuela —contestó Nicolasín— La he dejado sentada en el carro. ¿Me haríais el favor de alcanzarle un vaso de vino? Tendréis que hablarle a gritos, porque ya está muy sorda.

—Se lo alcanzaré —dijo el posadero, y llevó un gran vaso de vino para la abuela.

—Aquí tenéis el vaso de vino que os envía vuestro nieto, —dijo a la muerta, pero ésta por supuesto no contestó.

—¿No me oís? —gritó el posadero desgañitándose—. ¡Que aquí tenéis un vaso de vino que os envía vuestro nieto! —Volvió a gritar varias veces pero como la abuela parecía no oírle, se encolerizó y le arrojó el vino en la cara. El vino corrió sobre su ropa y la vieja cayó de espaldas, ya que apenas estaba sostenida.

—¿Qué habéis hecho? —gritó Nicolasín saliendo rápidamente de la posada y tomando al posadero por el cuello— ¡Habéis matado a mi abuela!

—¡Qué desgracia! —exclamó el posadero, juntando sus manos desesperado— ¡Esto es consecuencia de mi mal genio! ¡Oh, buen Nicolasín, te daré un barrilito de dinero y me encargaré de hacer enterrar a tu abuela como si fuese la mía, si me prometes no decir nada a nadie de lo que ha sucedido! Si no quieres salvarme con tu silencio, me cortarán la cabeza y de todos modos, tu abuelita ya estaba muy viejita.

Nicolasín recibió su barrilito de dinero y el posadero enterró a la abuela como si hubiera sido la suya propia.

Cuando Nicolasín regresó a su casa, envió a un muchacho a casa de Nicolasón para que éste le mandara una medida.

—¿Cómo, no ha muerto? —preguntó—. Yo mismo iré a verlo.

Cuando llegó a casa de Nicolasín, le preguntó:

—¿De dónde has sacado todo ese dinero?

—Tú mataste a mi abuela y no a mí —respondió Nicolasín—. Yo he vendido su cadáver y me han dado este barrilito de dinero.

—¡Qué bien te la pagaron! —dijo Nicolasón y corrió a su casa, tomó un hacha y mató a su abuela. La puso en un carro y se dirigió al pueblo a buscar al farmacéutico para preguntarle si quería comprar un cadáver.

El farmacéutico horrorizado le preguntó de quién era el cadáver y Nicolasón le contó que había matado a su abuela y que vendía el cadáver por un barrilito de dinero. El farmacéutico, como toda la gente del pueblo, pensó que aquel desatinado estaba completamente loco, por lo que ni siquiera se preocuparon de llevarlo ante la justicia y lo dejaron libre de ir a donde quisiera, no sin antes tratarle de explicar la locura que había cometido y el castigo que merecía semejante acto.

Nicolasón asustado, se subió a su carro y salió corriendo.

—¡Vas a pagar caro este engaño! —decía, pensando en Nicolasín. Y corriendo llegó a casa de Nicolasín, lo tomó por la cintura y lo metió en un saco.

—No me engañarás más —le dijo—, te voy a ahogar. —Y tomó camino al río.

Pero por el camino oyó los cánticos que salían de una iglesia cercana y sintió deseos de entrar. Dejó el saco con Nicolasín adentro, recostado en la pared, a la puerta de la iglesia. En eso pasaba por allí un pastor de bueyes y ovejas. Era un hombre muy viejo que se apoyaba en un bastón. Uno de sus animales tropezó con el saco y éste cayó al suelo.

—¡Dios mío! —exclamó Nicolasín—. Soy demasiado joven para ir yo al reino de los cielos.

—Yo en cambio —dijo el pastor— ya soy muy viejo y no puedo llegar hasta allí.

—Pues si abres el saco y ocupas mi lugar, irás directamente al cielo —dijo Nicolasín.

—Me conviene, —dijo tranquilo el pastor mientras desataba el saco. Y antes de que Nicolasín terminara de atarlo con el pastor adentro, éste le recomendó: —Será mejor que te ocupes ahora tú del rebaño.

Nicolasín dijo que sí y terminó de atar el saco con el pastor adentro. Luego se alejó con el rebaño.

Salió Nicolasón de la iglesia y tomando el saco con el viejo pastor, lo llevó a la parte más ancha y profunda del río y arrojando el saco, exclamó:

—Ahora ya no volverás a engañarme.

Cuando regresaba a su casa, en un cruce de caminos, contempló estupefacto, cómo Nicolasín conducía un rebaño.

—¿Qué es eso? ¿Acaso no te has ahogado?

—En efecto, me arrojaste al agua —dijo Nicolasín—. Hace exactamente media hora.

—¿Y de dónde has sacado esos espléndidos animales? —preguntó Nicolasón.

—Ah, son reses fluviales, —dijo Nicolasín.

—¿Reses fluviales? —preguntó atontado Nicolasón.

—Te voy a explicar. En realidad tengo que agradecerte tu intención de querer ahogarme. Ahora ya estoy en una magnífica posición y soy un hombre muy rico. Me asusté mucho cuando me tiraste al río, pero al caer al fondo sin hacerme daño ya que allí hay una hierba muy alta y blanda, una hermosa doncella abrió el saco. Vestía un traje blanquísimo y llevaba una corona de algas sobre sus cabellos. Me tomó de la mano y me dijo: ¿Eres tú Nicolasín? tengo unas cuantas reses para tí y si me acompañas, un poco más arriba, en el camino, hay más que también te daré. Entonces me dí cuenta que el río es una especie de carretera para los habitantes del mar. La gente caminaba por el fondo del río, las flores y la hierba eran muy hermosas y lozanas. Los peces que nadaban por allí pasaban por mi lado como lo hacen los pájaros en la tierra, cuando pasan volando por el aire. En fin, que la gente allí es muy agradable y no puedes imaginarte la cantidad de ganado que se ve por todos lados.

—Pero ¿por qué has vuelto a tierra si es todo tan agradable allí abajo?

—Es que ya te conté que la hermosa doncella me ofreció más reses aquí arriba y como el camino abajo es muy sinuoso, pensé que subiendo por aquí llegaría antes al lugar indicado.

—Eres realmente un tipo de suerte —exclamó Nicolasón verde de envidia— ¿Crees que si voy al fondo del río encontraré una doncella que me regale un buen rebaño?

—No lo dudo nada —dijo Nicolasín—. Pero yo no puedo llevarte en un saco hasta el río porque pesas demasiado. Si quieres vamos caminando hasta la orilla y allí te doy un empujoncito con el mayor placer.

—Gracias —dijo Nicolasón—. Pero mira que si no me dan ningún rebaño, cuando vuelva a tierra, te daré la mayor paliza de tu vida.

—No pienses nada más que en hacerme daño —contestó Nicolasín.

Los dos caminaron derecho hacia el río. Al llegar, las reses se precipitaron hacia la orilla a beber porque estaban sedientas.

69

—Fíjate qué prisa llevan —dijo Nicolasín—. No hay duda de que desearían estar nuevamente en el fondo.

—Ayúdame, rápido, si no quieres que te pegue, —dijo Nicolasón—. Y se metió en un saco grande que llevaba una de las vacas en su lomo. —Y pon una piedra adentro porque temo no hundirme, —recomendó a Nicolasín.

—Con todo gusto —dijo Nicolasín—, quien colocando la piedra más grande que encontró, ató y arrojó al agua el saco que se hundió con gran rapidez.

—Me parece que no va a encontrar ningún rebaño —se dijo Nicolasín mientras regresaba contento a su casa.

EL SOLDADITO DE PLOMO

En una caja de madera dormían 25 soldaditos de plomo. Eran todos hermanitos, porque nacieron de una misma cuchara de estaño. Llevaban el arma al brazo muy orgullosos y tenían un bonito uniforme azul y rojo.

Un día, la caja con los soldaditos fue entregada a un niño como regalo de cumpleaños. Cuando el niño levantó la tapa, exclamó:

—¡Qué hermosos soldaditos de plomo!

El orgullo de los soldados era indescriptible.

Lo primero que hizo el niño fue formarlos a todos sobre la mesa. Todos eran igualitos, como gotas de agua. Sólo uno se destacaba del montón: por su cojera le faltaba una pierna. Resultó que al fundirlo, el estaño, no fue suficiente y el pobre soldadito quedó con una pierna de menos, pero eso no le impedía mantenerse en pie y tan altivo como los demás. Y fue precisamente a este soldadito que le sucedieron increíbles aventuras.

En la misma mesa sobre la que colocaron todo el escuadrón había muchos otros juguetes. Pero lo que más atraía era una hermosa y extensa quinta de cartón. Tenía una hermosa avenida arbolada que conducía a un lago hecho de espejo y donde bonitos cisnes de cera parecían nadar. En el interior de la casita se veían los lujosos muebles con que estaba adornada. Todos los detalles eran muy cuidados, pero lo más bonito de todo, era una linda señorita de cartón que estaba en el vestíbulo. El vestido de la señorita era de fina seda, sobre sus hombros caía un chal de tul rosa y adornaba su cuello una cinta de terciopelo azul con una flor de lentejuelas. La señorita era en realidad una

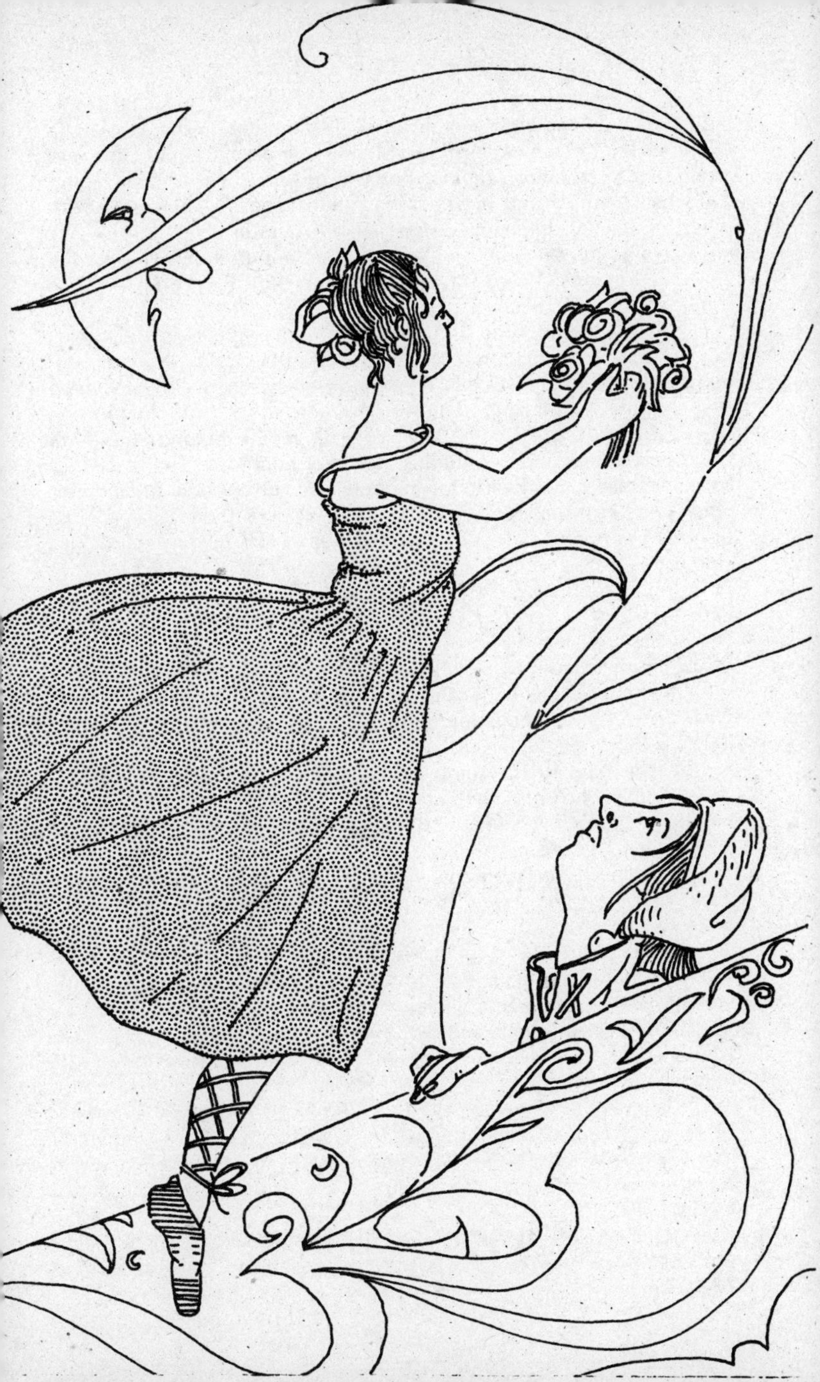

bailarina y hacía girar sus brazos. Tenía una pierna levantada en posición de baile, pero el soldado de plomo creyó que era como él y se enamoró de ella por eso mismo.

—Es la mujer que me gustaría como esposa —pensó—. Pero ella vive en una mansión y debe ser de familia aristocrática. Yo, en cambio, duermo en una pobre caja donde también habitan 25 soldados más. No es un lugar decente para ofrecerle. Pero de todos modos, me gustaría conocerla.

Un día, el niño colocó al soldadito sobre una caja de tabaco que estaba sobre la mesa cerca de la quinta. La alegría del soldadito era inmensa. Desde allí podía observar todo el tiempo a su hermosa bailarina, siempre detenida sobre un solo pie con tanta gracia. Y allí le olvidaron por la noche cuando metieron en la caja a los demás soldados. Todo el mundo se fue a dormir. A eso de la medianoche, los juguetes se pusieron a jugar entre ellos para entretenerse. El polichinela realizó toda clase de cabriolas y pruebas, el oso roncaba que daba gusto, los demás soldaditos se revolvían en la caja tratando de salir para tomar parte en los juegos pero no pudieron levantar la tapa. La jarana llegó a tal extremo, que el canario se despertó y gorjeó dos o tres veces.

Los únicos que no se movieron de su lugar fueron el soldadito de plomo y la bailarina. Ella en su elegante pose de baile y él firme, rígido como los soldados pero sin apartar la mirada de la belleza que tenía enfrente.

En ese momento el reloj dio las doce de la noche. Entonces, ¡Pif, paf!, se levantó la tapa de la tabaquera empujada por un muelle y apareció un pequeño enano negro. No era una tabaquera real, sino de broma.

El soldado fue arrojado a un costado por el movimiento, pero cayó de pie y sin inmutarse siguió mirando a la linda bailarina.

—Oye, pobre hombrecito rengo —dijo el enano—. No insistas en mirar a personas de tan alta alcurnia que están muy por encima de tu baja esfera social.

El soldado se quedó inmóvil sin decir una palabra.

—Está bien —replicó el enano—. Mañana verás lo que te ocurre.

A la mañana siguiente todo el mundo se levantó y la criada se puso a arreglar la habitación de los juguetes. Para limpiar la mesa, puso al soldadito de plomo cerca de la ventana y de repente ¡zas!, una corriente de aire lo tiró cabeza abajo desde un tercer piso.

¡Qué terrible aterrizaje! —pensó el soldadito—. Seguramente el enano negro de anoche ha contribuido a esta horrible trastada.

El pobre quedó de cabeza entre dos piedras con su mochila y bayoneta. Sólo lograba sobresalir del polvo su única pierna.

La criada y el niño bajaron a recogerlo, pero por más que lo buscaron no dieron con él. El niño casi lo pisa pero no lo vio. El soldadito pensó en gritar "aquí estoy", pero en la posición en que se encontraba le era imposible hablar.

Comenzó a llover y al poco rato el agua de aquel chaparrón arrastró polvo y suciedad. Cuando volvió el sol, dos niños que pasaron por allí lo encontraron.

—Mira —dijo uno—, un soldado de plomo.

—Se ve que perdió una pierna en la guerra —contestó el otro observándolo.

—Toma —le dijo el otro—. Para que lo pongas en nuestro barco.

Los niños habían construido un barco con el papel de un viejo periódico. Allí adentro pusieron el soldadito y botaron el barco en el arroyo mientras lo miraban alejarse entre risas y palmotazos.

El arroyo estaba crecido con la lluvia y la rápida corriente bamboleaba el barco de un lado a otro y ya parecía que iba a zozobrar. El soldadito de plomo temblaba de miedo, pero no dejaba traslucir nada. Seguía tan rígido y firme como si estuviera desfilando.

El barco siguiendo su ruta se metió debajo de una piedra que estaba por encima del arroyo.

—¡Qué oscuro está esto! —dijo el soldado—. ¿Hacia dónde iré en este barco? ¿Qué será de mí? Si por lo menos estuviera conmigo la dulce bailarina. Soportaría con ella cualquier oscuridad por terrible que fuese.

De pronto, una gran rata que vivía en un agujero de la piedra se le plantó delante:

—Un momento —dijo la rata—. Enséñame tu pasaporte.

Pero el soldadito no contestó. Sabía que su puesto le impedía tratar con un animalito semejante. Continuó viaje impávido.

—¡Alto, deténganlo! —decía la rata a los pedacitos de papel y a las pajitas que navegaban a su lado—. No me ha presentado el pasaporte.

Pero el soldadito ya iba lejos y volvía a salir a la luz del sol en su barcarola, contento de no haber perecido en aquel horrible subterráneo. Pero no había terminado de alegrarse cuando el soldadito sintió un horrible estruendo que erizaba el cabello del soldado más valiente. Es que el arroyo desembocaba en el canal y caía con estrépito como en una enorme cascada. ¡Páfate!, por ella fue a caer con el barco el soldado. La nave se llenó de agua y al poco rato el papel mojado se rompió dejando caer el soldadito hacia el fondo del canal.

En ese momento, el soldadito, a quien no se le movió un músculo pensó en su hermosa bailarina a quien ya no vería nunca más, pero además lo afligió morir de ese modo.

—¡Qué muerte poco gloriosa para un soldado como yo! —pensó.

Pero no había terminado su pensamiento cuando sintió que un enorme pez se lo tragaba confundiéndolo con un pececito pequeño.

¡Qué barbaridad! El estómago de aquel pez era más oscuro que el túnel que había pasado, pero el soldadito se mantuvo inmóvil y con su arma al brazo. El pez nadó mucho y finalmente salió a la superficie de las aguas. De repente comenzó a moverse violenta y convulsivamente para todos lados. Después quedó en calma. Así pasaron muchas horas y el soldadito se preguntaba qué estaría sucediendo, cuando la luz del día lo deslumbró de golpe. Sintió que una voz decía:

—¡Miren el soldadito de plomo!

¿Qué había sucedido? Pues que al pez lo pescaron y fue a parar al mercado. Allí lo compró la cocinera y lo llevó a la casa para guisarlo. Al abrir con un cuchillo encontró en él al soldadito y lo entregó a los niños.

Todos corrieron a observar al valiente soldadito de plomo que había tenido tan emocionantes aventuras terminando en el estómago del pez. Todos lo reconocían por su única pierna.

Pero el soldadito se sentía incómodo de ser el centro de la curiosidad general. La criada lo colocó otra vez encima de la mesa, en la misma habitación de donde había caído a la calle. Volvió a ver a sus hermanos y a la hermosa quinta de cartón donde habitaba la hermosa bailarina que se mantenía como él en un solo pie. Estaba muy conmovido y con muchas ganas de llorar, pero sus lágrimas de plomo no conmoverían a nadie.

Ocurrió que uno de los niños, con muy mala fe, tomo el soldadito y lo arrojó a la chimenea, antes de que los demás pudieran impedirlo. Dijo que quería ver si el soldado se libraba del fuego como se libró del agua. Pensamos que tal vez ese horrible pensamiento le fue sugerido por aquel feo enano negro de la falsa caja de tabaco.

El soldado sintió un terrible calor. Los hermosos colores de su uniforme desaparecieron. Mientras tanto él no dejaba de mirar a la bailarina para ver qué impresión le causaba el estado desesperado en que se encontraba. Ella no le perdía de vista y sonreía graciosamente.

Sintió que comenzaba a fundirse, aunque no soltaba el fusil. En ese momento la puerta se abrió de golpe y un ventarrón lanzó a la bailarina, que atravesando el aire como un pájaro, fue a caer en la chimenea al lado de su enamorado soldadito de plomo. Allí se incendió y desapareció para siempre.

El soldadito se fue derritiendo lentamente. Al otro día cuando la criada removió las cenizas de la chimenea, encontró lo que quedaba del plomo. Había tomado la forma de un corazón. A su lado estaba la flor de lentejuelas de la bailarina, que fue lo único que no pudo consumir el fuego.

El enano negro volvió a su caja de muelle. Allí estuvo mucho tiempo hasta que se estropeó su resorte. Entonces lo tiraron en un rincón y un gato lo rasgó jugando. ¡Era lo que se merecía!

CARLOS PERRAULT

Cuentista y crítico francés (1628-1703), abogado a los 23 años, Carlos Perrault aparece como uno de los portadores de las nuevas ideas que tenían su origen en el Renacimiento, que proponía un lenguaje más sencillo y comprensible para la gente del pueblo. Los intelectuales de la época usaban un estilo difícil, rebuscado y mantuvieron con Perrault grandes discusiones. Cansado ya en su vejez de luchar contra esta tendencia, se dedicó a escribir cuentos para niños, lo que lo haría famoso.

Esos cuentos, inspirados en leyendas medievales y populares, están llenos de encanto y son tan encantadores para los niños como para los mayores.

El gran pensador uruguayo, autor de *Ariel,* José Enrique Rodó, nos da una idea de los sentimientos que despiertan en un adulto, los hermosos cuentos de Perrault:

> "Cuando avanzaba en mi heredad el frío
> amé a Cervantes. Sensación más ruda
> busqué luego en Balzac... y hoy, cosa extraña
> vuelvo a Perrault, me reconcentro... y río."

Los cuentos de Perrault, significaron un nuevo ataque a los tradicionalistas de su época, pues rompían con las limitaciones a la literatura del momento, dando amplio y libre terreno a la imaginación, a lo maravilloso y a lo fantástico.

CAPERUCITA ROJA

Había una vez una hermosa niñita campesina a quien su abuela y su madre querían muchísimo.

La abuela había regalado a la niña una caperuza roja teijda por sus propias manos, por lo que todos en el pueblo dieron en llamarla Caperucita Roja.

Un día su mamá la llamó y le dijo:

—Corre a ver a tu abuelita que, según parece, está muy enferma la pobre. Y llévale este pastel y este paquetito de mantequilla.

La niña tomó su canastilla con lo que su madre había preparado y salió rumbo a la casa de su abuelita.

—No te detengas a conversar con nadie en el camino —aconsejó la madre, antes de verla alejarse totalmente.

La niña iba un poco preocupada pensando en la enfermedad de su abuelita, pero como niña inquieta que era, no podía evitar detenerse en el camino a mirar las flores y correr a veces detrás de alguna mariposa.

Para llegar a la casa de su abuelita, Caperucita debía atravesar el bosque. Allí merodeaba un tremendo animal. Era el lobo, que se ocultaba de los leñadores que andaban cerca.

Al ver a Caperucita se le acercó y le preguntó qué llevaba en la canastilla.

—Llevo un pastel y un paquete de mantequilla para mi abuelita que vive del otro lado del bosque y está muy enferma, contestó Caperucita.

Al lobo se le hizo agua la boca. Ya hacía varios días que no comía bien. Entonces propuso a Caperucita:

—Te propongo una cosa. Si quieres llegar más rápido a lo de tu abuelita, toma por aquel camino que es el más corto y yo tomaré por éste, que es el más largo e iremos los dos a visitar a tu abuelita. Cuando tú llegues me esperas, ¿qué te parece?

—Me parece bien, —contestó Caperucita, que no veía en ello nada de malo—. Y tomó por el camino que le había indicado el lobo.

El lobo, mientras tanto, salió corriendo por el camino más corto por supuesto, ya que había engañado a Caperucita. La baba se le caía mientras pensaba en el rico pastel que se comería. Cuando llegó a la casa de la abuelita, tocó a la puerta.

—¡Tan, tan!

—¿Quién es? —contestó la voz congestionada por la gripe de la abuelita.

—Soy tu nieta Caperucita, —dijo el lobo, tratando de hacer la voz más finita que podía.

—Pues empuja la puerta, hija mía, —dijo la abuelita.

El lobo empujó la puerta y entró. Ya iba derecho al dormitorio de la abuelita, cuando al pasar por la cocina vio sobre el fuego una olla de guiso que despedía un exquisito olor. No pudiendo

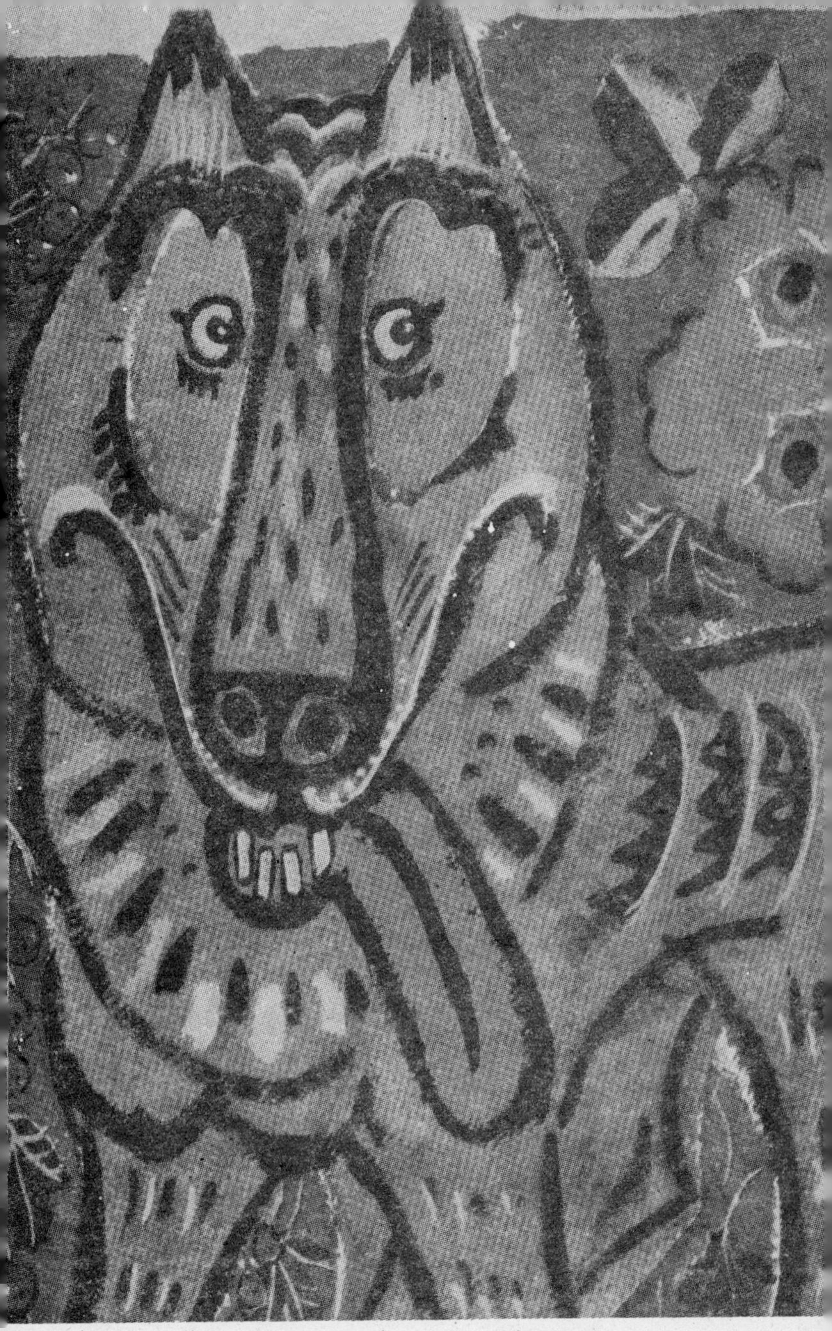

contenerse, el lobo entró a la cocina y se sirvió un plato del rico guiso. A todo esto, la abuelita, que no estaba tan enferma como se pensaba, al notar la demora de Caperucita en llegar hasta su dormitorio, se levantó, y poniéndose una pañoleta sobre los hombros, fue hasta la cocina. Al sorprender al lobo comiéndose su guiso, la abuelita se puso furiosa, tomó una escoba y comenzó a correrle alrededor de la mesa. El lobo chillaba y aullaba, pero la abuelita seguía dándole de escobazos. Al pasar frente a un clóset que había en un rincón de la cocina y estaba abierto, el lobo empujó a la abuelita y cerró la puerta, dejándola adentro.

En ese momento sintió que se acercaba Caperucita a la casa de la abuela. El lobo corrió al dormitorio de la abuelita y buscó un camisón y una cofia que se puso de inmediato y se metió en la cama, tapándose hasta las narices.

—¡Tan, tan! —golpeó Caperucita.
—¿Quién es? —preguntó el lobo fingiendo la voz de la abuela.
—Soy yo, Caperucita.
—Pues empuja la puerta, hija mía —dijo el lobo.

Caperucita fue directamente al dormitorio y dijo al que creía su abuelita:

—Te traigo un pastel y un paquetito de mantequilla que te manda mamá.

—¡Hmm, qué delicia! —dijo el lobo mientras se le hacía agua la boca—. Pues ve a la cocina y trae un plato para mí y otro para ti. Así comeremos las dos.

Caperucita fue a la cocina y el lobo se abalanzó sobre la canasta y sin más ni más, se puso a devorar el pastel, pensando que apenas terminada esta operación saltaría por la ventana y huiría hacia el bosque.

Mientras tanto Caperucita entró a la cocina y sintió el olor a quemado que despedía el guiso que su abuela había dejado sobre el fuego y le extrañó mucho.

—Aquí hay gato encerrado —se dijo en voz alta.
—La que está encerrada soy yo —sonó ronca la voz de la abuelita a través de la puerta de madera del clóset de la cocina—. Sobresaltada, Caperucita se acercó al clóset y lo abrió. Apareció la abuelita toda desarreglada y despeinada.

—Pero, ¿cómo...? —decía asombrada Caperucita—. Te acabo de dejar en la cama...

—Ese es el lobo, tonta. Vamos a sacarlo rápido de la casa o se comerá todo lo que encuentre a su paso.

Cuando llegaron las dos al dormitorio, el lobo estaba todo embadurnado con el dulce del pastel. La abuelita indignada le tiró con la escoba que aún llevaba en la mano y lo dejó medio atontado. Enseguida tomó un saco que estaba al lado de la cama y ayudada por Caperucita, metió al lobo, el que atontado aún, no atinaba a defenderse dentro del saco, y le ató con una cuerda. Mandó a Caperucita a que fuera a buscar al primer leñador que encontrara por el camino para entregarle el saco.

Así lo hizo Caperucita y el primer leñador que apareció se llevó el saco con el lobo adentro.

La abuelita de Caperucita, ya más recuperada después de la excitante aventura, preparó pastelitos para agasajar a su nieta.

CENICIENTA

Enviudó una vez un noble caballero que tenía una hija muy hermosa. Al cabo de un tiempo el hidalgo decidió volver a casarse con otra viuda. Esta señora tenía también dos hijas a las cuales había contagiado su carácter agrio y antipático.

Después de la boda, el caballero tuvo que realizar un largo viaje y dejó a la niña con su madrastra y sus dos hermanas.

La madrastra y sus hijas comenzaron a maltratar a la niña obligándola a fregar la cocina, a limpiar los pisos y realizar las tareas más duras de la casa.

Para mayor burla le pusieron de nombre Cenicienta, porque su carita y sus manos estaban siempre manchados de tizne de andar permanentemente en los quehaceres.

A pesar de todo la niña, que tenía un corazón generoso, era más hermosa que cualquiera de sus hermanastras. Se sentía incapaz de escribirle a su padre quejándose, porque temía que al descubrir la verdad sufriera por ella y por la maldad de su nueva esposa. De modo que resolvió soportar en silencio la situación hasta encontrar forma de abandonar la casa.

Fue entonces que el hijo del rey anuncio que daría una fiesta en palacio. Para ello invitó a todas las damas importantes del reino, entre las que se encontraban las hermanas de Cenicienta que asistían siempre a todos los bailes de sociedad.

Apenas llegó la invitación, las hermanas se mandaron hacer hermosos trajes de seda, terciopelo y piedras preciosas.

Cenicienta observaba calladamente los preparativos mientras planchaba y almidonaba las enaguas de sus hermanas.

—¿Te gustaría ir al baile, Cenicienta? —preguntó la hermana mayor, burlonamente.

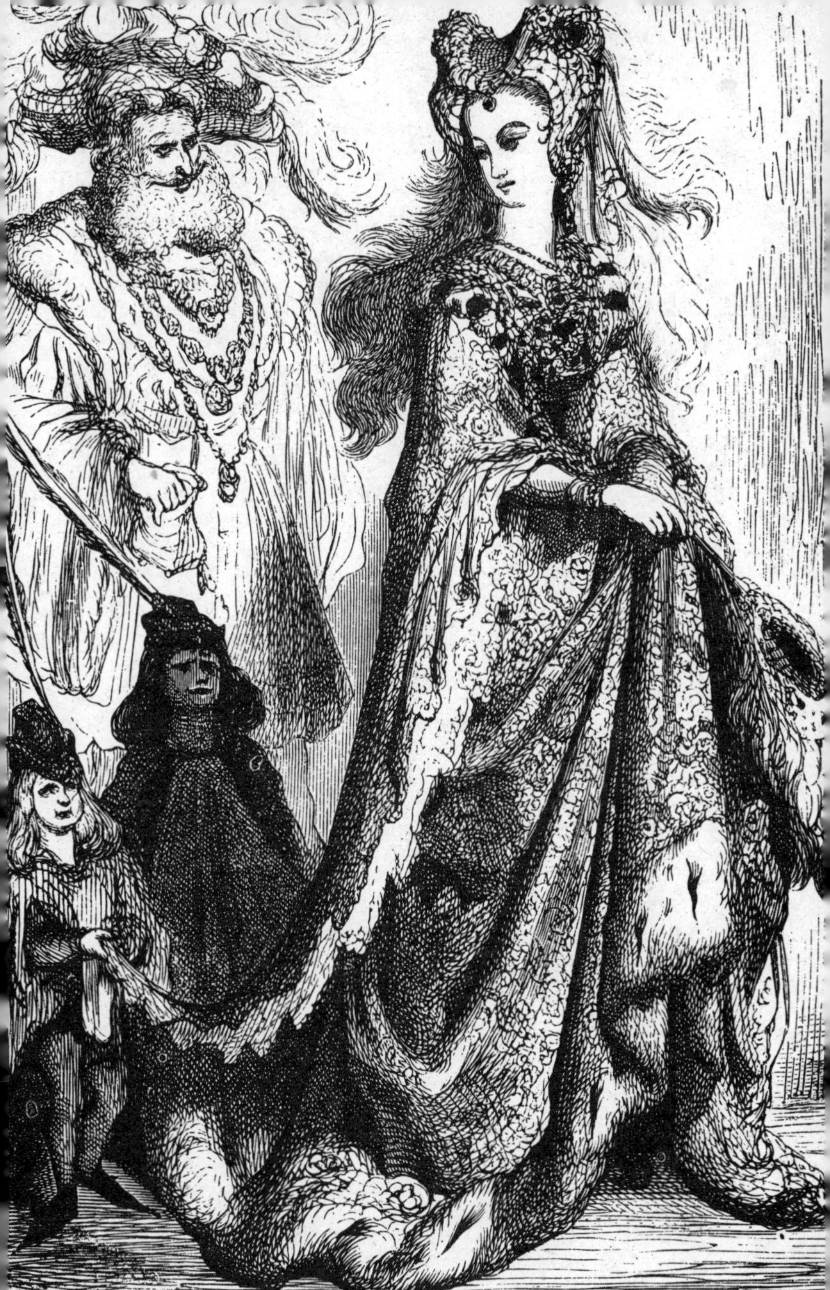

—Ya lo creo que le gustaría —intervino la menor, mientras se miraba al espejo probándose un collar de perlas.

Cenicienta, que estaba planchando las enaguas de sus hermanas, respondió tímidamente:

—Sí, me gustaría mucho. ¿Pero quién va a dejar entrar a una pobre tiznada como yo?

—Bueno, tú no eres fea —dijo la hermana menor que era la que más simpatizaba con Cenicienta—. Y si te arreglaras un poco hasta podrías lucir bonita.

—¿Pero estás loca? —dijo la mayor—. ¿Qué ideas le metes en la cabeza? Para presentarse ante el príncipe hay que tener muy buena presencia. ¿Crees que Cenicienta lo lograría en dos días?

—¡Quién sabe! —dijo la menor—. Estamos acostumbradas a verla con la ropa de limpieza y toda tiznada, pero tal vez...

En ese momento sintieron la voz de la madre llamándolas porque llegaba la modista a probarles sus trajes.

Cuando Cenicienta quedó sola sintió que un nudo de tristeza le apretaba la garganta y soltando la plancha, se dejó caer en una silla.

—Ya lo creo que me gustaría ir al baile —se dijo en voz alta—. Estoy segura que si pudiera vestirme como ellas, no luciría tan mal...

—Es más —le contestó una dulce voz— lucirás hermosísima.

Sorprendida, Cenicienta levantó la cabeza y vio ante sí una dama maravillosa. Vestía un largo y etéreo traje blanco; hermosos cabellos largos caían sobre sus hombros y una enormidad de estrellitas titilaban a su alrededor.

—Soy tu hada madrina ¿no lo recuerdas? —dijo la encantadora señora.

—Oh, sí, ya te recuerdo —contestó Cenicienta—. ¿Has venido a ayudarme?

—Sí, niña, más porque te lo mereces. Has tenido mucha paciencia y te has mantenido firme y buena, pese a lo mal que te han tratado tu madrastra y tus hermanas. Por eso creo que es hora de hacerte un favor. ¿Quieres ir al baile que da el príncipe en palacio?

—Oh, sí, sí —dijo Cenicienta entusiasmada—. ¿Pero cómo voy a hacer?

—Déjalo todo por mi cuenta —le aconsejó el hada madrina—. Tú compórtate como siempre, ayuda a tus hermanas en todo lo que puedas y cuando ellas hayan partido para el baile, yo volveré y resolveremos el asunto.

Apenas dicho esto, el hada desapareció como había llegado.

Sólo quedaron algunas estrellitas titilando en las manos de Cenicienta.

Apenas se apagaron, la niña se puso a planchar nuevamente. Pensaba con una secreta esperanza guardada en su corazón, cómo se las arreglaría su hada madrina para ayudarla.

Llegó por fin el día del baile. Las hermanas y la madrastra hicieron correr a Cenicienta de un lado a otro preparando sus atuendos y tocados. Ella las ayudó a vestirse y le confeccionó un hermoso peinado a cada una.

Cuando partieron, Cenicienta fue a su buhardilla y se recostó a descansar, pero estaba ansiosa esperando la visita de su hada madrina.

De pronto brillaron muchas estrellitas y en medio del resplandor apareció el hada.

—Apúrate —le dijo—. No hay tiempo que perder; ve al huerto que hay en el fondo de la casa y tráeme la calabaza más grande que encuentres.

Cenicienta no tuvo tiempo de preguntar para qué quería su hada madrina una calabaza y corrió a traerla. El hada la tocó con su varita mágica y ésta desapareció.

—¿Qué has hecho con ella? —preguntó Cenicienta sorprendida.

—Mira por la ventana —le respondió el hada.

Cenicienta se asomó y vio en la puerta una espléndida carroza de oro.

—¿Y los caballos? —preguntó la niña.

—Muévete —dijo el hada—. Fíjate en la ratonera que hay en el sótano y tráeme seis ratones vivos.

Así lo hizo Cenicienta y cuando el hada los tocó con su varita mágica los asustados ratones se convirtieron en seis espléndidos caballos blancos, que al instante estuvieron uncidos a la carroza.

—¡Pronto! Sólo faltan los lacayos. Ve al jardín. Allí encontrarás cuatro lagartijas. Tráelas.

Las lagartijas fueron convertidas en cuatro elegantes lacayos con hermosos trajes que rápidamente estuvieron sentados en la parte trasera de la carroza, con impasible cara de aristócratas.

—¿Pero quién manejará la carroza? —preguntó Cenicienta.

—¡Oh, es cierto! —dijo el hada—. Me había olvidado del cochero. Ve a ver si consigues otra rata.

Cenicienta corrió nuevamente al sótano y vino con una enorme rata, la que fue convertida por el hada en un elegante cochero de grandes bigotes.

—Ya está todo listo —dijo el hada. Pero Cenicienta se miró su traje sucio y roto y preguntó:

—¿Así voy a ir al baile?

—Oh, no, niña mía —contestó el hada sonriendo—. Faltas tú y quiero poner en tí todo mi empeño.

El hada trazó un círculo en el aire con su varita y tocó a Cenicienta quien quedó envuelta en una estela de luz y estrellitas de colores. Cuando desapareció el resplandor, el hada llevó a Cenicienta frente a un espejo. La niña no podía creer lo que sus ojos veían: tenía puesto un hermosísimo vestido de encajes y terciopelo bordado en piedras preciosas. Una diadema de rubíes y esmeraldas adornaba sus suaves rizos dorados y sus pequeños pies calzaban zapatitos de cristal con una rosa de aguamarina sobre ellos.

Cenicienta abrazó a su madrina emocionada. Esta le dijo:

—Apúrate a llegar al baile. Yo avisaré que irá una princesa Pero recuerda esto: no debes pasar de la medianoche porque el hechizo quedará roto a las 12 y tu carroza volverá a ser calabaza, los caballos quedarán convertidos en ratones, los lacayos en lagartijas y tú volverás a vestir tu vieja y sucia ropa.

—Lo tendré en cuenta, madrina —contestó Cenicienta y subió a su hermosa carroza, cuyos caballos partieron veloces manejados por el elegante y experto cochero.

El príncipe, rodeado de guardias y sirvientes, aguardaba en la puerta cuando Cenicienta llegó a palacio. Se acercó a la carroza y tendió una mano a la encantadora dama para ayudarla a descender.

—La estaba esperando —dijo y besó la delicada manita de Cenicienta.

—¿A mí? —preguntó ella turbada por tanta galantería.

—Sí —contestó el príncipe, dirigiéndola hacia el salón de baile—. Un heraldo me anunció tu llegada.

Cenicienta sonrió pensando en su hada madrina.

Todo el mundo contemplaba a la nueva damita y comentaba su belleza y elegancia. El príncipe no hizo más que bailar con ella toda la noche, permaneciendo siempre a su lado. Cenicienta se encontró con sus hermanas a las que trató muy amablemente. Estas ni siquiera podían sospechar quién era la misteriosa princesa admirada por todos.

La carita de Cenicienta sonrosada por la emoción traslucía la gran felicidad que estaba viviendo.

Hablaba con el príncipe olvidada del mundo que la rodeaba, cuando de pronto sintió que el gran reloj de palacio daba la primera campanada de la medianoche. Se levantó de un salto dejando caer su perfumado pañuelito de encajes. Sus mejillas palidecieron y el corazón comenzó a latirle con fuerza. Tenía que huir antes de que pasara lo irremediable. Salió apresuradamente del salón, sin dar tiempo a nada. Bajó de prisa la escalinata del palacio y cuando el príncipe llegó hasta la puerta sólo logró ver, brillando a la luz de la luna, un zapatito de cristal con su rosa de aguamarina, abandonado por su dueña en la huida. El príncipe preguntó a un guardia de palacio si no había visto salir a la princesa. Pero éste dijo que sólo vio alejarse por el camino a una joven mal vestida que para nada tenía aspecto de gran dama. El príncipe recogió el zapatito y lo envolvió en el pañuelo de encaje que Cenicienta había dejado caer. Mientras lo contemplaba se le ocurrió una idea para encontrar a la misteriosa princesita.

Cenicienta, entre tanto, llegó a casa sin aliento, sin su gran traje ni su carroza, ni sus caballos, pero conservando un zapatito de cristal, compañero del que había perdido. Lo guardó amorosamente debajo de su almohada como recuerdo de aquella noche maravillosa.

Al día siguiente sus hermanas no se cansaban de hablar y contar una y otra vez lo sucedido y de asegurar que el príncipe estaba perdidamente enamorado de la dueña del zapatito.

No estaban equivocadas. A los pocos días el príncipe lanzó un bando al son de las trompetas, diciendo que se casaría con la mujer del reino a quien ajustara perfectamente aquel zapato de cristal.

Los heraldos del príncipe llevando el zapatito sobre un almohadón de terciopelo rojo fueron de casa en casa. Ninguna de las damas que se probaban el zapato pudo calzarlo. Finalmente llegaron a casa de Cenicienta, y las primeras en probárselos fueron sus hermanas. Ninguna de ellas pudo ponerse el zapatito. Entonces Cenicienta preguntó:

—¿Puedo probar yo?

Las hermanas y la madrastra la miraron asombradas, pero el heraldo que había sido encargado por el príncipe de que ninguna doncella del reino quedara sin probárselo, dijo:

—Si usted lo desea, niña, puede intentarlo.

La sorpresa de todos no tuvo límites cuando vieron que no sólo el zapatito le ajustaba perfectamente, sino que Cenicienta, sacando el otro del bolsillo de su delantal se lo colocaba también.

En ese momento un destello de estrellitas anunció la presencia del hada madrina, quien tocando a Cenicienta con la varita mágica la vistió como lo había hecho antes. El heraldo se arrodilló frente a ella y le pidió que lo acompañara a palacio para presentarle al príncipe.

Las hermanas de Cenicienta, sin salir de su asombro, le pidieron disculpas por el trato que le habían dado siempre. En el alma de Cenicienta no había rencor ni odio y no sólo las perdonó sino que más tarde, después de celebradas las bodas con el príncipe, las llevó a vivir con ella a palacio.

PULGARCITO

Vivía un leñador con su mujer y siete hijos pequeños en una humilde cabaña al borde de un espeso bosque. Apenas podían alimentar a sus hijos porque el pobre leñador sólo conseguía trabajo seis de los doce meses del año. Los niños eran demasiado pequeños para poder trabajar y el último de ellos era tan, pero tan chiquitito, que al nacer apenas si tenía el tamaño de un dedo pulgar, por lo que sus padres le pusieron el nombre de Pulgarcito.

Era Pulgarcito muy callado y silencioso, lo que hacía que los demás pensaran que no era muy inteligente. Sin embargo Pulgarcito sabía observar y aprender de todo lo que lo rodeaba.

Ese año fue tan malo que el pobre leñador sufría junto con su mujer no tener ni un bocado para dar a sus hijos. En el fondo de sus pensamientos comenzó a girar a una idea: abandonar a los niños para que ellos de alguna manera buscaran un lugar adonde ir y tal vez poder vivir mejor. No pudiendo guardar por más tiempo esta idea que lo atormentaba, habló con su mujer.

—Estás loco —le dijo ella—. ¿Cómo pretendes que abandone a mis hijos?

—¿Y acaso prefieres que mueran de hambre? —contestó el hombre mortificado.

—No, eso no. Pero debemos encontrar una forma para poder alimentarlos.

—¿Y cuál? Ya he buscado trabajo por todas partes y no hay caso. ¿No es más humano tratar de hacer algo que verlos así?

Pulgarcito, que había sentido la conversación de sus padres mientras los demás dormían, se levantó sin hacer ruido y como era muy pequeñito se escondió entre los pies de su papá para seguir oyendo la discusión.

—Puede ser —dijo la madre sollozando—. Pero comprende

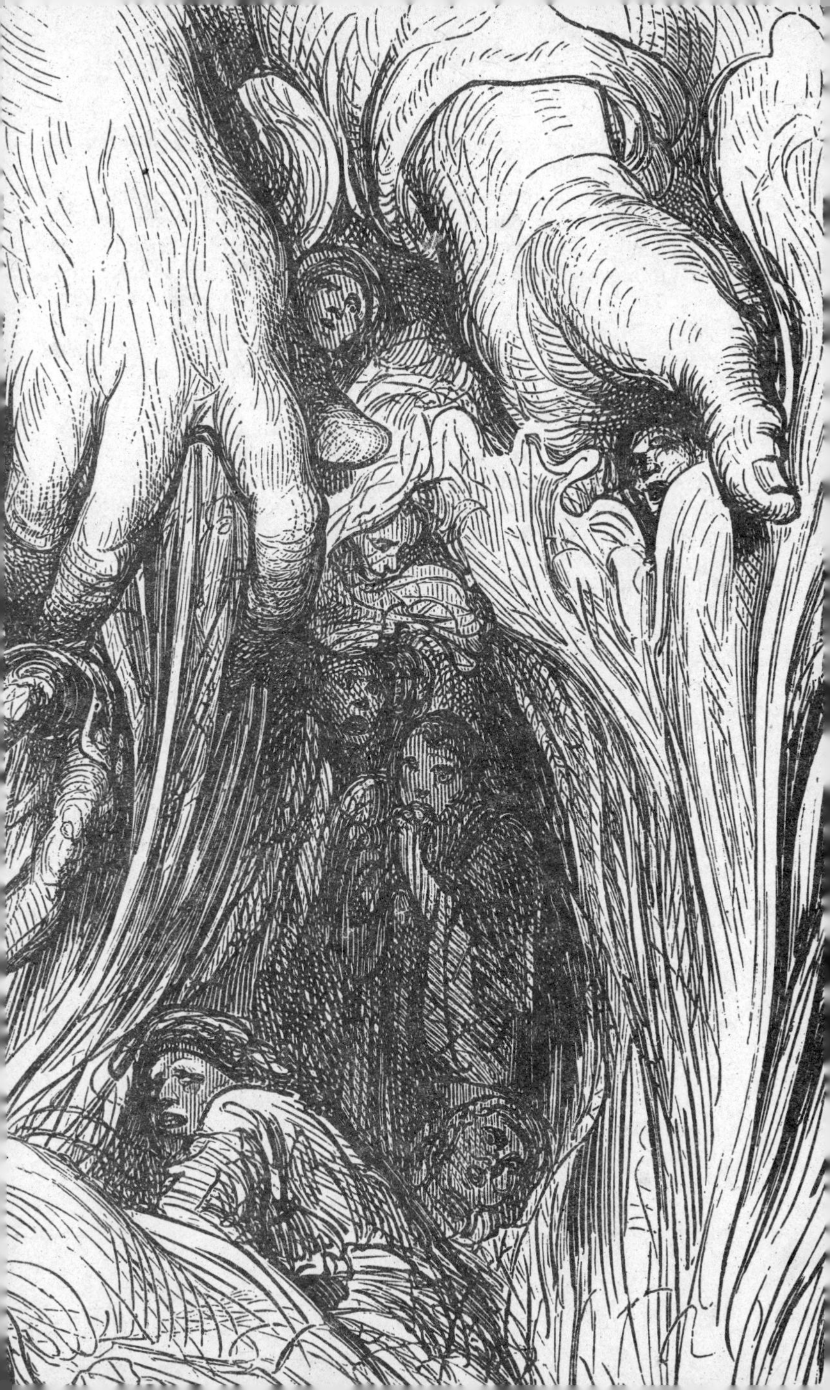

cómo se me hace el corazón cuando pienso que los dejaremos a la buena de Dios.

—Seguramente tendrán suerte —dijo el hombre tratando de consolarla—. Si los dejamos en el bosque pueden llegar pronto al otro lado donde hay gente rica que los ayudará. Entiende que a mí también se me parte el alma, pero es la única cosa que nos queda por hacer. Los llevaremos mañana y mientras ellos juegan, nos alejaremos sin que nos vean.

La madre no contestó, sólo sollozaba. Pulgarcito corrió a su cama antes que su padre lo viera y pensó un plan.

A la mañana siguiente sin que nadie lo notara, Pulgarcito fue al fondo de su casa y se llenó los bolsillos con unas piedritas blancas que adornaban una gran maceta de plantas.

Luego toda la familia partió hacia el bosque. Los padres iban callados, pero los niños sin saber lo que les aguardaba, saltaban y reían, sólo Pulgarcito no hablaba. Iba silencioso dejando piedrita tras piedrita blanca sobre el camino, tratando de que nadie lo notara. Cuando llegaron a la mitad del bosque, el padre dijo a los niños:

—Vayan juntando toda la leña seca que encuentren y hagan atados para llevar a casa.

Los niños se divertían mucho recogiendo la leña, al mismo tiempo que jugaban. Cuando los padres los vieron entretenidos se fueron alejando despacito y cuando estaban a buena distancia, donde ya los árboles no permitían que los niños los vieran echaron a correr.

Al cabo de un rato, cuando los chiquillos se dieron cuenta que estaban solos, empezaron a llorar sin saber qué hacer. Entonces Pulgarcito muy tranquilo, les dijo:

—No lloren hermanos míos, que no nos hemos perdido todavía. Síganme, yo los voy a llevar a casa.

Más calmados por estas palabras los niños siguieron a su pequeño hermanito por el bosque.

A todo esto, los padres llegaron a su casa y se encontraron con un amigo de la ciudad que venía a pagarles una deuda. Los padres se miraron ansiosos pensando en sus hijitos. Cuando el amigo se fue, la madre dijo:

—¿Por qué habremos dejado a los niños? Ahora estarán muertos de miedo y con hambre...

—Bueno, mujer, no te desesperes —contestó el marido—. Ve a buscar algo de comer.

—¿Comer nosotros mientras ellos están solitos? —dijo la mujer indignada.

—No te preocupes, yo iré a buscarlos.

—¡Oh! ¿de veras, de veras? —exclamó la mujer con alegría.
—Sí, tú ocúpate de hacer la comida que yo iré al bosque.

La mujer se fue contenta a buscar todas las cosas necesarias para hacer un buen guisado y el marido se colocó las botas para salir. Cuando estaba cerca de la puerta sintió un griterío de vocecitas infantiles y se asomó a la ventana. Allí, por el camino, venían sus siete hijitos guiados por el inteligente Pulgarcito. El hombre sintió mucha alegría, pero se preguntó:

—¿Cómo habrán podido volver?

Cuando la madre regresó hizo una gran comida para todos. Estaban muy felices de estar juntos de nuevo. Pero la felicidad duró tanto como el poco dinero que había traído el amigo. De modo que en la cabeza del leñador otra vez comenzó a rondar la idea de abandonar a sus hijos, para que pudieran encontrar algo mejor que aquella triste vida que él les estaba dando.

Otra vez habló con su mujer y otra vez ésta lloró porque no quería dejar a sus hijitos. Pero vencidos por la pobreza no tuvieron más remedio que emprender de nuevo el camino hacia el bosque con el fin de dejarlos allí.

Pulgarcito, que siempre se las arreglaba para oír las conversaciones de sus padres, al saber que otra vez había decidido abandonarlos, quiso hacer lo mismo que antes. Pero cuando se despertó por la mañana encontró que la puerta que daba al fondo de la casa estaba cerrada con llave.

Los padres dieron a los niños el último resto de pan que había en la casa para el camino. Pulgarcito pensó que si tiraba miguitas de pan, igual que las piedritas blancas, éstas le indicarían cómo volver. Así lo hizo. En lugar de comerse el pan, se aguantó el hambre y fue dejando las migas por el camino.

Nuevamente los padres desaparecieron, dejando a los niños en el bosque. Estos, al verse solos, ya no lloraron, preguntaron a Pulgarcito si sabía cómo volver, Pulgarcito muy orgulloso, dijo que sí, pero cuando fue a buscar las miguitas se encontró con que los pajaritos del bosque se las habían comido. Ahora sí, los niños se pusieron a llorar, pero Pulgarcito que resultaba ser el más valiente de todos, los tranquilizó.

—Voy a subir a ese árbol, a ver qué se ve —les dijo—. En efecto, se trepó por las gruesas ramas y desde allí divisó a lo lejos una pequeña lucecita. Bajó rápidamente y dijo a sus hermanos:

—Si seguimos derecho hacia allá, seguramente encontraremos una casa, porque veo una luz desde aquí. Allí nos dirán cómo volver.

Se encaminaron todos hacia donde les indicara Pulgarcito,

89

quien iba muy tranquilo y seguro de sí, por lo que sus hermanos se sintieron mejor.

La luz que habían visto pertenecía a un viejo castillo situado en medio del bosque. Hasta allí llegaron Pulgarcito y sus hermanos. Tocaron a la puerta y les abrió una señora.

—¿Qué es lo que desean? —preguntó la dama.

—Somos unos pobres niños perdidos, señora —contestó Pulgarcito muy educadamente—. Y desearíamos que usted nos dejase pasar la noche en su casa para seguir mañana nuestro camino.

La mujer los vio tan lindos que muy entristecida les dijo:

—Ah, queridos niñitos, no saben adonde han venido a caer. Esta es la casa de un ogro que asusta a los niños con sus grandes dientes y los persigue para divertirse pinchándolos con la punta de un cuchillo.

Los hermanos se asustaron mucho y Pulgarcito también, pero igual dijo:

—¡Por favor, señora! Si usted no nos da albergue por esta noche, ¿qué será de nosotros expuestos a todos los peligros del bosque? Peor será que nos ataquen los animales salvajes. Escóndanos del ogro y mañana nos iremos sin que nadie nos vea.

La mujer conmovida los dejó entrar pensando que podría esconderlos del ogro. Ellos se calentaron un poco junto al fuego, mientras la señora preparaba la cena para su marido. De pronto uno de los hermanitos sin darse cuenta se quemó una vieja y rota bufanda con la que se protegía del frío. Todos corrieron a apagarle el incendio y cuando ya lo habían logrado, sintieron unos tremendos golpes en la puerta.

—¡Pronto! —dijo la mujer—. Es mi marido que vuelve. Métanse debajo de la cama—. Escondió a los niños y fue a abrir. Entró el imponente ogro con un hambre feroz. Lo primero que preguntó fue por la comida. La mujer se la sirvió y mientras él hincaba sus terribles dientes en un pedazo de carnero, dijo:

—¡Qué olor a quemado que hay aquí! —y comenzó a olfatear con su gran narizota—. ¿Quién estuvo en esta casa?

—Nadie —dijo la mujer.

—Pero hay olor a quemado. ¿Tiraste algo al fuego?

—No —dijo la mujer asustada, con temor de que descubriera a los niños.

—Insisto en que hay olor a quemado —dijo el ogro y se levantó a buscar por toda la casa, hasta que al final llegó cerca de la cama.

—Aquí el olor es más fuerte —dijo el ogro y se agachó a

mirar debajo de la cama. Cuando vio a los niños, lanzó una gran risotada.

—Ah, ¿así que esto era, eh? —dijo a su mujer. Me tenías preparada una sorpresa. Trajiste estos niños para que yo jugara con ellos.

—Sí —dijo la mujer para protegerse de la ira del ogro si descubría que los estaba escondiendo.

—Qué bien, qué bien —dijo sacándolos a todos, uno por uno. Después tomó a uno de ellos y lo puso encima de la mesa mientras comía.

—A ver, baila —le ordenó.

El niño no sabía qué hacer.

—¡Baila! —le dijo otra vez el ogro con voz de trueno—. Baila mientras ceno.

Como el niño estaba muy asustado, se quedó quieto. Entonces el ogro agarró su gran cuchillo y lo pinchó en una pierna. El niño saltó y se empezó a mover como podía.

—Así —dijo el ogro— así, muy bien —y daba grandes risotadas. Tengo para divertirme con tantos niños. Podré invitar a muchos amigos y presentarles un buen espectáculo.

Por fin, después de comer, tomar mucho vino y hacer danzar a todos los niños, incluido Pulgarcito quien le hizo mucha gracia por su tamaño y al que hizo danzar en su propia mano, el ogro se acostó y se durmió como un tronco.

La mujer llevó a todos los niños a una gran cama que había en una habitación al lado de la que tenían las hijas del ogro. Estas eran también siete niñas muy grandotas y malas que se divertían haciendo las mismas maldades que su padre. Las niñas dormían ya cuando la mujer llevó a los niños a la otra cama y Pulgarcito notó que todas se acostaban con su corona de oro en la cabeza. Le preguntó a la mujer por qué y ésta le contestó:

—Les gusta mucho jugar a que son princesas y no se la sacan ni para dormir.

Cuando la mujer se fue y apagó la luz, Pulgarcito se quedó pensando preocupado. Tenía miedo que el ogro se levantase a media noche para que no se le escaparan y poder usarlos siempre para sus horribles juegos. Entonces se le ocurrió una idea. Fue muy despacito hasta donde dormían las hijas del ogro, les quitó sus coronas y les puso los gorritos de sus hermanos. Volvió a su cama y colocó a sus hermanos dormidos las coronas de las niñas.

En efecto, el ogro, se despertó a media noche con una terrible sed por todo lo que había comido y bebido. Cuando fue a tomar agua, se acordó de los niños. Y riendo pensó que no se le iban a escapar. De modo que tomando una cuerda fue hasta la habitación de las niñas. Para no despertar a sus hijas no encendió la luz, simplemente tocó a tientas y al sentir las coronas, dijo: "Estas son mis hermosas niñas"; y fue hasta la otra cama donde tanteó los gorritos que Pulgarcito había puesto a sus hijas. Entonces enlazó las cuerdas y las ató a todas de manera que no pudieran zafarse.

Después que Pulgarcito sintió que el ogro se alejaba, despertó a sus hermanos y les dijo que tenían que abandonar el castillo enseguida. No podían quedarse a merced de las ocurrencias de aquel ogro. Se vistieron rápidamente y salieron al jardín, saltaron la tapia y se alejaron corriendo. No sabían muy bien hacia donde ir.

A la mañana siguiente el ogro se despertó contento pensando en la nueva diversión que tenía para alegrar sus opíparas comidas. Y mientras se vestía dijo a su mujer:

—Anda a buscar a esos pillos que los quiero hacer bailar un rato en mi desayuno.

En ese momento se sintieron unos tremendos chillidos que venían de la habitación de las niñas. La mujer salió corriendo y cuando llegó al dormitorio de sus hijas encontró a éstas maniatadas de pies a cabeza y con las marcas de las cuerdas que les ceñían brazos y piernas y hasta había alguna con el cuello bien apretado.

—¡Dios mío! —dijo la mujer— ¿Quién puede haberles hecho esto?

El ogro se acercó corriendo y al ver a sus hijas todas marcadas por las cuerdas con las que él mismo las había maniatado, comprendió el engaño. Furioso, viendo que los niños habían desaparecido, dijo a su mujer:

—¡Pronto, tráeme las botas de siete leguas! Nadie engaña así nomás a un ogro como yo—. Y salió al camino con sus botas de siete leguas.

Fue de un lado a otro buscando a los niños. Estos estaban ya muy cerca de la cabaña de sus padres cuando vieron al ogro saltando montañas y ríos como la cosa más natural del mundo. Pulgarcito dijo a sus hermanos que se ocultaran detrás de una roca mientras él observaba los movimientos del ogro. Así lo hicieron y Pulgarcito se quedó haciendo la guardia. Pudo ver entonces al ogro. Este, cansado de andar todo el día con sus pesadas botas, decidió echarse a dormir un rato sobre el pasto. Pulgarcito se acercó entonces muy sigilosamente y con gran suavidad quitó las botas del ogro mientras él roncaba tan fuerte que los pajaritos huían despavoridos. Pulgarcito se puso las botas del ogro y apenas comenzó a colocarlas, éstas se ajustaron a sus piernas, ya que eran unas botas mágicas. Con ellas puestas se dirigió a sus hermanos y les dijo:

—Vayan a casa, la que ya se ve desde aquí. Tranquilicen a nuestros padres y díganles que pronto volveré. El ogro no podrá perseguirlos porque le quité las botas de siete leguas.

Los niños partieron y Pulgarcito volvió a casa del ogro. La mujer le abrió la puerta extrañada y éste le dijo:

—Señora, su marido está en un grave peligro. Una banda de ladrones lo asaltó en el camino y han jurado matarle si no les da todo el oro y la plata que posee. Ya le ponían un cuchillo al cuello, cuando él me vio en el camino y me pidió que viniera a explicarle y a rogarle que me entregue todo lo que tenga. Me entregó las botas de siete leguas que tengo puestas, para que a usted le sirvan de prueba de que digo la verdad y también para que yo llegara más rápido a su casa.

Este último argumento hizo que la mujer no dudara ni un segundo en entregar a Pulgarcito todos los bienes que tenía, ya que consideraba a su marido incapaz de desprenderse de las botas de siete leguas, si no era en un caso de extremo peligro y entregó todo lo que tenía al pequeño.

De este modo Pulgarcito, cruzando ríos y montañas como nunca lo había hecho, se divertía en recorrer el camino a gran velocidad. Así llegó a casa de sus padres y dejó a su familia feliz con el tesoro que les había conseguido, mientras él se dedicaba a recorrer el mundo y vivir su vida.

EL GATO CON BOTAS

Cierto molinero, al morir, dejó por toda fortuna a sus tres hijos, su molino, su burro y su gato. Pronto estuvo repartido todo; no fue necesario llamar al escribano. El mayor se quedó con el molino, el segundo con el asno y el menor con el gato.

Este último no podía conformarse con que le hubiese tocado tan poco.

—Mis hermanos, por lo menos —decía—, podrán ganarse la vida con lo que les ha tocado, pero yo, ya que me haya comido al gato y después de hacerme una bolsita con su piel, me moriré de hambre.

El gato, que oía estas palabras, le dijo muy seriamente:

—No te preocupes, mi amigo. Dame un morral, haz que me

hagan un par de botas de cuero, y ya verás cómo no has tenido tan mala suerte como hasta ahora crees.

Aunque el amo del gato no hizo mucho caso de estas palabras, había visto a su animalito hacer tantas gracias, y coger tantos ratones y tantas ratas, colgarse por los aires y meterse entre la harina haciéndose el muerto, que no dudó más de que el gato lo sacaría de su pobreza.

Cuando éste tuvo lo que había pedido, se calzó lindamente; se echó el morral al hombro, y, cogiendo con sus patas delanteras los cordones, se acercó a una madriguera donde había muchos conejos. Metió salvado y coles en el morral, y se echó al pie de la madriguera, tendido como un muerto, en espera de que algún conejo inexperto, entrase en el saco, para así comerle a su gusto.

Y apenas se echó, se cumplió su deseo; un joven y atrabancado conejo entró en el saco; el gato jaló los cordones, lo cogió y lo mató sin piedad.

Contento con su presa, se marchó al palacio del rey, pidiendo audiencia con él. Le hicieron subir al salón de Su Majestad, donde, una vez que entró, hizo una gran reverencia al monarca, y le dijo:

—He aquí, señor, un conejo de monte, que el marqués de Carabás (este era el título que había decidido dar a su amo) me encarga que le presente.

—Dí a tu amo —le contestó el rey— que agradezco mucho su regalo y que me gusta mucho.

Otra vez, tendióse en un campo de trigo, siempre con el morral abierto; se metieron en él dos palomas, el jaló los cordones y las atrapó a las dos. De inmediato se las fue a presentar al rey, al igual que con el conejo. El rey lo recibió tan amablemente como la vez pasada.

Así continuó el gato durante dos o tres meses llevando, de vez en cuando, regalos de cacería al rey, de parte de su amo. Cierto día, sabiendo que el rey pasearía por la orilla del río con su hija, la más hermosa princesa del mundo, el gato dijo a su amo:

—Si quieres seguir mi consejo, ya tienes hecha tu fortuna; no tienes más que ir a bañarte al río, al lugar donde yo te diré, y después dejarme actuar a mí.

El marqués de Carabás hizo cuanto su gato le había dicho, sin saber lo que pasaría. Mientras se bañaba pasó el rey por allí, y el gato empezó a gritar a todo pulmón:

—¡Socorro! ¡Socorro! ¡El marqués de Carabás se ahoga! ¡Auxilio! ¡Socorro!

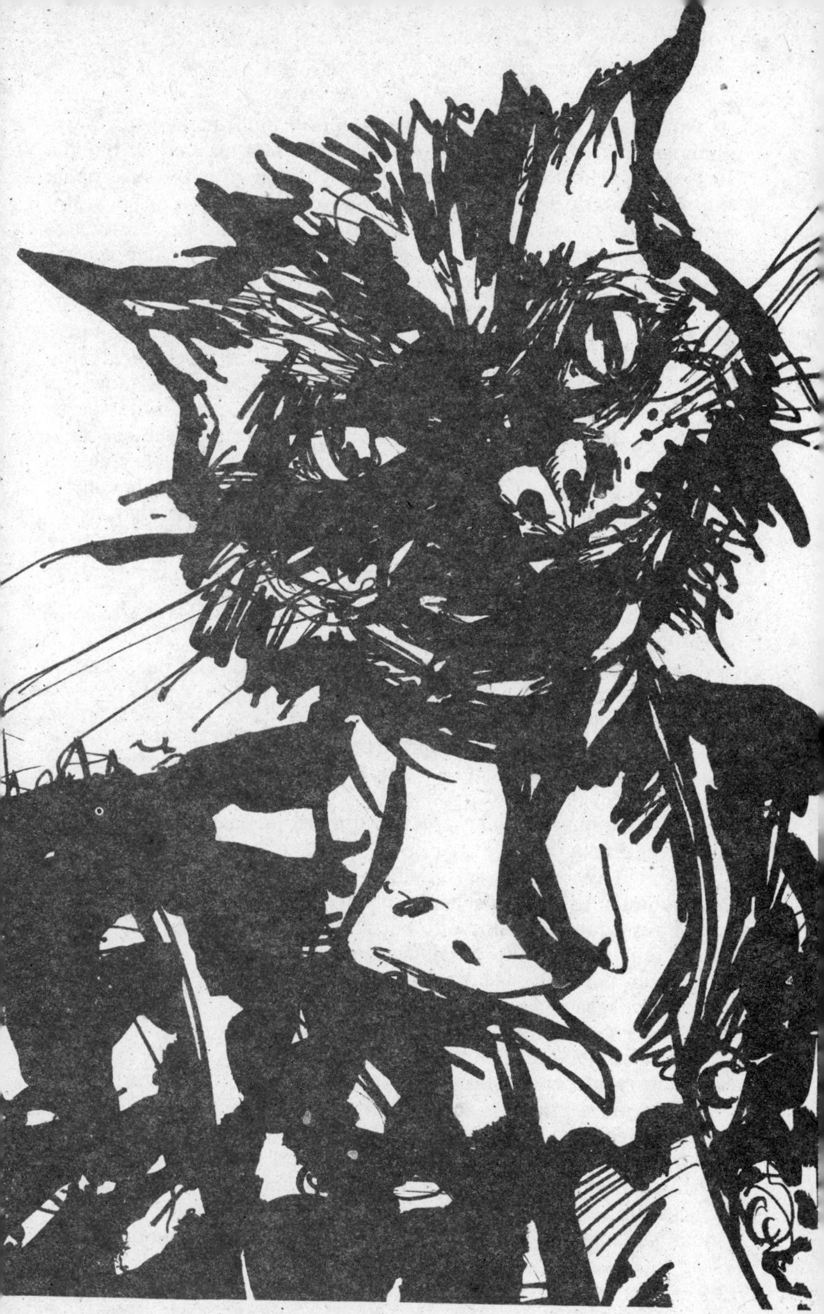

Mientras sacaban al "pobre marqués" del río, el gato, acercándose a la carroza, dijo al rey que mientras su amo se bañaba llegaron a la orilla unos ladrones, quienes le robaron sus ropas; que habían sido inútiles sus gritos de "¡al ladrón!" pues los sinvergüenzas habían huido. El rey, entonces, ordenó a los oficiales a su servicio que fueran a su guardarropa y trajeran uno de sus más elegantes vestidos para el marqués de Carabás. El hijo del molinero, lujosamente vestido con los trajes que el rey había ordenado traer para él, fue muy bien recibido por el monarca, y, como las bonitas vestiduras hacían resaltar su natural simpatía, la hija del rey, apenas el marqués de Carabás le lanzó un par de miradas de fuego, se sintió locamente enamorada de él.

El rey insistió en que el Marqués de Carabás subiese a la carroza, y les acompañara en su paseo. El gato, feliz de que sus planes empezaran a resultar, se adelantó y se fue a encontrar con unos campesinos que trabajaban un campo de trigo, y les dijo:

—Si no dicen que este hermoso campo es del marqués de Carabás, los harán picadillo los soldados del rey.

Al pasar por aquel campo el rey preguntó a los campesinos de quién eran aquellos trigos tan hermosos.

—Son del marqués de Carabás —dijeron ellos, pues temían que lo dicho por el gato fuese verdad.

El rey felicitó al hijo del molinero.

—Tienes unos campos hermosísimos —le dijo.

—Así es —contestó él—; todos los años me dan una grande y hermosa cosecha.

El gato, que iba siempre delante de la carroza, encontró a unos vendimiadores, y les dijo:

—Si no dicen que estas viñas son del marqués de Carabás, los soldados del rey los harán pedacitos.

El rey, que pasó por allí unos minutos después, quiso saber quién era el dueño de tan hermosas viñas.

—Son del marqués de Carabás —le dijeron los vendimiadores, temerosos de lo dicho por el gato.

Y otra vez el rey felicitó al hijo del molinero.

El gato, siempre delante de la carroza del rey, decía lo mismo a cuanta gente encontraba a su paso, y el rey se admiraba cada vez más de la inmensa fortuna del marqués de Carabás.

Así llegó el Gato con Botas a un hermoso castillo, cuyo dueño era el ogro más rico y malhumorado del mundo. Todas las tierras por donde el rey había pasado eran los alrededores de su castillo. El gato se enteró bien de quién era aquel ogro y de todas sus mañas, y le pidió hablar con él, diciendo que no había querido pasar tan cerca de su castillo sin dejar de tener el honor de saludarle.

El ogro le recibió muy atentamente, y le hizo descansar en el salón del castillo. Hablando, hablando, el gato dijo al ogro:

—Me han dicho que usted puede convertirse a voluntad en cualquier animal; que, a capricho, puede convertirse en león o en elefante, si así lo quiere.

—¡Claro, muy cierto! —confesó el ogro, contento de que toda la gente conociese sus poderes— ahora mismo se lo demostraré.

Y, de inmediato convirtióse en un enorme león. El gato, al ver tan terrible animal ante sí, echó a correr sin parar hasta el techo, donde, como no llevaba puestas las botas, hizo grandes esfuerzos por no caerse.

Pasado un buen rato, viendo el gato que el ogro había regresado a su forma normal, bajó al salón y le confesó que francamente, había tenido mucho miedo.

—Me han dicho también, aunque yo no puedo creerlo —dijo así el gato—, que usted podía convertirse en un animalito pequeño, como un ratoncillo, por ejemplo, pero yo le seré sincero, eso sí no lo creo.

Picado en su orgullo, el ogro, dijo, algo ofendido:

—¡Ajá! ¡Conque no lo crees! ¡Pues ya muy pronto te lo demostraré!

Y se convirtió en un ratoncillo que correteaba por el suelo. Apenas lo vio el gato, se lanzó sobre él y lo devoró.

Y el rey, que pasaba en esos momentos delante del hermoso castillo del ogro quiso entrar en él a descansar. El gato, que oyó el ruido de la carroza que pasaba por delante del puente levadizo, se adelantó a recibir al rey con estas palabras:

—Bienvenido sea Su Majestad al castillo del marqués de Carabás.

—¡Cómo! —exclamó el rey—. ¿Este hermoso castillo, señor marqués de Carabás, es también de usted? Nunca en mi vida he visto nada más hermoso como los jardines y muros que le rodean; veamos si por dentro es igual.

El marqués le dio la mano a la princesa y, siguiendo al rey, quien entró primero, llegaron al comedor, donde estaba servido un delicioso banquete que el ogro había hecho cocinar para sus amigos, quienes quedaron de ir a visitarle ese mismo día, pero sabiendo que el rey estaba allí, no se atrevieron a entrar.

El rey, deslumbrado con el marqués de Carabás, lo mismo que su hija, quien, como ya dijimos, estaba loca de amor por él, díjole al terminar el banquete, en el que se bebió abundantemente:

—Sólo de usted depende, mi querido marqués, el que se convierta en yerno mío.

El marqués, haciendo mil reverencias, aceptó tan grande honor, y ese mismo día casó con la princesa. Al gato lo nombró su secretario principal, y éste desde entonces sólo persiguió ratones cuando estaba muy aburrido.

LA BELLA DURMIENTE

Un rey y una reina estaban muy tristes porque no tenían hijos. Después de esperar mucho tiempo y de consultar con cuanto médico había en el reino, tuvieron una grata sorpresa: la reina esperaba un bebé.

A su debido tiempo, nació una hermosísima niña, como hacía años no se veía en el reino.

El rey estaba tan contento que organizó una gran fiesta para el bautizo de su hijita.

Como en ese tiempo era costumbre que las hadas concedieran, como regalo, dones a los niños, mandó invitar a todas las hadas del país y recomendó muy especialmente que no se olvidara a ninguna.

Llegó el día señalado para la fiesta y después del bautizo, todos los invitados se dirigieron a palacio. Allí los esperaban deliciosos platos preparados por los cocineros. Para las hadas había dispuesta una gran mesa con manteles de encaje y en el lugar de cada una resplandecía un estuche de oro y plata guardando cubiertos labrados con piedras preciosas.

Cuando estaban en lo mejor del banquete entró un hada vieja. Todos la miraron asombrados porque nadie se acordaba de ella. Hacía años que vivía solitaria y alejada en una vieja torre y muchos creyeron que había muerto o que había quedado encantada por algún hechizo que le hubiera salido mal.

El rey se puso muy nervioso por este descuido y temió que el hada, queriendo vengarse, le hiciese algún daño a la niña. Ordenó inmediatamente que se le diera un lugar en la mesa con su estuche y sus cubiertos. Pero sólo se habían mandado hacer siete, que era el número de hadas que se había contado, por lo que no se le pudo poner nada más que los finos cubiertos.

El hada vieja muy disgustada se sentó murmurando entre

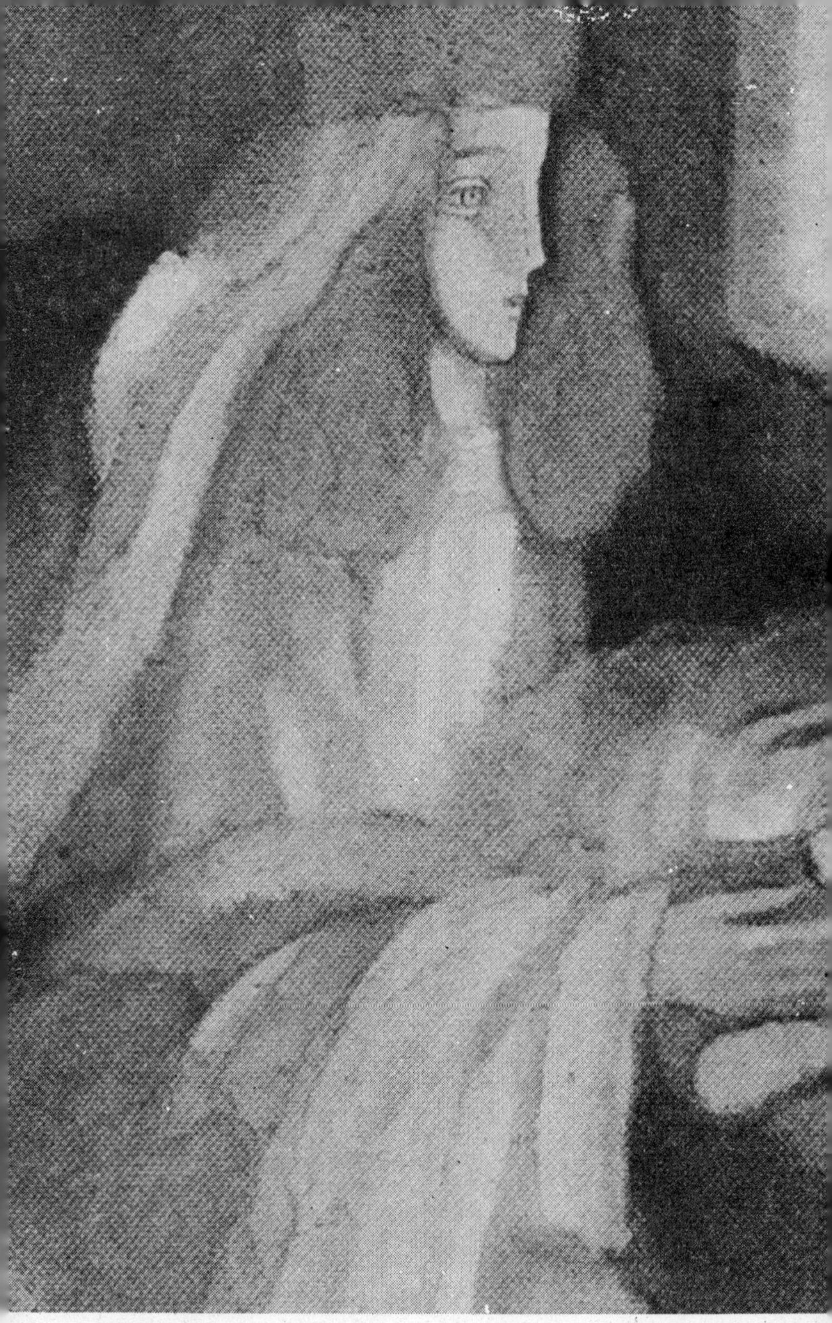

dientes. A su lado quedó un hadita joven que sintió lo que ella decía en voz baja. Por eso, al finalizar el banquete, esta hadita joven decidió esconderse detrás de unas cortinas para ser la última en ofrecer su regalo. Como todos se levantaban a observar a las hadas que ofrecerían los dones a la niña, nadie se percató de que faltaba el hadita.

"Si esta hada vieja le hace algún daño a la princesita, tal vez yo pueda repararlo —se dijo el hadita buena—. Por eso esperaré que todas le concedan su gracia a la niña y yo me quedaré escondida hasta el final".

Así, las hadas, una por una, desfilaron frente a la princesita tocándola con su varita mágica. La primera dijo: "Serás más bella aun de lo que eres"; la segunda: "Poseerás una gran inteligencia"; la tercera: "Tendrás un alma generosa"; la cuarta: "Tendrás habilidad para danzar y serás una perfecta bailarina"; la quinta: "Tu hermosa voz maravillará a todos y cantarás como un ruiseñor"; la sexta: "Podrás tocar instrumentos musicales a la perfección".

Al llegar el turno del hada vieja, todos contuvieron la respiración. Ella se acercó y mirando a la niña con gran desprecio, dijo:

—Cuando cumplas 16 años te herirás la mano con un huso y morirás.

Un murmullo de indignación y de pena corrió entre los presentes al oír la terrible maldición y todos entristecieron.

En ese momento el hadita joven saliendo de su escondite, dijo en voz alta:

—Tranquilícense todos los que aman a la niña. Ella no morirá. No tengo tanto poder para anular la maldición de un hada más vieja y con mayor experiencia que yo, pero puedo modificar el resultado.

—Te herirás la mano con el huso pero no morirás. Sólo caerás en un sueño profundo que durará cien años, hasta que un príncipe venga a despertarte.

El rey se quedó muy preocupado a pesar de la ayuda del hadita buena. Y mandó publicar un bando donde se prohibía comprar o tener un huso de hilar. Quien desobedeciese la orden quedaba expuesto a la pena de muerte.

Pasaron los años y la niña creció hermosa y llena de gracia, desarrollando todas las virtudes concedidas por las hadas.

Un día, el rey y la reina la llevaron a su casa de campo. La princesita comenzó a recorrer el castillo y llegó hasta lo alto de una torre donde una viejecita hilaba en una rueca. Esta pobre señora, apartada del mundo, ni siquiera se había enterado de la prohibición que dieciséis años antes lanzara el rey.

La niña, que jamás había visto una rueca, se interesó mucho por saber qué era lo que estaba haciendo la viejecita y acercándose, preguntó:

—¿Qué es lo que hace con eso, señora?

—Estoy hilando, niña mía —contestó la anciana sin reconocerla.

—¿Y qué es esto? —dijo la princesita tendiendo sus manitas hacia el huso.

Como lo anunciara la maldición de la vieja hada, apenas la niña tomó el huso en sus manos, se hirió y cayó al suelo sin sentido.

La anciana asustada llamó pidiendo auxilio y pronto algunas damas de honor de la princesita, corrieron a dar la noticia al rey.

Cuando el soberano se enteró de lo sucedido, pensó que a pesar de todos sus cuidados y precauciones, el poder del hada vieja era muy grande y la maldición se había cumplido. Pero también recordó la gracia concedida por el hadita joven. Entonces hizo trasladar a la princesa dormida al salón más bello del palacio, donde la colocaron vestida con sus mejores galas sobre su lecho adornado de oro y plata. Estaba tan bella que parecía un ángel. No había perdido el color de sus labios ni de sus mejillas.

El rey ordenó que se llamara al hada que había salvado de la muerte a la niña, asegurando que sólo dormiría cien años. El hada llegó en su carro de fuego tirado por dos dragones y el rey la acompañó hasta donde estaba la bella durmiente.

Cuando el hada la vio tan hermosa, sintió pena al pensar que si despertaba dentro de cien años no encontraría a ninguno de sus amigos y conocidos. Entonces resolvió dormir a todo el palacio junto con la princesa, menos al rey y a la reina que debían seguir gobernando. Comenzó a tocar con su varita mágica todo lo que vivía en el castillo: a los sirvientes, criados, pajes, escuderos, cocineros, guardias, soldados, caballeros, damas de honor; también a los animales, caballos, pájaros, perros, palomas. Todos entraron en un profundo sueño del que habrían de despertar dentro de cien años junto con la princesita. Hasta los faisanes que estaban asándose en el fuego se durmieron. Y el fuego se durmió también.

El rey y la reina, después de besar a su querida hija, se retiraron de aquel castillo e hicieron publicar un bando que prohibía acercarse al lugar.

Pasaron cien largos años. La vegetación creció rodeando el

castillo. Era tan espesa y frondosa que sólo desde lejos podían verse las viejas torres. Difícilmente alguien podía internarse en aquel bosque.

Un día, el hijo del nuevo rey que gobernaba el país y que ya no pertenecía a la familia de la bella durmiente, salió de cacería. Entusiasmado, persiguiendo a un hermoso ciervo, llegó hasta el solitario paraje que despertó su curiosidad. Preguntó a unos leñadores a qué edificio pertenecían las torres que se alzaban en medio de tan espeso bosque y todos repitieron lo que desde hacía años habían oído de boca de sus padres y amigos. Algunos decían que era un castillo encantado, en el que vivían fantasmas. Otros comentaban que allí se reunían las brujas de la comarca. Muchos creían que era la casa de un ogro, el que sólo salía a buscar animales en el bosque para comérselos. Finalmente, un viejo campesino, le contó:

—Querido príncipe: hace más de cincuenta años oí decir a mi padre que en ese castillo duerme la princesa más bella que haya existido. Sólo despertará cuando llegue hasta ella el príncipe que será su esposo.

Después de escuchar al campesino, el príncipe quedó pensativo. La curiosidad por ver si la bella durmiente existía en realidad fue tan grande, que no pensó en el peligro de internarse solo por el bosque. Deseaba ser él quien llegara primero hasta la hermosa niña, antes que otro se enterara y quisiera hacerlo también.

Al principio le costó mucho trabajo abrirse camino. La espesa vegetación, las enredaderas y los espinos le obligaron a sacar su espada para poder cortarlos y seguir adelante. Pero luego sucedió un milagro: comenzaron las plantas a inclinarse y dejarlo pasar, como si una suave y dulce mano las apartara, cerrándose nuevamente tras su paso.

—"¿Cómo volver?" —pensó. Pero enseguida su ansiedad por conocer el misterioso castillo fue más fuerte que la preocupación por el regreso.

Finalmente llegó a un gran patio y se detuvo lleno de asombro. Todo era silencioso alrededor. Hombres y animales paralizados en el tiempo como estatuas esperaban el fin de su sueño.

El príncipe atravesó varias salas y llegó por fin hasta el recinto de la princesa.

Allí, en la misma cama de oro y plata, seguía reposando la bella durmiente de dieciséis años, tan linda y rozagante como hacía cien años.

El príncipe se acercó emocionado y lleno de admiración cayó de rodillas a sus pies. Apenas tomó su mano, el encantamiento quedó roto. La princesa despertó y mirando al príncipe con ternura, le dijo:

—¿Eres tú, por fin? ¡Cuánto te he esperado!

Todo comenzó entonces a despertar: los guardias y las damas de honor, los caballeros, los sirvientes, los animales, las flores y el fuego también despertó. La vida siguió entonces como si nada se hubiera detenido nunca y los dos enamorados, tomados de la mano, salieron a recorrer los jardines del palacio, para hablar a solas y fijar la fecha de la boda.

LOS HERMANOS GRIMM

Jakob y Wilhelm Grimm (1775-1863 y 1786-1856 respectivamente), estuvieron siempre muy estrechamente vinculados a su patria y se los considera los verdaderos fundadores de la lengua germana. Los dos estuvieron dedicados a la enseñanza en las cátedras de gramática y lingüística en la Universidad de Gotinga. El encargo de preparar un diccionario de la lengua alemana les garantizó la independencia económica.

En 1841 fueron nombrados miembros de la Academia de Berlín y se fueron a vivir a esa ciudad, donde permanecieron hasta su muerte.

Cuentos para niños y el hogar, son el resultado de un esfuerzo por rescatar lo más maravilloso de la poesía popular. En ellos recogieron los hermanos Grimm las narraciones fantásticas que oían de boca del pueblo y los redactaron en un lenguaje sencillo, convirtiéndolos en material puramente germano, aunque algunos de ellos provenían de relatos extranjeros. Esta tarea de recopilación, la realizaron los hermanos Grimm cuando —después de abandonar sus cátedras por diferencias políticas con el gobierno— se dedicaron a recorrer el país a pie. Deteniéndose en cada pueblo, en cada granja, en cada cabaña de los leñadores, se interesaban en los cuentos y leyendas de cada región.

Cuentos para niños y el hogar, entre los cuales se encuentra la inolvidable *Blancanieves*, dieron la verdadera fama a los hermanos Grimm.

BLANCANIEVES

En un helado día de invierno, estaba una reina sentada junto a la ventana, bordando un delicado pañuelo. De tanto en tanto detenía su labor para contemplar el hermoso manto de nieve que cubría tejados y campos.

Distraída en admirar la fría belleza del paisaje, se pinchó un dedo con la aguja y unas pequeñas gotas de sangre saltaron sobre unos copos de nieve que habían caído en el marco de la ventana. Contemplando el contraste de colores, la reina sintió de pronto un ardiente deseo:

—Oh, si yo pudiera —se dijo— tener una niña tan blanca como esta nieve, con unos labios tan rojos como mi sangre y un cabello tan negro como el ébano que adorna esta ventana.

Al poco tiempo, aquel deseo tan fuerte se convirtió en realidad. La reina dio a luz una niña tan bella como la que había soñado, a la que puso de nombre Blancanieves.

Blancanieves creció rodeada del amor de sus padres, pero apenas llegada a la adolescencia, su madre murió. El padre sufrió mucho la pérdida de su esposa pero pensó que no podía dejar a la niña tan sola. De modo que contrajo nuevo matrimonio con otra princesa de un reino vecino.

Su nueva mujer era muy bella pero tremendamente vanidosa. Tenía escondido un pequeño espejo mágico al que preguntaba constantemente:

—Espejito, espejito, ¿quién es la más bella del reino?

—Tú eres la más bella —contestaba siempre el espejo.

Resultó que un día la nueva reina fue a su dormitorio, sacó su fiel espejo y le hizo la pregunta acostumbrada. Entonces el espejo contestó:

—Ya no eres tú la más bella del reino. La más hermosa es Blancanieves.

Indignada la vanidosa reina, arrojó el espejo sobre la cama y dijo:

—¡No puede ser! Tendré que hacer desaparecer a Blancanieves.

Y llamó al jefe de la guardia de palacio para hablarle a solas.

—Tienes que llevarte a Blancanieves al bosque y hacerla desaparecer —le ordenó—. Es más, deberás traerme una prueba de su muerte. Si no lo haces, diré al rey que te eche del palacio.

El jefe de la guardia asustado por la amenaza y sabiendo a la reina capaz de todo para lograr lo que se proponía, sacó esa misma noche a Blancanieves de palacio diciéndole que tenía

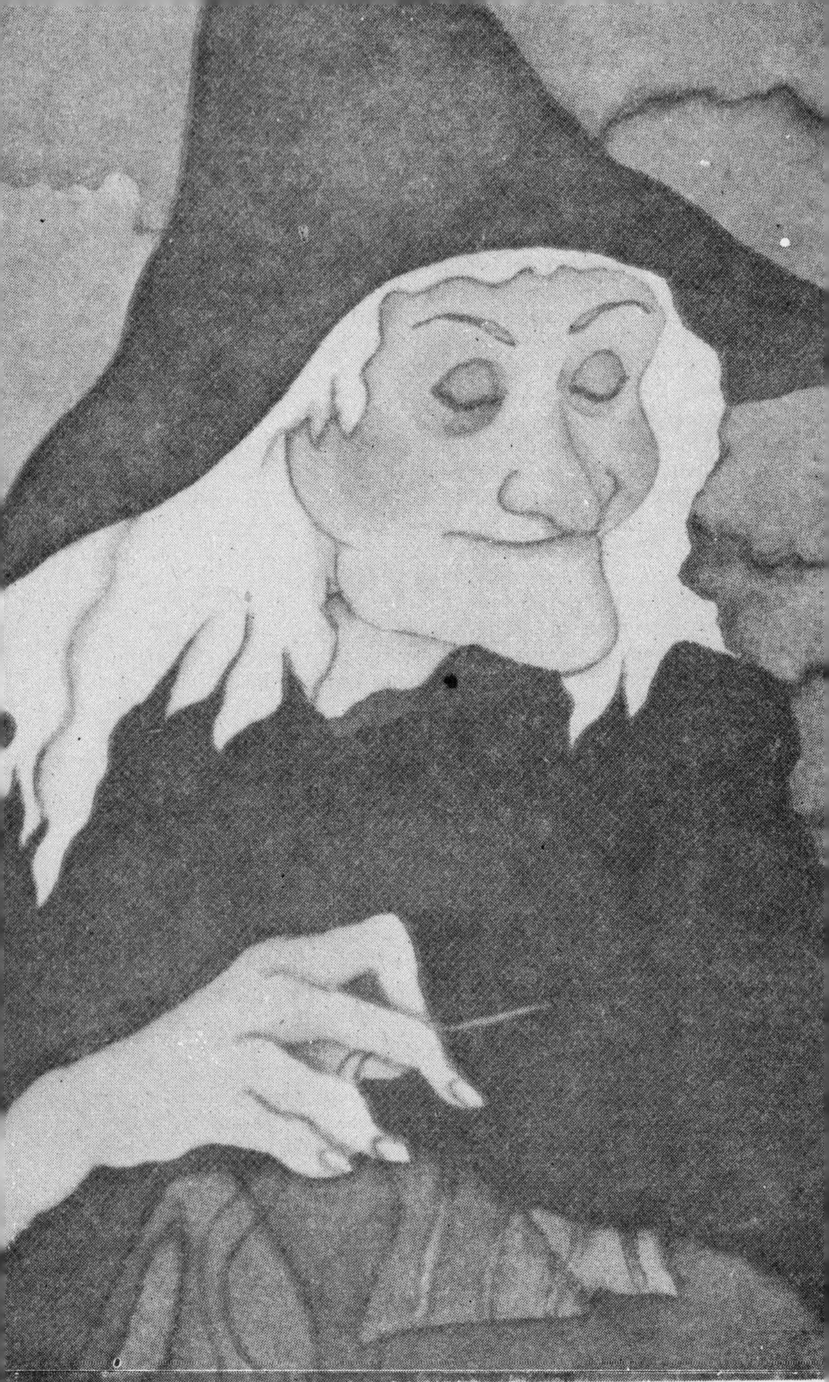

orden de llevarla al otro lado del bosque. Blancanieves se extrañó un poco pero no desconfió de aquel hombre que tanto conocía.

Partieron los dos montados en un caballo y cuando estaban en mitad del bosque, el soldado la hizo bajar. Al ver la carita extrañada y un poco temerosa de la niña, el corazón se le estremeció de ternura. Entonces contó a Blancanieves lo que le había ordenado la malvada reina.

—¿Y qué vamos a hacer ahora? —preguntó Blancanieves después que el jefe de la guardia terminó su relato.

—No tengo más remedio que dejarte aquí en el bosque. Tú trata de llegar a algún lugar. Yo llevaré el corazón de un ciervo y diré que es el tuyo. ¡Qué tengas suerte, niña mía! —dijo el hombre y después de besar la mano de su princesita montó en el caballo y se alejó.

Blancanieves comenzó a caminar por el bosque en medio de la oscura noche. Estaba bastante asustada y le parecía ver sombras moviéndose por todas partes. Por suerte la luna asomó entre las nubes y alumbró el camino. Por él siguió Blancanieves ya con menos temor. Al poco rato divisó a lo lejos, en mitad del bosque, una lucecita. "Debe ser de alguna casa", pensó y eso le dio fuerzas para seguir. Finalmente llegó hasta el lugar de donde provenía la luz. Era una pequeña casita. Blancanieves llamó pero nadie contestó. Tocó la puerta y ésta se abrió sin resistencia. Entró a una pequeña sala donde había una mesa con siete pequeñas sillas. Sobre la mesa tendida, brillaban siete tacitas con siete platillos y siete cucharitas, mientras que siete panecillos rodeaban una gran jarra de leche tibia.

Blancanieves, que estaba hambrienta, tomó dos panecillos y una taza de leche. Como el sueño la vencía, buscó el dormitorio y allí también encontró siete camitas con siete mesitas de luz. Como eran muy pequeñas juntó dos y se acostó a descansar.

Estaba durmiendo profundamente cuando llegaron los dueños de la casita. Eran siete enanitos, algunos de larga barba blanca, que trabajaban en una mina cercana. Quedaron asombrados observando tan grata visita. En ese momento, Blancanieves despertó y pidió disculpas por haber entrado a la casita. Todos le dijeron que no se preocupara y que les contara por qué estaba allí.

Blancanieves relató lo que había pasado. Después de escucharla, los enanitos resolvieron que era mejor que la niña se quedara a vivir con ellos en la casita. Blancanieves se ofreció entonces para limpiar la casa y cocinar mientras los enanitos trabajaran en la mina. Todos estuvieron de acuerdo y al otro día, al partir los pequeños hombrecitos para su trabajo recomendaron muy especialmente a la niña que no le abriera la puerta a nadie hasta que ellos regresaran.

Feliz, Blancanieves se puso a limpiar y a cocinar.

Mientras tanto, en palacio, la malvada reina se había encerrado en su habitación y había sacado su espejito para preguntar:

—Espejito, espejito, ¿quién es la más bella del reino?

—La más bella es Blancanieves. —respondió el espejo.

—No puede ser —repuso la reina indignada—. Ella ha muerto.

—No ha muerto —contestó el espejo—. Vive en una casita en el bosque y sigue siendo la más bella.

Furiosa por el engaño, la reina decidió que tenía que pensar un plan que no fallara para terminar con Blancanieves. Fue así como se disfrazó de humilde vendedora de frutas. Tomó una canasta con manzanas y en una de ellas inyectó veneno. Así ataviada, se internó en el bosque hasta encontrar la casita de los enanitos. Tocó a la puerta y una dulce vocecita preguntó:

—¿Quién es?

—Soy una pobre mujer que vende frutas. ¿No quieres comprar unas manzanas?

—No puedo abrirle la puerta, señora —dijo Blancanieves asomándose a la ventana—. Pero veo que trae usted unas manzanas muy hermosas.

—¿Por qué no pruebas una, hermosa niña? —dijo la falsa vendedora—. Son las mejores manzanas que crecen en este reino—. Y ofreció la que estaba envenenada a Blancanieves. Esta sintió deseos de probarla y no vio ningún mal en ello. Estiró su manita por entre las rejas de la ventana y tomándola, le dio un mordisco. Apenas lo hizo cayó al suelo sin sentido.

La malvada reina dijo:

—¡Por fin ha muerto la única mujer que podía hacer sombra a mi belleza! ¡Ahora soy yo la más hermosa del reino! —y volvió a palacio contenta de su hazaña.

Cuando los enanitos regresaron de la dura tarea en la mina, encontraron a Blancanieves en el suelo. Con gran dolor y tristeza la llevaron hasta dos camitas y la acostaron. Uno de ellos se inclinó para escuchar su corazón, pero éste no latía. Lloraron todos creyéndola muerta y resolvieron guardarla para siempre en una gruta cercana. Para ello trajeron una caja de cristal. Acostaron allí a la hermosa Blancanieves y emprendieron el camino hacia la gruta.

Paseaba por los alrededores un príncipe que al ver el extraño cortejo, se acercó.

—Perdonen mi curiosidad —dijo a los enanitos—. Pero ¿qué es lo que llevan en esa caja? Parece ser una niña.

—Es una princesa —contestaron los enanitos bajando la caja en el suelo para que el príncipe pudiera verla.

El joven se inclinó a mirar y quedó maravillado por la hermosura de Blancanieves. Al pensar que estaba muerta una lágrima de tristeza corrió por su mejilla. Los enanitos también lloraban.

—¡Qué hermosa era! —dijo—. Parece estar viva. Permítanme que les ayude a transportarla hasta su última morada.

El príncipe se inclinó y al querer levantar la caja, hizo un movimiento brusco. En ese momento, el trozo de manzana que había quedado en la boca de Blancanieves saltó hacia afuera y la niña despertó. El veneno sólo la había adormecido por un tiempo.

Los enanitos locos de contentos, comenzaron a danzar a su alrededor y el príncipe fascinado por el encanto de Blancanieves le pidió que se casara con él.

Así llegaron los dos juntos a palacio y los enanitos con ellos. La reina, llena de remordimientos, se fue a vivir a un país lejano, mientras los nuevos esposos vivieron felices gobernando sabiamente a su pueblo.

PREMIO Y CASTIGO

Esta historia que vamos a relatar sucedió en Alemania, hace mucho tiempo, cuando las hadas y los gnomos producían hechos fantásticos asombrando y maravillando a todo el mundo.

Fue precisamente en ese tiempo que salieron de viaje por aquellas tierras, dos jóvenes muchachos buscando trabajo. Uno de ellos era aprendiz de sastre y el otro, de joyero. Anduvieron días y días de una aldea a otra, pero la suerte no estaba de su parte.

Una tarde, se entretuvieron demasiado en el camino y la noche se les vino encima antes de que pudieran llegar a alguna casa.

El aprendiz de joyero era muy miedoso y cualquier ruido lo asustaba. Tenía este muchacho una gran ambición, pero no la suficiente valentía para enfrentar situaciones difíciles. En cambio el aprendiz de sastre, sin ser tan ambicioso era mucho más valiente.

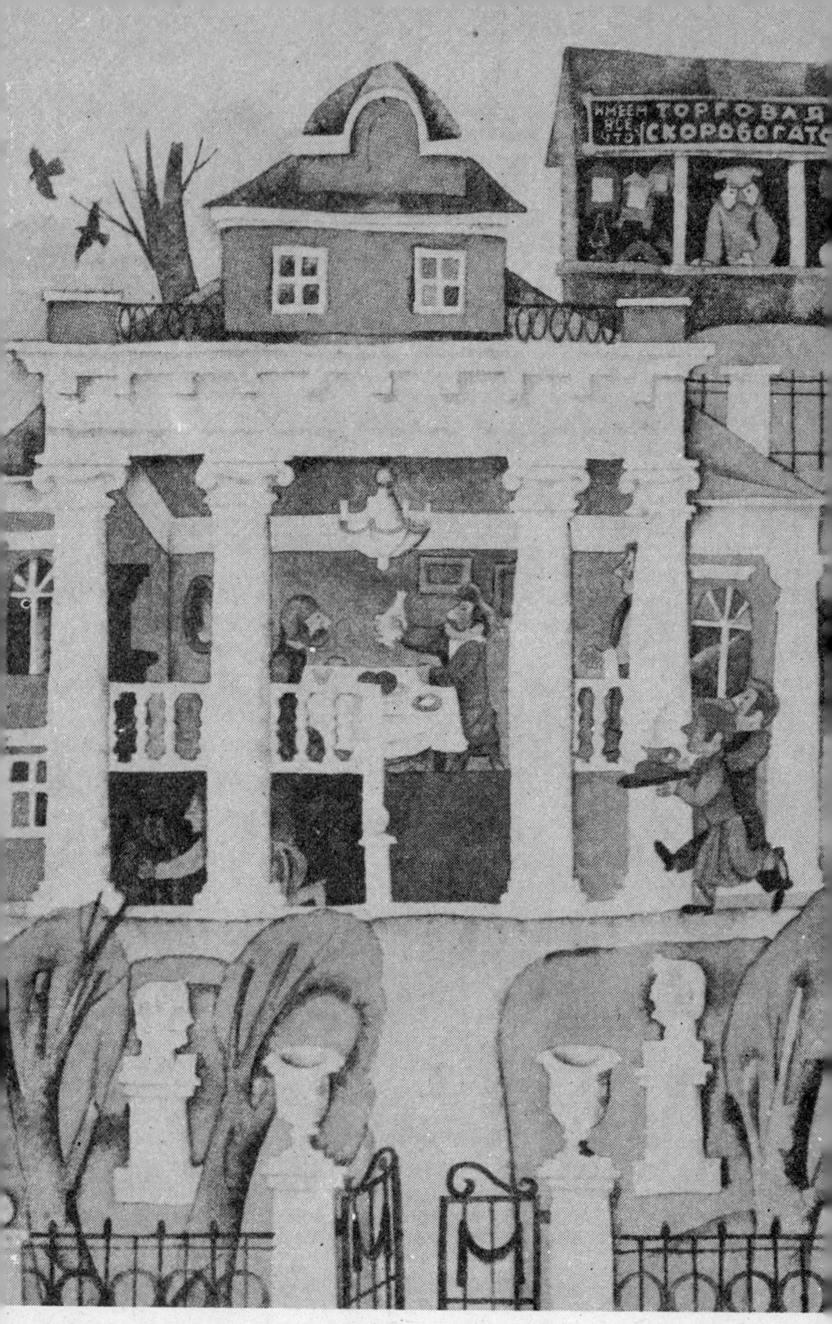
ТОРГОВАЯ
СКОРОБОГАТО

Iban cruzando un bosque cuando sintieron una música extraña y maravillosa que los hizo olvidar el cansancio que sentían. No pudiendo librarse del encanto que aquella melodía desplegaba, abandonaron el camino para internarse por un sendero que penetraba en lo más profundo de donde parecía venir el sonido.

Por supuesto que el aprendiz de joyero temblaba en aquel lugar tan oscuro pero su amigo lo tranquilizó, y sus nervios se le calmaron cuando la luna asomando entre unas nubes alumbró el camino.

Guiándose siempre por el sonido de la música, llegaron hasta una pequeña hondonada donde admiraron un extraño espectáculo.

Allí bailaban unas encantadoras parejas de enanitos. Hombrecitos y mujercitas tomados de las manos danzaban en círculo cantando al compás de la dulce melodía, entonando hermosísimas canciones. Los dos jóvenes quedaron maravillados ante la increíble escena.

En medio del círculo de bailarines se movía un enano más grande que el resto de sus compañeros, de hermosa y larga barba blanca y vestido con riquísimo traje de roja seda bordado en oro y plata. Al bailar, su figura brillaba arrojando destellos hacia todas partes.

Fascinados, los jóvenes se acercaron y el enano les hizo señas para que se acercaran. Ellos no se animaban a moverse, tan extrañados estaban por la situación. Entonces los demás enanitos se sumaron al de la larga barba, insistiendo en que se adelantaran.

Por fin, el joyero, gran amante de los placeres, fue el primero en integrarse a la ronda. Casi enseguida lo siguió su amigo. A los pocos segundos estaban los dos bailando y danzando con los enanitos que parecieron más contentos desde ese momento.

Después el enano grande sacó un gran cuchillo y se puso a afilarlo con gran esmero. Esto asustó a los jóvenes que pensaron en huir de aquella exótica fiesta. Pero antes de que pudieran hacerlo, el enano tomó a uno de ellos por el cuello y en un "¡tris, trás!" le afeitó la cabeza y la barba, con su cuchillo recién afilado. Inmediatamente la emprendió con el otro, haciendo lo mismo. Como si un extraño sortilegio los paralizare, ninguno de los dos se movió mientras el enano sometía a cada uno de ellos a aquella extraña ceremonia.

Después de esto el enano los dejó en libertad y les hizo señas para que se alejaran, pero en realidad lo que quería era hacerles llegar hasta donde había una gran pila de carbón. Cuando los dos muchachos estuvieron cerca de la pila, el enano volvió a hacerles señas de que se cargaran los bolsillos con el carbón.

El aprendiz de sastre se puso rápidamente a llenarse los bolsillos del saco y de muy mala gana lo imitó el joyero, quejándose y refunfuñando que después de haber sido rapados, todavía tendrían que cargar con ese maldito carbón.

Luego de cargar todo lo que pudieron, comenzaron a alejarse del lugar. El joyero maldecía el momento en que se les ocurrió acercarse y el sastre se dio vuelta a mirar por última vez a los enanitos cuando sonaron las doce de la noche en un campanario lejano. El sastre vio cómo desaparecieron los pequeños personajes al tiempo que la música se detenía.

Los muchachos siguieron su camino y al poco rato llegaron a una aldea donde encontraron albergue para pasar la noche. Así como estaban, sin intentar siquiera quitarse los zapatos, cayeron en los camastros y se durmieron profundamente.

Apenas había amanecido cuando se despertaron sobresaltados pensando que alguien les tiraba del cuello hacia abajo. Pronto se dieron cuenta que sólo eran sus bolsillos cargados de carbón lo que les pesaban. Los sacaron y cuál no sería su sorpresa, al ver que los pedazos de carbón se habían convertido en trozos de oro macizo. Los dos recordaron al enano de la barba blanca y se miraron en silencio y corrieron al espejo al mismo tiempo. Otra sorpresa: les había crecido nuevamente el pelo y los bigotes.

No sabían qué hacer con tanta felicidad de golpe. Hasta hacía unas horas eran muy pobres y ahora tenían en sus manos una enorme fortuna.

No conforme con ello, el joyero comenzó a lamentarse de no haber tomado más carbón.

—¡Qué tonto fui! —decía—. Debí haber confiado en los poderes de ese enano y sospechar que nos recompensaría con un buen regalo por dejarnos afeitar la cabeza y la barba. ¡Cuánto más podía haber traído!

—Mira, te propongo una cosa —dijo a su compañero—. Volvamos esta noche a la hondonada del bosque y llevemos una bolsa bien grande en la cual cargar todo el carbón que queramos.

Pero el sastrecito no era tan ambicioso y tal vez era más inteligente que el joyero, porque pensó que no debía correr riesgos con algo que había recibido como regalo del cielo y contestó al avariento joyero:

—Mira, hermano, yo ya tengo lo suficiente para poder volver a mi pueblo, montar allí un tallercito para trabajar como sastre, casarme con mi novia que me está esperando y no pasar penurias por el resto de mi vida. No me interesa hacerme rico, sino tener lo suficiente para vivir tranquilo y trabajar. Pero si de todos modos, tú decides ir esta noche a buscar más carbón, yo te esperaré aquí, para regresar juntos a nuestra aldea.

—Allá tú —contestó el joyero—. Y se fue a conseguir dos grandes bolsas donde poder meter todo el carbón que pudiera juntar esa noche. Porque por supuesto, había decidido volver a la hondonada, buscando a los enanitos.

Partió esa noche solo y sin miedo y llegó hasta el mismo lugar donde la vez anterior había encontrado a los danzarines. En efecto, allí estaban y todo ocurrió de la misma manera. Lo invitaron a danzar, le afeitaron la barba y la cabeza y lo obligaron a llenarse los bolsillos de carbón. Sólo la cara del enano de barba blanca no manifestaba la misma alegría que la noche anterior pero el entusiasmado joyero no lo notó. Llenó sus dos bolsas y sus bolsillos hasta el tope. No pudo llenar su gorra porque su cabeza rapada y el frío se lo impidieron.

Con su pesada carga llegó a la habitación donde su amigo dormía a pierna suelta. Se acostó, pero no pudo conciliar el sueño deseando que llegase la mañana para poder ver todo el carbón convertido en oro.

Al asomar los rayos del amanecer, el joyero saltó sobre sus bolsas, pero ¡oh, tragedia!, allí no había más que carbón. Desesperado buscó debajo del colchón el oro que había guardado la noche anterior. Pero su amargura fue mayor aún. ¡Todo, incluso el que dejó en la habitación, era sólo pedazos de carbón!

Dolorido y angustiado se sentó al borde de la cama y se llevó las manos a la cabeza. Y he aquí que sus desdichas no habían terminado todavía ¡su cabeza seguía tan rapada como la noche anterior! Sólo su barba intentaba tímidamente asomar en su amargado rostro.

A todo esto, el aprendiz de sastre se había despertado y contemplaba a su amigo con pena. No pudiendo soportar el sufrimiento de su amigo y el suyo propio al verlo así, se le acercó y le puso una mano sobre el hombro. El otro lo miró y dijo, al borde del llanto:

—Fue mi ambición...

—Hermano, no desesperes. Hace dos días estabas igual que ahora —dijo el sastre.

—Sí —contestó—. Sólo que aún conservaba mi cabello.

—Es cierto pero la falta de tu cabello te hará recordar siempre el error que cometiste. Sin embargo, no has perdido aún a tu amigo. El oro que yo tengo alcanza y sobra para que lo reparta contigo.

Y diciendo esto entregó la mitad de su oro al joyero.

Los dos volvieron a su pueblo natal. El sastre instaló el taller que había soñado y se casó. El joyero también puso un tallercito y moderó su ambición. Y nunca pudo olvidar que por excederse en tal pasión conservó una hermosa calva para toda su vida.

EL REY CUERVO

Erase un rey viudo con una hija hermosísima. Nadie recordaba por ese tiempo haber visto una joven más delicada y bonita. Desgraciadamente, la princesita tenía un terrible defecto: era demasiado presumida y vanidosa. Consciente de su belleza y posición, todo le parecía poco para ella. A nadie consideraba digno de su respeto o admiración.

Por eso, todos los pretendientes que se presentaron al palacio para pedir su mano al rey, poniendo sus tesoros a los pies de la princesita, fueron desechados uno tras otro, por la orgullosa niña.

Su padre, el rey, sin embargo, no se desalentó. Tenía gran interés de casar a su hija de modo que organizó unas espléndidas fiestas a las cuales invitó a los más poderosos príncipes, duques, marqueses, barones de los reinos vecinos y a todos los caballeros que consideraba dignos de recibir la mano de su hija.

Corrió por la ciudad el rumor de que en aquellas fiestas la princesita elegiría marido por lo que todos se presentaron con sus más espléndidas galas y los más ricos presentes para ofrecer al rey y a su hija.

Llegó el día de la fiesta y en toda la ciudad lucía el mismo esplendor que en el palacio. Desde que llegaron los invitados, la gente se solazaba contemplando por las calles o plazas, a los elegantes visitantes con sus coloridos y lujosos trajes, muchas veces acompañados por su cortejo.

Llegados todos a palacio, el rey los recibió con toda la distinción y ceremonia que correspondía a sus rangos.

Luego el pregonero anunció que haría entrada en el salón la princesa y los pretendientes se colocaron en fila a ambos lados del enorme pasaje que conducía hasta el trono. La gran puerta se abrió y un murmullo de admiración corrió entre los presentes. Allí estaba la princesita, más bella que nunca envuelta en un espléndido traje y con magníficas joyas, con su cortejo de damas de honor. Sonó una agradable melodía tocada por la or-

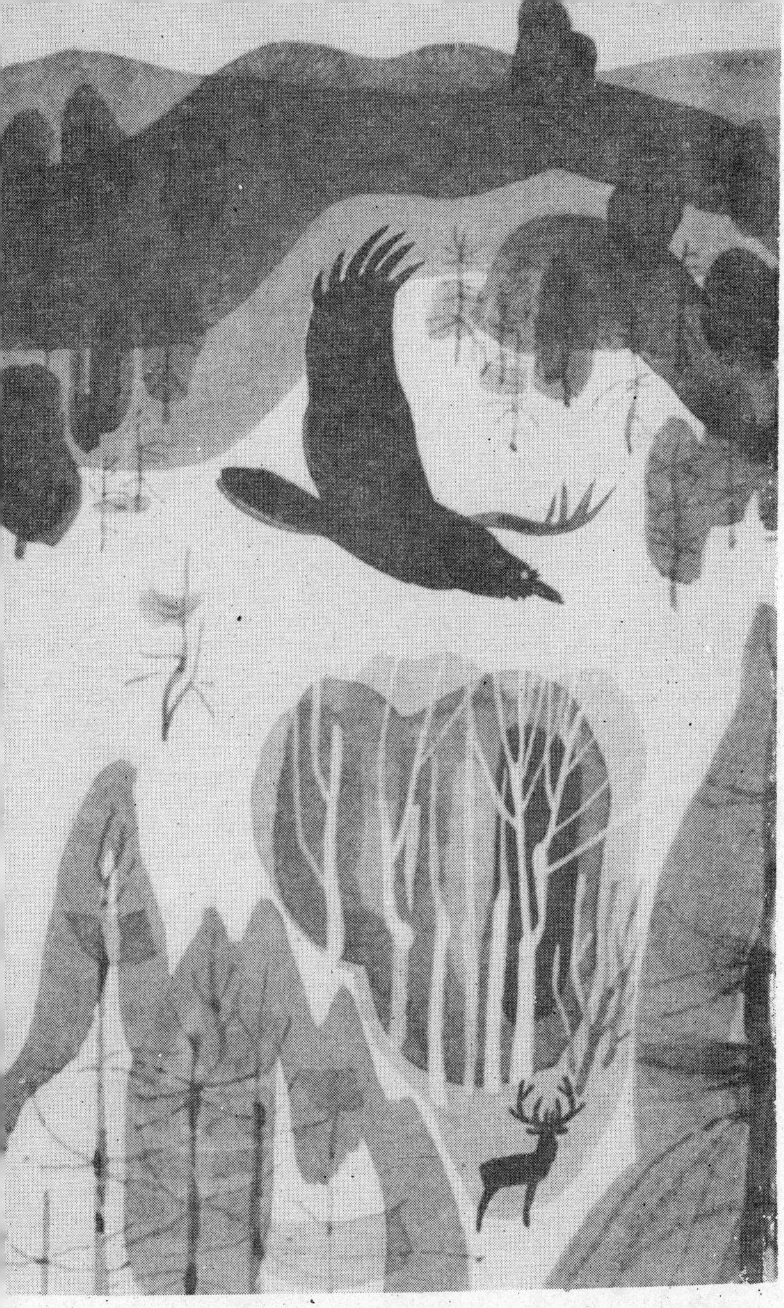

questa de músicos de palacio y el rey se acercó a su hija. La llevó de la mano para saludar uno por uno a los presentes.

Entonces salió a relucir el insoportable carácter de la princesita. Con gran altivez y un crudo sentido del humor, se burlaba de todos los pretendientes, que se inclinaban reverentes a su paso.

Deteniéndose frente a uno de gruesa figura y muy redondeadas formas, dijo al rey:

—¿Crees acaso, padre, que luciría elegante siendo esposa de un tonel?

El pobre hombre a quien iba dirigida la alusión, se puso rojo de vergüenza. El rey, tratando de disimular la indiscreción, le presentó inmediatamente a otro. Pero este otro era muy alto y delgado. La princesa miró a uno y otro de los pretendientes y lanzó una carcajada diciendo:

—Oh, padre, ni mucho ni tan poco. Está bien que no me gusten los toneles pero tampoco me gustan las perchas.

El delgado príncipe enrojeció también. Su padre apretándole el brazo con fuerza la hizo girar hacia otro lado. En ese momento la mirada de la joven se topó con la de un apuesto rey, muy ricamente vestido y plantado con la misma altivez de la princesa. Tenía una fina barbita que le daba cierto aire exótico. Los ojos de la princesita relampaguearon al encontrar un nuevo blanco para sus burlas. Desprendiéndose del brazo de su padre, se acercó. El extraño pretendiente la miraba apasionadamente pero también con ira, seguramente molesto por los desplantes de la princesa. Esta observó su barbita con una sonrisa.

—Oh, pero miren, miren —dijo a grandes voces—. El extraño aspecto de este señor ¡parece un cuervo! ¿Y es usted un rey?

El pretendiente no contestaba pero estaba rojo de furia.

—¡Pues lo llamaremos el Rey Cuervo! —rió la princesa de buena gana. Algunos sonreían, pero no dejaban de pensar en lo cruel que era la niña.

El rey padre para tratar de sortear la difícil y embarazosa situación frente a sus invitados, dio orden de que comenzara el baile. Durante la fiesta, los pretendientes fueron olvidando entre danzas y alegrías, los desprecios de la niña. Sólo uno no pudo olvidar: el Rey Cuervo.

Y no se sabe si por un deseo de continuar burlándose o por un lejano remordimiento, la princesita tampoco se pudo olvidar del todo de él. Durante la noche, muchas veces sus miradas se cruzaron. Ella le sonreía burlonamente y él la miraba muy serio, con toda su indignación contenida.

Por supuesto que la princesa no encontró a nadie capaz de llenar sus ambiciones de esposa. El rey se puso furioso.

—¿Así que nadie te interesa? —preguntó lleno de ira.

—Nadie —contestó indiferente la princesita mirándose las uñas que le arreglaba una dama de honor. El rey se paseaba de un lado a otro, con las manos a la espalda. De pronto, se detuvo en seco...

—Muy bien —dijo— te casarás con el primer pordiosero que aparezca en las puertas de palacio. Y dando un portazo fue a despedir a todos los invitados con grandes disculpas. La princesita se encogió de hombros, estaba acostumbrada a esas reacciones de su padre.

Pasaron los días y una tarde apareció por las puertas de palacio un mendigo que tocaba la mandolina maravillosamente y tenía una hermosa voz. Los sirvientes lo hicieron pasar y lo presentaron al rey y a la princesa. Esta quedó prendada de la voz del mendigo y lo hizo cantar muchas canciones, escuchándolo embelesada.

—¿Te gusta? —le preguntó su padre.

—Sí, mucho —contestó la princesita suspirando.

—Muy bien —dijo el soberano. Y dirigiéndose al mendigo—: Hombre, cantas muy bien y tus canciones le gustan mucho a mi hija, por lo que te concedo su mano.

El pasmo fue general. El músico mendigo se quedó con la boca abierta y la princesita no podía ni hablar.

—¿No aceptas? —preguntó el rey al mendigo.

—Oh, sí, claro que sí —dijo éste recuperándose—. ¡Gracias señor!

—Pero padre, ¿estás loco? —exclamó la princesa—. ¿Cómo puedes entregarme a un mendigo? ¡Soy tu hija, soy una princesa!

Pero el rey se mantuvo inflexible. De nada valieron las súplicas de la joven quien se arrojó a sus pies llorando desconsoladamente ni de las damas de honor a las que se sumaron otros sirvientes del palacio.

—¡Terminemos con este asunto! —dijo el rey aburrido de aquel coro de quejosos—. Te casarás con ese mendigo y punto. Juré que concedería tu mano al primer pordiosero que apareciera por palacio y cumpliré mi juramento. Será la única forma de castigar tu orgullo. Has despreciado y te has burlado de los más poderosos reyes, haciéndolos quedar en ridículo y a mí también me hiciste pasar situaciones vergonzosas. De modo que está decidido ¡Te casarás con él!

A las pocas horas, se celebraba sin fiesta alguna, la ceremonia religiosa entre la princesita y el mendigo.

Cuando hubo finalizado, el rey le dijo:

—Por supuesto que tendrás que acompañar a tu marido adonde él vaya. Siendo un mendigo no se va a quedar a vivir en palacio y tú tampoco. De modo que adiós y que el cielo los acompañe.

Y dando un beso en la frente a su hija, abandonó el lugar. La altiva princesa no tuvo valor para decir palabra. Momentos después la nueva pareja dejaba el palacio. El rey no permitió ni siquiera que las damas de honor despidieran a la princesita.

Llorando iba la niña detrás de su esposo. Este no parecía preocuparse demasiado por el desconsuelo de su mujer. Tenía una cara alegre y satisfecha. Al rato se internaron por unos espesos y hermosos bosques. La princesa un poco más resignada contempló con admiración el paisaje.

—¿Sabes a quién pertenecen estos bosques tan hermosos? —preguntó a su marido con la voz velada todavía por haber llorado tanto.

—¿Cómo, acaso no lo sabes? —respondió el marido sorprendido—. No pensé que hubiera persona en el mundo que no lo supiera.

—Es que parece que yo ignoro muchas cosas —dijo la niña.

El marido quedó sorprendido frente a tan humilde reconocimiento de parte de la tan altiva princesa. Respondió:

—Hasta yo que soy un pordiosero sé que pertenecen al Rey Cuervo.

La princesa se sobresaltó recordando los ojos de aquel rey que la miraba con furia.

—¿El Rey Cuervo? —preguntó.

—Sí. ¿No fue así como lo bautizaste?

"Entonces eran suyos aquellos hermosos bosques"—, pensó la princesa y suspiró comentando en voz alta:

—¡Ah, qué tonta fui!

—Ya lo creo —dijo el mendigo—. Es un buen rey. No tenías por qué burlarte de él. ¡Si te viera ahora!

Y el marido rió de buena gana.

Furiosa, la princesa que iba detrás suyo recogiéndose las largas faldas para no tropezar, se detuvo y le gritó:

—Sí, fui una tonta de no casarme con él. Mírame ahora contigo ¡convertida en mendiga!

El pordiosero se detuvo con las manos en la cintura. Contemplaba a su mujer divertido.

—Y has de saber —le dijo, señalando el horizonte—, que esas extensas campiñas y aquella enorme ciudad que se ve desde aquí, son también del que podría haber llegado a ser tu marido.

—¿Por qué habré sido tan estúpida? —sollozó—. Y ahora, mírame, tendré que hacer mi vida junto a un desgraciado como tú.

El mendigo se puso serio y la tomó fuertemente de un brazo.

—Escucha, mujer, olvídate de tus pasados esplendores. Ya me estás cansando con eso de tu Rey Cuervo. Cuando te pudiste casar con él no quisiste hacerlo, ahora ya es tarde. Eres mi mujer y se terminó, confórmate con la suerte que te ha tocado.

Y tomándola de la mano la arrastró en pos de él.

Anduvieron un rato más y llegaron a una pobrísima cabaña.

—Bueno —dijo el hombre— hemos llegado. Y penetró con su mujer en la humilde vivienda.

—¿Esta es tu casa? —preguntó su mujer desencantada.

—¿Y qué esperabas? ¿Un palacio?

—No, pero...

—Comeremos una rica cena —dijo el mendigo y su mujer se puso contenta.

—Oh, sí, estoy muerta de hambre —Y mirando para todos lados—. ¿Dónde están tus criados?

—¿Mis qué? —preguntó el hombre entre asombrado y divertido.

—Tus servidores... —explicó la princesita tímidamente.

El hombre lanzó una carcajada tan grande que hizo temblar el techo de la cabaña.

—Mis... mis servidores... —reía sin poderse contener y agarrándose la barriga—. Pero, ¿de dónde sacaste que los mendigos tienen criados? Verdaderamente eres muy ingenua.

—Y entonces, ¿quién te sirve?

—Antes lo hacía yo solo. Pero ahora te tengo a ti. Desde hoy te ocuparás de limpiar la choza y prepararme la comida mientras yo voy a mendigar.

—¿Yo? —preguntó asustada la joven—. Pero yo no sé...

—Sí, ya me di cuenta que no sabes hacer nada. Pero aprenderás. Ya lo creo que aprenderás. Vamos, muévete, princesa, a prender el fuego y a hacer la comida.

La princesita no se animó a chistar y trató de prender la lumbre. Pero sus finas manitas jamás se habían ocupado de tales tareas por lo que fracasó en su intento. Entonces el mendigo de muy mal humor, tomó la leña seca y le enseñó a prenderla.

—Eres muy torpe, niña —le dijo y ella se puso a llorar.

—Bueno, está bien, está bien, por hoy, cocinaré yo.

El mendigo preparó rápidamente una cena que les pareció exquisita a ambos por el hambre que traían.

Se acostaron y se durmieron profundamente, agotados por el

viaje. A la mañana siguiente, apenas alumbraron los primeros rayos del sol, el mendigo se levantó y despertó a su mujer.

—¡Vamos princesa, vamos arriba! —ella murmuró algo entre sueños y se dio vuelta para seguir durmiendo. El marido la miró con una sonrisa, después fue hasta el centro de la habitación, se rascó la cabeza y gritó:

—Eh, tú, princesa, vamos, arriba, arriba, que hay mucho que hacer, hace como un mes que no se barre la casa. ¡Vamos, arriba! —y dándoles un tirón a las cobijas se las quitó. La princesa se sentó media dormida y se restregó los ojos.

—Vamos —dijo el hombre— quiero tomar el desayuno.

—¿Y acaso pretendes que yo te lo sirva? —dijo la princesita furiosa y todavía no muy consciente de su situación. El mendigo cruzándose de brazos, respondió:

—Exactamente. Ya aprendiste lo elemental que era prender el fuego. Ahora prepara algo de comer.

De muy mala gana, y, con mucha torpeza, la niña fue a hacer lo que le ordenaban. Varias veces se le apagó el fuego y apenas pudieron sus frágiles manitas pelar unas papas. Viendo el marido que cortaba trozos demasiados grandes junto a la cáscara, le quitó el cuchillo de la mano.

—Así no, mujer, pero qué torpe eres. Desperdicias la mitad de las papas. Mal gano yo para andar tirando la comida—. Y terminó por hacerlo él.

A los dos días se habían terminado las escasas provisiones que poseyera el pordiosero, por lo que éste dijo a su mujer:

—Bueno, princesa, terminaron las vacaciones y esta vida perezosa. Hay que salir a trabajar. Estuvieron muy bien estos dos días de luna de miel, pero aquí no nadamos en la abundancia, de modo que habrá que agachar el lomo de nuevo para poder comer.

La princesita escuchó esto sin molestarse. Ya estaba resignada y nada más la podía sorprender, por lo que mirando a su marido con calma, le dijo:

—Muy bien. ¿Y en qué te parece que puedo trabajar yo?

El marido se rascó la cabeza. La verdad que no era muy fácil conseguirle trabajo a su mujer, pues con la vida que había llevado siempre, no sabía hacer nada útil. Y mirándola, le preguntó:

—¿Cómo podrías tú gobernar algún día si no conoces ningún oficio y ni siquiera sabes cómo lo hace la gente de tu pueblo?

La princesa avergonzada bajó la cabeza.

—Bueno, no te preocupes —dijo el mendigo—. Por suerte ya no tendrás que hacerlo. Pero ya sé lo que harás: tejerás cestos de mimbre mientras yo pido limosna con la mandolina.

El marido le trajo mimbres, le explicó cómo tejerlos y la clase de cestos que más se vendía. Despidiéndose luego la dejó con su trabajo. De más está decir, que más se lastimó las manos que los cestos que logró terminar. Hizo, sin embargo, unos cuantos, pero cuando el marido vio el resultado, no pudo articular palabra. Caminaba mirando y levantando uno por uno aquellos extraños artefactos que había fabricado su mujer. Ella lo contemplaba temerosa de que estallara en cualquier momento indignado. Pero el hombre al mirar aquella carita de terrible temor y desamparo, sintió ternura por su mujer y le dijo:

—No puedes seguir con ese trabajo. Es demasiado duro para ti. Veré si mañana consigo algo más fácil.

A la mañana siguiente, mientras su mujer que ya se había acostumbrado bastante a levantarse temprano y realizar las tareas de la casa, le preparaba el desayuno, él le dijo:

—Encontré algo bueno para ti. Ahí tengo una rueca, un huso y también hilo de cáñamo. Te pondrás a hilar y trata de hacerlo rápido para que nos rinda algo.

Luego de desayunar, dejó a su pobre mujer con el aparato. Al cabo de una hora, la infeliz tenía los dedos llenos de llagas.

Cuando el marido la vio, le gritó furioso:

—¡Pero no sirves para nada! Eres torpe para cualquier tarea. ¡Quién me habrá mandado ir a mendigar al castillo ese día! Buena la hizo tu padre entregándote a mí. Seguramente se quería librar de ti para siempre. Ahora soy yo el que digo: ¿por qué no te habrás casado con el Rey Cuervo? Me parece que te devolveré a tu padre ¿para qué quiero yo una mujer inútil?

La pobre princesita se puso a llorar a lágrima viva. Nunca se había sentido tan poca cosa, tan torpe, tan humilde, tan inútil, como dijera su marido. Este, conmovido por sus sollozos, se ablandó un poco y poniéndole una mano en el hombro le habló:

—Bueno, está bien no llores más. No te devolveré a tu padre. Mira, creo que hay algo que podrías hacer bien.

—¿Sí? —preguntó ella todavía sollozando y secándose las lágrimas con una punta del vestido—. ¿Qué es?

—Te voy a poner un puesto de vendedora. Con la plata que hoy obtuve tocando la mandolina, te compraré unos cacharros de barro, para que tú los vendas en el mercado. ¿Qué te parece?

El marido estaba muy contento de la idea que se le había ocurrido. Pero su mujer cansada de lo que estaba obligada a hacer, se rebeló.

—¡No voy a exponerme en el mercado a que todos me vean! —gritó— ¿Olvidas acaso que soy hija del rey? ¿Qué pasaría si alguien me reconoce?, menuda humillación sufriría yo. Todos se burlarán de mí, diciendo: —Miren a la princesa, expulsada por su padre de palacio y vendiendo loza en el mercado.

El hombre contempló a su mujer que se paseaba haciendo grandes gestos mientras hablaba y frunció el ceño. Cuando ella terminó, la tomó del brazo con fuerza y le dijo con furia:

—Escucha, gran princesa, acostúmbrate a tu nueva vida. Ya no eres más princesa ni nada. Eres mi mujer y es la última vez que te opones a lo que yo diga. Si es necesario, te obligaré a que respetes mis decisiones a palos. ¡Me importa un rábano que hayas sido una princesa!

Naturalmente que al otro día la ex princesa estaba vendiendo platos y cazuelas en el mercado. Al cabo de unas horas comenzó a tomarse en serio su papel de vendedora y agarrándose el delantal con una mano en la cintura, pregonaba:

—Vean señores, la linda loza que traigo. ¡Pasen y vean, señores, y qué barata!

Estaba entusiasmándose con su tarea, cuando de pronto apareció un soldado a caballo. Iba montado en un brioso corcel y tenía apariencia de estar borracho. Sin poder dominar al animal se fue sobre el puesto de loza que tenía la novata vendedora, destrozando todo lo que encontró a su paso.

Cuando el soldado se alejó y la princesa pudo recobrarse de su estupor, se fue a la humilde cabaña que compartía con su marido a llorar su desesperación. El marido llegó a los pocos minutos. Ya estaba enterado de lo ocurrido y sin consolar a su mujer, le dijo brutalmente:

—¡Bueno, basta, con llorar no se arregla nada! Hay que pensar en otra cosa y yo ya lo hice. Estuve hablando con un amigo para ver si te conseguía algo. Así que lo veré ahora. —Y sin preocuparse por las lágrimas de su mujer, salió en busca del amigo.

Cuando regresó por la noche, le contó:

—Te he conseguido algo. En el palacio necesitan una fregona para los platos y demás cacharros. Vas a ir mañana mismo y tendrás mucho cuidado de no perder este empleo, a riesgo de que te eche al camino a morirte de hambre. No es mucho el trabajo, pero trabajarás por la comida, que es lo único que te darán. Tendrás pues, que sacar algo para mí, porque cada vez saco menos con mi mandolina.

La princesa no tuvo fuerzas para contestar y totalmente vencida, se fue a la cama.

Al día siguiente estaba trabajando en la cocina del palacio, donde antes reinara. Varios días estuvo realizando tan humildes tareas y para poder guardar comida para su esposo, se colgó debajo de las faldas unos potes e iba echando en ellos, lo que podía sacar sin que la vieran. Y hasta se sintió feliz cuando alguna vez pudo llevar a su marido alguna cosa extra.

Llegó el cumpleaños del rey, que su hija bien recordaba, y en palacio prepararon la fiesta. Se adornaron los distintos salones del castillo y se elaboraron exquisitos manjares.

Llegaron muchísimos invitados y la servidumbre estuvo muy ocupada. Sin embargo tenía algún tiempito para asomarse discretamente a las puertas de los salones y contemplar el baile. Entre los criados y cocineros estaba la otrora vanidosa princesa, quien no se pudo sustraer a la tentación de asomarse a ver los lugares por donde antes paseara su altiva figura.

Una amargura enorme la embargaba pensando en todo lo que había perdido y que ella, solamente ella, era la culpable de su desgracia. Se dio cuenta que ya era demasiado tarde para volver atrás, que debía afrontar a lo que viniera de ahora en adelante con valentía al lado de su pobre mendigo.

Así giraban sus pensamientos mientras contemplaba el deslumbrante salón, cuando le pareció que una elegante figura avanzaba hacia ella. Como tenía los ojos nublados por las lágrimas, se los restregó pensando que veía mal. Pero el apuesto caballero seguía avanzando. Vestía un rico traje adornado con fina pedrería. Ella quiso retroceder, pero héte aquí que el caballero la tomó de una mano y la sacó a bailar. Los invitados quedaron sorprendidos, pero más lo estaba la princesa que se vio bailando en medio de un salón radiante con sus sucios y viejos vestidos. Extrañada y asustada miró el rostro de quien la eligiera por pareja. En ese momento creyó que todo era una horrible burla para destrozar aún más su corazón, porque el caballero con quien estaba bailando era nada menos que ¡el Rey Cuervo!

Terriblemente avergonzada quiso soltarse, pero el Rey Cuervo la asió fuertemente de una mano. Para colmo de males, como ella hizo desesperados esfuerzos por soltarse, se le cayeron los potes de comida que guardaba para su marido.

En medio de tremendas carcajadas de los presentes, la princesa que ya no podía sufrir más tanta humillación, corrió hasta un rincón de la cocina donde poder esconderse. Pero hasta allí la siguió el Rey Cuervo y mientras ella sollozaba con el rostro entre las manos y de cara a la pared, él llegó a su lado y le dijo suavemente:

—Princesa...

Al oír el tono con que pronunciaba aquella palabra, la princesita se estremeció porque creyó reconocer esa voz.

El la hizo girar y le quitó dulcemente las manos de la carita tiznada.

—Mírame bien, ¿no me reconoces? ¿No sigo siendo acaso el mismo mendigo con quien te casaste? ¿Y no soy también el mismo Rey Cuervo, como me bautizaste? ¿Te sorprende? Te explicaré. Yo estaba muy enamorado de ti y creí entender que más allá de tus burlas, yo te gustaba un poco. Se lo dije a tu padre y él me confesó que también le había parecido pero que no te decidías y que tu vanidad y orgullo lo tenían muy preocupado. Que él hubiera estado muy de acuerdo en darme tu mano, pero tenía que darte una lección. Por eso, los dos estuvimos de acuerdo en este plan. También fui yo el soldado borracho que te destrozó el puesto de loza.

La cara de la princesa pasaba por todos los colores mientras el Rey Cuervo hablaba. La vergüenza, la rabia, el amor, la comprensión se juntaba en su alma y comenzaba a comprender muchas cosas.

En la puerta de la gran cocina, el rey, algunos invitados y la servidumbre contemplaban la escena.

El Rey Cuervo la tomó por la cintura y le dijo:

—Por fin he domado tu soberbia, hermosa niña. Has sufrido mucho y te arrepientes de tus feos defectos, por eso es hora de terminar con tus angustias —y dándose vuelta hacia los presentes que habían oído todo, les dijo:

—Señores, les presento a la bellísima esposa del Rey Cuervo.

El rey abrazó a su hija enternecido. La princesita subió a sus antiguos aposentos seguida de sus damas de honor que lloraban de felicidad y que la vistieron con sus mejores prendas y joyas. Cuando volvió al salón, al lado de su marido, éste la invitó a bailar y mientras danzaban, ella preguntó:

—¿Crees que sabré gobernar, ahora, esposo mío?

—Creo que has aprendido mucho —le contestó el Rey Cuervo. Y ella sonriendo exclamó:

—Aconsejaré a las mujeres de mi pueblo que se busquen un marido tan justo como el mío.

—Y yo enseñaré a los maridos que tengan mujer tan orgullosa, cómo tratarla.

Riendo los dos, salieron abrazados al jardín de palacio.

EL AHIJADO DE LA MUERTE

Un pobre campesino tenía diez hijos a los que apenas podía alimentar. Para colmo de males, su mujer le anunció la llegada del undécimo niño.

Cuando el pequeño nació, el padre afligido se preguntaba cómo podría solucionar el problema de la comida. Los otros diez apenas se echaban algo en el estómago y este último era un bebé grande y comilón que se pasaba el día chupándose el dedito porque no estaba nunca satisfecho.

Piensa que te piensa, al padre se le ocurrió una idea para solucionar la vida de su benjamín.

—Le buscaré unos buenos padrinos —se dijo—. Que tengan dinero, puedan alimentarlo bien y vestirlo. Así partió, tratando de encontrar en su viaje padrino para su hijo.

Al primero que encontró fue a Jesús. Paseaba por los verdes campos y saludó al campesino.

—¿Qué andas haciendo buen hombre? —dijo Jesús—. ¿Y en qué puedo ayudarte?

—Ando buscando padrino para mi hijo —respondió el campesino—. Perdone que no se lo proponga a usted. Pero siendo usted Dios, pudo haber repartido mejor las riquezas y no hacer unos muy ricos y otros muy pobres.

Jesús sonrió comprensivamente. Entendía las razones que tenía el hombre para no darle de ahijado a su hijo, pero él sabía que con el tiempo se habían desfigurado tanto sus enseñanzas, que mucha gente ya no las comprendía. Pensó que él siendo Dios, no había repartido ninguna riqueza material, eso lo habían hecho los hombres y eran ellos los que debían arreglarlo. Su tarea ahora era ayudar a los hombres justos que querían hacer la vida igual, para todos. Pero también entendió que era muy largo de explicar y que aquel hombre tan preocupado necesitaba una solución inmediata, por lo que contestó:

—Está bien, eres dueño de elegir el mejor padrino para tu hijo. Te bendigo—. Y desapareció.

Continuó el hombre su camino y se encontró con Satanás. El diablo lo saludó muy afectuosamente:

—¡Hola! —le dijo—. ¿En qué puedo serte útil, hombre?

—Ando buscando un padrino para mi hijo que acaba de nacer. Pero no creo que seas el más conveniente.—dijo el hombre.

—¿Por qué no? Lo trataré bien. Le daré todo el dinero que quiera. Conmigo puede gozar de todos los placeres de la vida.

—Sí, pero a cambio de su alma —dijo el campesino.

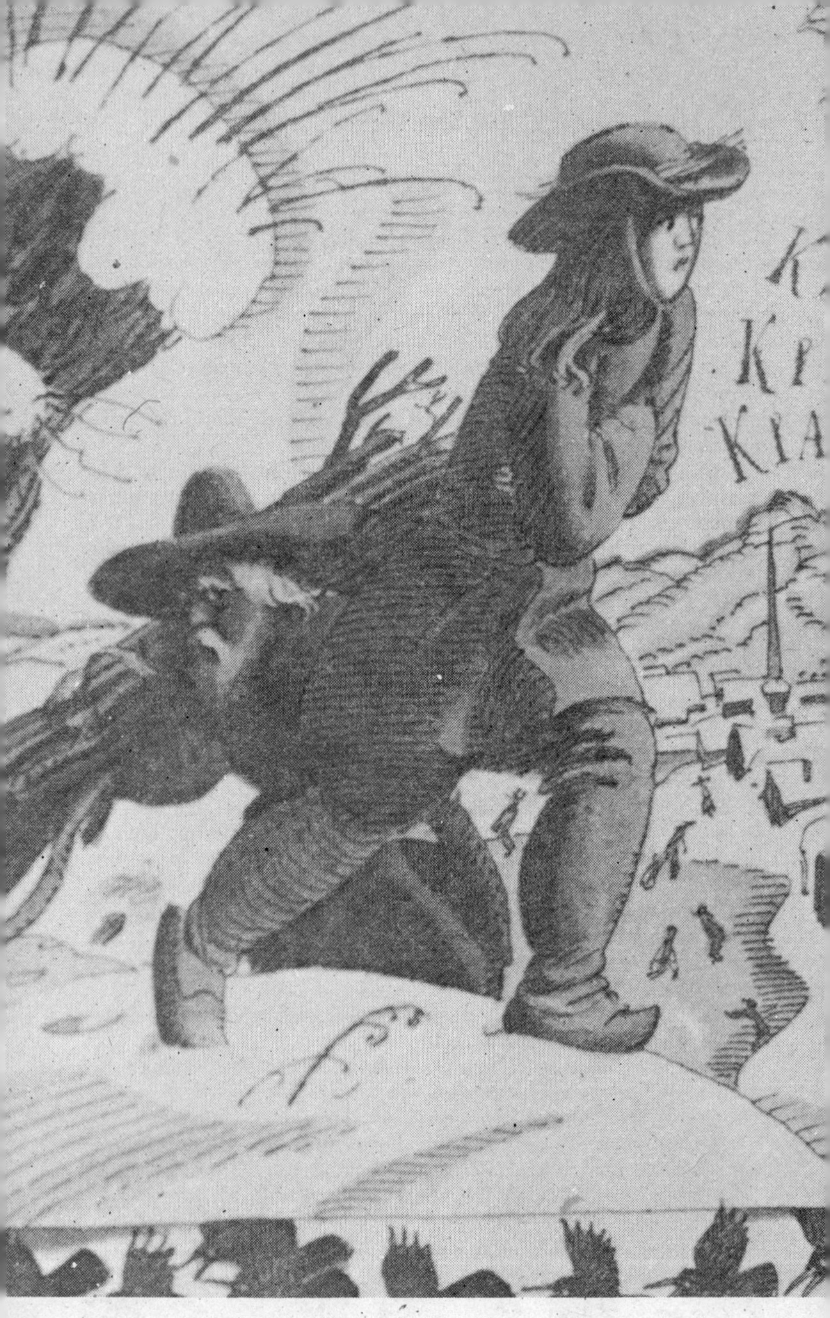

—De alguna cosa debo vivir —respondió el diablo.

—No, no te quiero para padrino de mi hijo —dijo el campesino.

—Como gustes —respondió el diablo—. Espero que no te arrepientas—, Y desapareció.

A poco de andar el hombre, se encontró en su camino con la Muerte.

—¿Qué buscas campesino? —preguntó la Muerte.

—Necesito un buen padrino para mi hijo.

—¿No quieres mejor una madrina? Yo lo cuidaría de todos los peligros y estoy segura de que no te arrepentirás —aseguró la huesuda.

—Pienso que sí, que te aceptaré —dijo el hombre—. Tú eres lo más justo que conozco: no distingues entre ricos y pobres, entre reyes y esclavos. A todos tratas de la misma manera..

—Haces bien en aceptar —dijo la muerte—. Todos los que están bajo mi protección se vuelven célebres y poderosos.

—Está bien. Acepto. ¿Qué te parece si realizamos el bautismo el domingo?

—Me parece excelente —contestó la Muerte.

Apenas se pusieron de acuerdo, se separaron. El domingo, como se había convenido se realizó el bautizo. El padre estaba contento y la Muerte fue una buena madrina como lo había prometido.

Pasaron los años. El niño creció hermoso y fuerte. Cierto día llegó su madrina de visita. Cuando vio a su ahijado lo invitó a dar una vuelta por el campo. Estando los dos paseando, la Muerte le mostró una planta al muchacho.

—Toma esta planta —le dijo—. Quiero que seas médico y con ella cures a todos los que acudan a ti por sus enfermedades. Aunque sean desconocidas e incurables, tú podrás hacerlo con esta planta que hoy te regalo. Te llenarás de dinero y tu fama recorrerá el mundo. Pero eso sí, habrá una condición que no podrás eludir: cuando te llamen a la cabecera de un enfermo y allí me veas a mí, te cuidarás muy bien de no darle nada. Ese enfermo es para mí y no puedes disputármelo. Sólo tú me verás y sabrás que estoy allí, por lo tanto no deberás sanarlo sea quien sea. Tienes que tener mucho tacto y no desobedecerme porque te podría costar muy caro.

El ahijado prometió cumplir con lo que se le pedía y la Muerte dándole un frío y tierno beso en la frente se alejó.

El joven ayudado por su madrina pudo estudiar y se recibió de médico. Aplicando lo que la Muerte le enseñara, comenzó a cobrar fama entre doctores viejos y jóvenes, que al principio se burlaban de él, pero pronto lo vieron como un científico al que había que respetar.

Todos hablaban de él.

—Realmente, más que curar, realiza milagros —decían unos.

—Le basta mirar al enfermo para saber si curará o no —comentaban otros.

En efecto, le bastaba al joven encontrarse o no con su madrina para saber si el enfermo podía recuperarse o si había llegado el fin de sus días.

Por supuesto que enriqueció en poco tiempo. Todos los nobles de aquel país sólo querían atenderse con él. Sus padres y sus diez hermanos dejaron de pasar penurias, enriquecidos también con su dinero. Cuando no supo qué hacer con tanto oro, se compró un hermoso palacio y contrató una cantidad enorme de criados.

Sucedió que un día lo llamaron para asistir al rey que se había visto atacado de pronto por un extraño virus. Todos los demás médicos lo habían desahuciado, por lo que conseguir la curación de tan real personaje era un reto a sus virtudes. Cuando llegó a palacio se encontró en la puerta de la habitación con un conciliábulo de médicos.

—Sólo nos queda la esperanza de que usted pueda hacer algo, doctor —dijo el más veterano de ellos—. Todos nuestros esfuerzos han sido inútiles.

—Está bien —contestó el joven—. Déjenme ver el rey a solas.

Apenas entró en la habitación, vio en la cabecera de la cama del rey a la Muerte. Esto lo disgustó mucho. Era cuestión de honor triunfar donde otros habían fracasado y en algo tan importante como la vida del rey. Vaciló unos momentos sin saber qué hacer, finalmente decidió desobedecer a su madrina. Pensó que ella se enojaría mucho pero finalmente lo perdonaría.

Preparó el jugo de la misteriosa planta y se lo dio a tomar al rey. Al poco rato éste se restablecía y descansaba tranquilo de la larga fiebre que había padecido.

Esto llevó al ahijado de la Muerte a la cúspide de la fama. Los demás médicos quedaron asombrados ante su capacidad.

Cuando llegó a su casa se encontró con su madrina que lo estaba esperando. Lo miró de una forma que lo hizo estremecer mientras le increpó:

—Me desobedeciste. ¿Cómo te has atrevido?

—Es cierto, madrina. Quería salvar su vida, no lo pude evitar.

—¡Sí que pudiste! —dijo la Muerte indignada—. Si no hubiera sido un rey, no te hubiera preocupado tanto.

—No sé —dijo el médico reflexionando—. Me gusta eso de

tener en mis manos la vida de otros. Me has dado poder y ahora me cuesta controlarme.

La Muerte se acercó y puso su huesuda mano sobre el hombro del muchacho.

—Ten cuidado —le dijo—. Tu poder termina donde empieza el mío. No te olvides de eso porque la próxima vez seré inflexible y no te perdonaré.

—Está bien —contestó el joven obediente—. No lo haré más.

La Muerte se alejó. Pasado algún tiempo cayó enferma la princesa, hija única del rey. Este llamó al médico que le había salvado la vida y le prometió:

—Si la salvas, te concederé su mano y podrás casarte con ella.

El médico no dijo nada y entró a la habitación donde la hermosa y enferma princesa reposaba. Su respiración era muy agitada y el joven se dio cuenta que su estado era grave. Se sentó en la cama a su lado y le tomó el pulso. Ya iba a levantarse a preparar su secreta medicina, cuando levantando la vista vio en la cabecera a su madrina.

—¡Oh, no! —dijo y cerró los ojos—. Cuando los abrió vio que la Muerte lo miraba severamente y con ojos amenazantes. Pero un deseo tremendo de desafiarla lo animó. "Me perdonará", se dijo. "No puedo dejar que tan bella princesa muera y yo no pueda ser su esposo".

Tratando de no mirar a su madrina, quien lo observaba con dura expresión, preparó el brebaje el cual dio a beber en pequeños sorbos a la enferma.

El rey desbordó de alegría cuando vio a su hija repuesta y todo el palacio admiró una vez más al increíble doctor. El rey anunció entonces que pronto se realizaría la boda de la princesa con su salvador.

El médico llegó a su casa y allí encontró a su madrina esperándolo. Esta lo tomó de un brazo y se lo llevó consigo. Llegaron a una enorme cueva cuyo suelo estaba plegado de velas de todos los tamaños. Permanentemente se apagaban millones de ellas y otras tantas brotaban del suelo y se encendían solas, semejando un mar de fuego cuyas olas suben y bajan en incansable marea.

—¿Qué es esto madrina? —dijo el médico asustado—. ¿Y por qué me traes aquí?

—Esas luces que ves son vidas humanas. Las velas grandes corresponden a la vida de los niños, las medianas a las de los hombres y las pequeñas y casi consumidas a la de los ancianos.

—¿Eso quieren decir? —preguntó temeroso—. ¿Y cuál es la mía?

—¿Quieres saberlo? ¡Pues ésa! —dijo la Muerte señalando una vela que estaba a punto de extinguirse y en la que titilaba una débil llamita.

—¡Esa! —exclamó el joven temblando. Y volviéndose hacia su madrina le rogó—: No dejes que se apague. Justamente ahora que puedo llegar a ser rey, que me voy a casar con una hermosa princesa.

—Te dije que no me desobedecieras —contestó la Muerte.

—No lo haré más. Te prometo que no lo haré más. Te devolveré la planta si así lo quieres para que no caiga otra vez en la tentación, pero coloca otra vela para mí, por favor.

—No puedo. Mi poder también tiene límites.

Y apenas la Muerte dijo esto, la luz se extinguió. El joven médico cayó sin vida a los pies de la que había traicionado.

Con él murió el secreto de la planta porque la Muerte jamás quiso ser madrina de ningún otro ni revelar el secreto a nadie por temor a ser desafiada otra vez.

CRISTÓBAL VON SCHMID

Como sacerdote, maestro y escritor, Cristóbal Von Schmid —nacido en Alemania en 1768— tuvo una vida ejemplar. Todos sus actos demostraban la bondad de su corazón y la pureza de su espíritu profundamente cristiano.

Los "Cuentos para los niños" de este autor, han sido traducidos a casi todos los idiomas.

Una de sus novelas más famosas ha sido "Genoveva de Bravante", en la que Genoveva representa la bondad y la fuerza moral y Golo, el odioso perseguidor de la condesita Genoveva, es la imagen de la maldad y el castigo.

Todas las obras del padre Schmid encierran un mensaje moral que se insinúa a través de los diferentes sentimientos humanos: la ternura, el amor, el odio, el egoísmo, la fe.

Cristóbal Von Schmid murió en Ausburgo, en 1855.

LA DESOBEDIENCIA

Hace mucho tiempo que sucedió lo que aquí voy a relatar, pero pensando que puede servir de ejemplo y es instructivo para todos, he decidido contarlo.

En medio de un espeso bosque vivía un carbonero llamado Roberto. Su cabaña reposaba sobre una enorme roca y la había construido él mismo de olorosa madera que fabricó de los árboles que se alzaban gigantescos por encima de la pequeña vivienda.

El lugar era muy solitario y, con excepción de la cabaña, el único edificio que se alzaba por los alrededores era un viejo castillo abandonado, destruido casi totalmente por el paso de los años y del que sólo quedaban en pie algunos muros y columnas y una torre que apenas se conservaba entera. Los únicos habitantes de las ruinas eran murciélagos, lechuzas y algún que otro animalito salvaje que buscaba un refugio.

Todo el paisaje sin embargo era digno de admiración y provocaba curiosidad el olvidado edificio que seguramente lució su esplendor en pasadas épocas. Sin embargo, la gente del pueblo no se acercaba demasiado temiendo que un súbito derrumbe de sus paredes pudiera alcanzarlos y herirlos y también por cierto miedo supersticioso de encontrarse con fantasmas o almas en pena. De manera que nadie se había aventurado nunca por entre las atractivas ruinas del viejo castillo.

Roberto con su buena y trabajadora esposa Camila, tenía dos hijos: una niña llamada Rosa y un varón de nombre Antonio. Vivían en aquel paraje solitario muy contentos y felices.

El padre cortaba la leña y hacía carbón. La madre, además de las tareas de la casa, hilaba y tejía. Antonio cuidaba un pequeño rebaño de cabras y Rosa cuidaba algunos cerdos y gallinas.

Los mismos padres enseñaron a los niños a leer y escribir, a desarrollar los mejores sentimientos para con el prójimo y aun con los animales. En medio del trabajo, del cariño y de la paz hogareña, transcurría la vida de aquella buena familia.

Todos se sentían conformes y felices. Tenían lo suficiente para comer, vestirse, se querían mucho y se llevaban bien. Por lo tanto la tranquilidad y la paz reinaban en aquella casa.

Mientras Antonio cuidaba sus cabras, gustaba de recorrer el lugar donde del terreno rocoso asomaban a veces, ramas petrificadas y rodaban piedras de hermosos colores. Antonio las recogía para vender a algunos turistas que se aventuraban por la zona.

Después de terminar su trabajo, Antonio ayudaba a su padre a hacer carbón y los dos se entretenían charlando. El carbonero sabía muchas historias y cuentos y le gustaba relatárselos a su hijo. Este tenía una imaginación prodigiosa y escuchaba embelesado, soñando con aventuras y episodios novelescos y fantásticos.

Al mismo tiempo, el padre aprovechaba para instruir a su hijo sobre las dificultades y los obstáculos que se presentan en la vida. Lo aconsejaba y lo advertía haciéndole ver cómo debe comportarse un buen hombre prudente y trabajador.

Un día, después de escuchar a su padre, Antonio le comentó:

—Papá, mañana cuando lleve las cabras, quiero acercarme al castillo abandonado que está cerca. Tengo una tremenda curiosidad por ver lo que hay dentro.

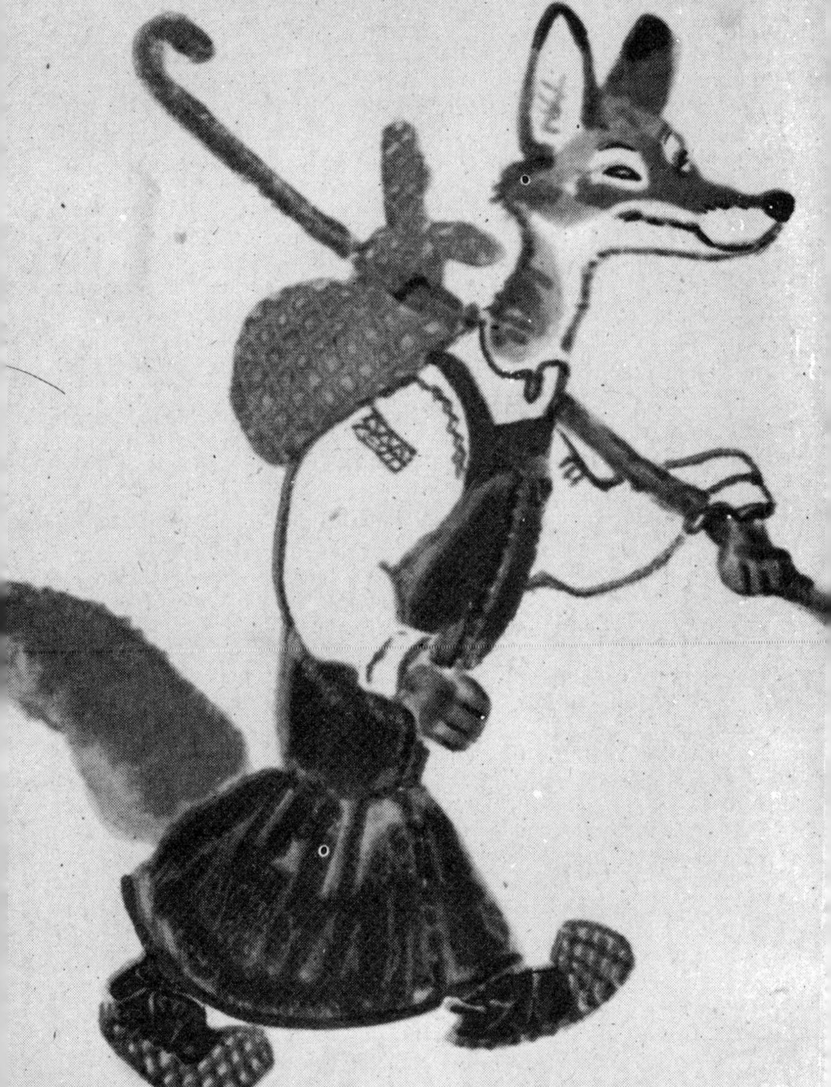

—No, Antonio. Ni se te ocurra —dijo el padre—. Ese edificio está muy viejo y puedes correr peligro de que se te caiga encima un pedazo de pared. No quiero ni pensar si te ocurriera una desgracia. No quiero que te acerques por ese lugar.

—¿Cómo es que lo dejaron abandonado, sin habitarla nadie papá? —preguntó el muchacho.

—Según cuenta la leyenda —dijo el padre— su dueño llevó una vida disipada y era un hombre despiadado y cruel. Murió ahorcado en una de las almenas del castillo y nunca nadie supo si lo mataron o se suicidó. Eso enseña que el que mal anda en la vida, mal acaba, hijo mío. Debemos ser siempre generosos y justos y no provocar la ira y el odio de los demás, ni de Dios.

Antonio prometió obedecer a su padre y no acercarse por las ruinas del castillo. Pero en el fondo de su alma, la curiosidad alentada por su poderosa imaginación creaban en el pequeño el oculto deseo de que algún día podría visitar el castillo abandonado donde se encontraría con seres maravillosos que lo harían vivir mil aventuras.

Un día estaba Antonio cuidando a sus cabras, cuando vio a sus pies a una pequeña zorra herida. Seguramente se había caído de un árbol lastimándose. La pobre se quejaba mucho por lo que debía dolerle.

Antonio conmovido por el pobre animal, la levantó acurrucándola tiernamente en sus brazos mientras le decía:

—¡Pobrecilla! ¡Qué golpe tan grande te habrás dado! Por suerte te has encontrado conmigo. No tengas miedo, yo quiero mucho a los animales y te voy a curar. Prométeme que te quedarás quietecita y no te moverás mientras trato de curarte.

El niño la curó y al regresar a su casa con las cabras, también se llevó a la zorra. Cuando la mostró a la familia, el padre le dijo:

—Qué linda zorrita. Debe ser pequeña, tendrá apenas unos meses. Es fácil de domesticarla. Si quieres la puedes tener en casa.

El muchacho se alegró de que su padre le dejara conservar la zorra y con todo cariño, se fue acostumbrando y al final seguía a todas partes a su amo, como un dócil perrito.

Jamás intentó escaparse a pesar de que el niño la llevaba a todos lados y la dejaba correr libremente. Desde que apareció la zorra, Antonio tenía una buena amiga con quien compartir el pan y el queso que su madre le preparaba todas las tardes cuando iba a llevar a pastar a las cabras.

La zorra creció convirtiéndose en un hermoso animal, de fino pelaje y gran cola, que sabía manejar con todo orgullo.

Todos los miembros de la familia se habían acostumbrado a ella, pero Antonio la adoraba. Un día la zorra, no pudiendo con su instinto, se comió una de las gallinas que cuidaba Rosa.

La madre se puso furiosa y quiso matarla, pero Antonio le rogó que no lo hiciera y finalmente decidieron regalársela a un herrero que venía a comprar carbón a Roberto.

Antonio no quería desprenderse de su zorra, pero su padre le dijo severamente:

—A un ladrón se le debe expulsar. Si algún día, que Dios no lo quiera, robaras tú algo, haría lo mismo a pesar de todo lo que te quiero.

El niño no respondió, pero cuando estuvo a solas con sus cabras en el bosque, lloró mucho porque extrañaba a su querida compañera.

Pasó el tiempo y Antonio se consoló de su pena, aunque nunca olvidó a su vieja amiga. Sí olvidó los consejos de su padre que le había prohibido acercarse al castillo abandonado. Hasta allí llegó con sus cabras y estuvo recorriendo los alrededores. Al atardecer, cuando quiso regresar a su hogar, notó que le faltaba una cabra. La buscó pero no logró dar con ella. Finalmente pensando que se había metido entre las ruinas, decidió entrar al castillo.

Atravesó la puerta de entrada que mantenía su marco intacto y recorrió los largos corredores, subiendo y bajando montones de escombros. Avidamente revisaba aquel lugar donde suponía que antaño hombres y mujeres, ricos y hermosos, habían danzado, paseado o muerto. Al pensar en esto, recordó la historia que le había referido su padre y un poco temeroso quiso regresar. Contemplaba por última vez una de las torres a la que no había podido subir cuando un murciélago voló rozándole la cara. El niño asustado salió corriendo, pero no se dio cuenta dónde ponía los pies y cayó rodando entre montones de escombros hasta un oscuro pasadizo subterráneo.

La violencia del golpe lo dejó atontado, cuando consiguió levantarse del suelo, sintió todo su cuerpo dolorido. Miró a todos lados tratando de ver en la penumbra y lo que observó lo llenó de asco y temor. El subterráneo estaba plagado de sapos, murciélagos y lagartijas.

Sintió una gran desesperación por salir de allí y comenzó a gritar pidiendo auxilio, pero sólo le contestaba el eco de su voz rebotando en las viejas paredes de las ruinas.

La noche se acercaba y la poca luz que quedaba del atardecer hacía el panorama tétrico. Antonio angustiado, gritó muchas veces más, pero sin resultado alguno.

Finalmente, agotado, se dio cuenta que tendría que pasar la noche en aquel lúgubre pasadizo. Se acurrucó en un rincón tratando de que no lo tocaran los sapos ni las lagartijas y haciendo la guardia contra los murciélagos. Por supuesto que no pudo pegar los ojos.

A la mañana, cuando asomó el sol, el niño comenzó a buscar desesperadamente una salida, pero por más que revisó el lugar, no encontró ninguna. Comenzó a pedir socorro nuevamente por si alguien acercándose pudiera oírlo, pero en vano.

Ante la idea de tener que pasar otra noche en aquellas condiciones, Antonio creyó morir y arrodillándose rezó desesperado:

—Dios mío, sálvame. Sácame de este lugar por favor. Prometo no volver a desobedecer a mi padre ¡pero haz que encuentre una salida!

Pasó el día angustiado y ni siquiera se le ocurrió comer el pedazo de pan que aún conservaba en su alforja de lo preocupado que estaba. Comenzaba a anochecer, cuando oyó unos leves pasos encima de su cabeza. Quiso gritar horrorizado y se desmayó. Cuando volvió en sí, sintió que algo le lamía la cara suavemente. Abrió un ojito con gran temor y ¡oh, alegría! Era su zorra, la que él había recogido en el bosque y amorosamente había curado.

—Pobrecita, no te has olvidado de mí —le dijo, y al acariciarla notó que tenía una soga atada al cuello. Seguramente la zorra la había roto al huir de la casa del herrero. Así pasaron los dos toda la noche abrazados. Esta vez Antonio tenía mucho menos miedo al estar acompañado por su amiga. A la mañana siguiente se dedicó a buscar el agujero por donde habría pasado la zorra. Al final lo halló y mientras él iba tomado de la soga que el animal tenía atada al cuello, la zorra lo llevó a través de oscuros pasillos hasta la luz del día.

Apenas salieron, Antonio se arrodilló abrazando a la zorra y dando gracias a Dios por haber podido salir de aquella horrible cueva. También pensó que ahora comprendía a su padre por no dejarlo andar por los alrededores del castillo.

Mientras el niño emprendía el camino de regreso a su casa con su amiga, los afligidos padres ya creían que le había ocurrido lo peor. Al ver que las cabras volvían solas a la casa, lo buscaron por todas partes y al no encontrarlo pensaron que podía haber muerto o haber sido robado por algún malhechor.

Esa mañana, al ver que había pasado la segunda noche sin noticias de Antonio, estaban los tres reunidos en la cocina.

—Tendré que ir a pedir ayuda para buscarlo más lejos,

incluso dentro del castillo —dijo el padre.

La madre y la hija estuvieron de acuerdo. Las dos mujeres tenían los ojos rojos de haber llorado al pensar en el desaparecido niño.

En ese momento, cuando el padre se disponía a salir, llegó Antonio con la zorra y echándose en brazos de los suyos, lloró de alegría.

A la hora de la cena, estando todos reunidos, Antonio relató su aventura angustiosa y los terribles momentos que había pasado.

—¿No te hiciste ningún daño? —preguntó la madre.

—No —contestó Antonio—. Quedé un poco magullado, pero fué el miedo que pasé.

Y el padre dijo:

—Tuviste suerte con tu zorra. Te devolvió el favor por haber sido tú tan generoso con ella y salvarle la vida.

—Y ahora ella me la salvó a mí —contestó el niño.

—Ya ves cómo es importante ser caritativo y ayudar al necesitado, al desamparado. Si eso hacemos con los animales ¡qué no debemos hacer con los seres humanos! Ante Dios somos todos iguales y sólo la calidad de nuestras acciones nos distinguen ante él. El hombre sólo es el producto de lo que realiza y cómo lo realiza. Cada uno recibe, espiritualmente, lo que da. Si uno ha hecho algo mal, pero guiado por una buena intención, al tiempo esto es reconocido y perdonado. Pero si la intención es mala, el castigo vendrá a la larga o a la corta.

Y recordando a Antonio las recomendaciones que le había dado para que no se acercara al castillo, concluyó:

—Tú tuviste tu castigo al desobedecerme, pero como tu intención no era dañina, acudieron a ti para ayudarte, los seres a quienes antes habías favorecido. Ya lo ves, como de alguna manera se hace justicia. Y cuando los hombres fallan en ejercerla, Dios se hace cargo.

Antonio conmovido por las palabras de su padre, le pidió perdón por haberle desobedecido.

A la mañana siguiente, el herrero llegó a casa del carbonero, buscando su zorra y al verla junto al muchacho, le dijo:

—Ah, bandida, extrañabas a tu antiguo dueño ¿eh?

Antonio le contó lo que había sucedido y le dijo que no deseaba esta vez desprenderse de su querida compañera. El herrero comprensivo, contestó:

—Está bien, es lógico, muchacho. Eso sí, te traeré una cuerda para que ates a esa zorra y no se coma las gallinas.

Y mientras los dos reían, la zorra movía su hermosa cola con alegría.

LAFCADIO HEARN

Este autor, de finísima sensibilidad, nació en una isla del archipiélago jónico en 1850 y murió en Japón en 1904.

Al quedar huérfano, fue educado por sacerdotes y dominó perfectamente el latín.

De gran temperamento y con un inquieto espíritu investigador, llegó hasta los Estados Unidos donde trabajó como periodista y escritor.

En 1887 estuvo en la India y en 1890 llegó al Japón donde se enamoró de una japonesa con la cual se casó. Fascinado con las costumbres de este último país, cambió su nombre griego y tomó el de Yakumo Koizumi, adquiriendo además la ciudadanía nipona.

Por su labor de difusión en toda Europa de las maravillas artísticas de su patria adoptiva, fue designado catedrático en la Universidad Imperial de Kioto.

Hearn —o Koizumi— recogió hermosas leyendas orientales, llenas de encanto y ternura, como *El alma de la gran campana* y la *Historia del dios de la porcelana*.

EL ALMA DE LA GRAN CAMPANA

En el palacio de Pekín hay una campana, que es la más grande del mundo. La hizo fundir el Emperador de la Brillante Alegría en el año 1406 de nuestra era, bajo el reinado de Joug-Lo.

Todos los niños de la vieja China conocen la leyenda de la gran campana y ninguno ignora por qué ella siempre repite "¡Ko-Ngai!... ¡Hiar!..."

En un discurso escrito por el sabio Criálida —Piedra Preciosa de Cantón—, que hablaba sobre el amor filial, así se relataba la leyenda de la Gran Campana.

Hace 500 años el Hijo del Cielo, el Emperador Seda-Brillante, de la Dinastía Ilustre, ordenó al Pluma-Enhiesta, un respetado mandarín de China, que hiciera fundir una enorme campana, tan grande, que su sonido pudiera oírse a cien li de distancia.

El celestemente augusto Hijo del Cielo entregó asimismo las instrucciones donde ordenaba que se agregara cobre al hierro para dar a la campana una potente voz de oro y plata para hacerla más profunda y más suave.

También eligió las inscripciones que debía llevar a su alrededor la Gran Campana. Eran todos versículos sacados de los Libros Sagrados. Y dispuso que una vez finalizado el trabajo, se la colocara en el centro de la Capital del Norte, para que semejando un gran corazón que impulsa las arterias, sus latidos se sintieran a través de las pintorescas calles.

El famoso mandarín Pluma-Enhiesta se encargó de cumplir con el mandato. Para ello reunió a los más prestigiosos fundidores del Imperio, los cuales eran grandes maestros en su oficio. Cuando estuvieron todos de acuerdo en cómo realizar el trabajo, prepararon la proporción de los metales, los moldes, los instrumentos y los gigantescos crisoles para la fundición.

Finalmente encendieron los fuegos y muy atentos estuvieron velando día y noche, cuidando los más mínimos detalles de tan importante obra que debía complacer al Hijo del Cielo.

Sin embargo, pese a los exquisitos cuidados de los maestros fundidores, cuando separaron el molde de arena del metal incandescente, vieron con gran decepción, que los metales continuaban separados, el oro no se aleaba al cobre y la plata tampoco quería hacerlo con el hierro. No lo podían creer, pero tenían que empezar de nuevo.

Dos días y dos noches ensayaron nuevas combinaciones de metales. El Hijo del Cielo al saber la noticia, se indignó pero no dijo nada y se decidió a esperar.

Los maestros volvieron a renovar la colada. Y ¡oh, espanto! El resultado fue peor que la primera vez. La campana parecía un rompecabezas mal hecho, se resquebrajaba y su aspecto era tan desastroso, que con gran pena Pluma Enhiesta y los maestros fundidores tuvieron que recomenzar su labor por tercera vez.

Cuando el hijo del Cielo se enteró, no pudo contener su enojo. Envió un mensaje a Pluma Enhiesta en una hoja de seda amarillo-limón y con el Sello del Dragón que decía:

"El poderoso Alegría Deslumbrante, el Celeste, Augusto y

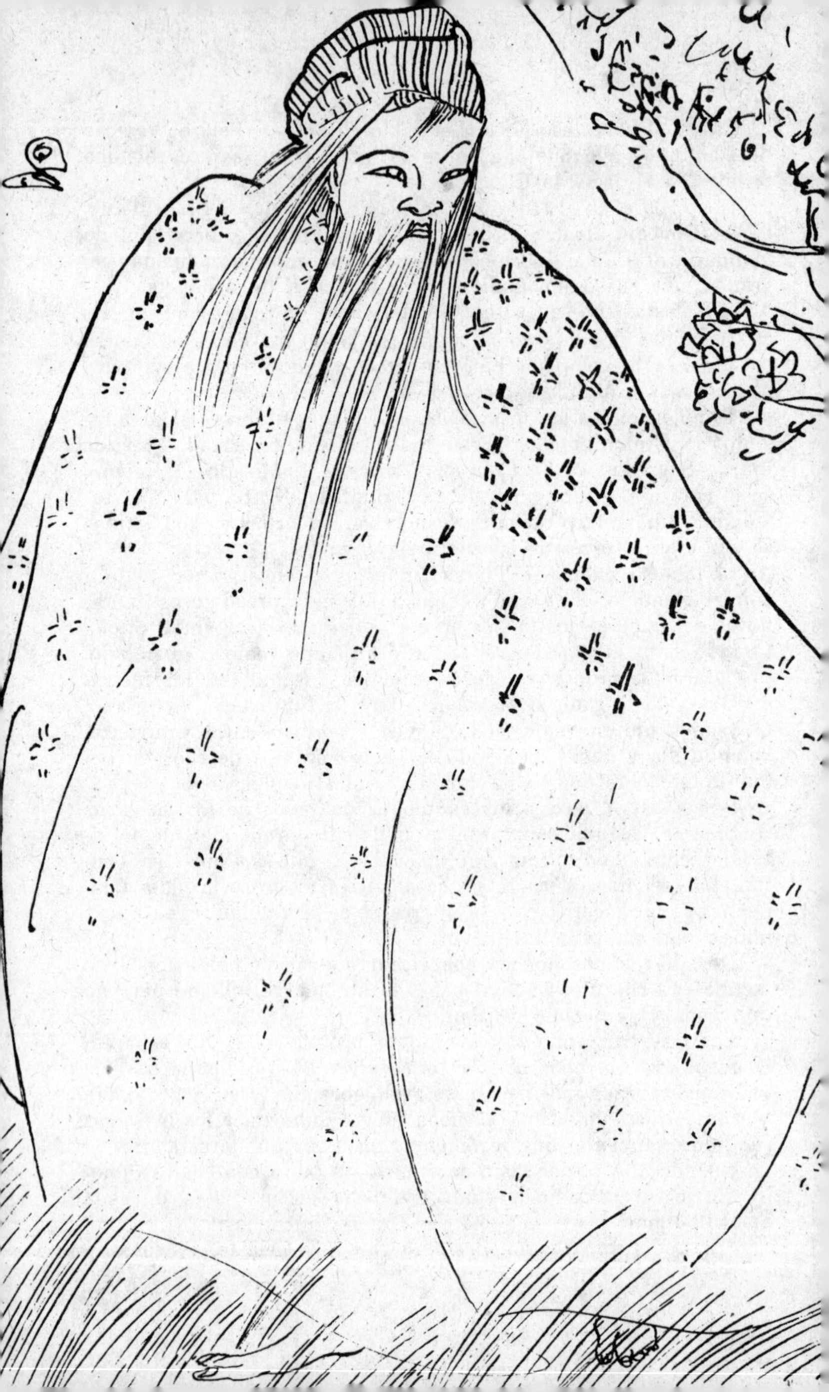

Sublime Antepasado, cuyo reinado es llamado Ilustre, dice a Pluma Enhiesta: Has traicionado dos veces la confianza en ti depositada. Si cometes un error te será cortada la cabeza ¡Tiembla y obedece!".

El digno mandarín Pluma Enhiesta tenía una hermosísima hija, llamada Adorable. Los hombres del pueblo la admiraban y los poetas le dedicaban sus obras a esta joven que tenía un corazón tan bello como su agraciado rostro. Adorable quería tanto a su padre, que había despreciado a muchos pretendientes para no abandonarlo.

Cuando la joven leyó el mensaje del Hijo del Cielo a su padre, se desvaneció. Esa misma tarde, cuando se hubo recuperado, salió a vender alguna de sus alhajas y con el dinero conseguido fue a visitar a un astrólogo.

Angustiada le contó los ensayos infructuosos de su padre y los maestros por fundir la Gran Campana y el amenazante mensaje del Hijo del Cielo. Le ofreció todo el dinero que había conseguido con la venta de las joyas, si le enseñaba una forma para salvar a su padre.

El astrólogo observó los cielos y auscultó la Vía Láctea con su río de plata centelleante. Examinó la Ruta Amarilla pasando por todos los signos del Zodíaco, consultó en los Libros Místicos de los Alquimistas, los cinco principios del Universo. Después miró a la joven largamente en silencio. Finalmente dijo:

—Hay una sola condición para que se casen el oro y el cobre, para que se unan el hierro y la plata...

—¿Cuál es? —preguntó ansiosa Adorable.

—Que la carne de una mujer virgen sea disuelta en el mismo crisol, que su sangre se mezcle con los metales en íntima fusión.

Adorable, con una gran tristeza en su alma, regresó a su casa. A nadie confió aquel secreto.

Llegó por fin el día en que se debía intentar la tercera y última colada para lograr la Gran Campana. Adorable junto con su dama de compañía se presentó en el taller donde estaba su padre observando y controlando junto con los maestros, el trabajo de los obreros. Las dos mujeres se colocaron en el estrado que dominaba todo el panorama y encima del gran crisol que contenía el metal en lava hirviente. Nadie hablaba. Se sentía el ruido de los instrumentos y el murmullo de las hogueras. El metal burbujeante comenzó a tomar un color purpúreo, luego se puso rojo como un atardecer; más tarde tomó un color dorado purísimo para terminar en un lago deslumbrante de blancura. Los obreros dejaron de alimentar las devoradoras llamas. Todos

141

miraron hacia el estrado donde Pluma Enhiesta observaba, tenso, para dar la orden de fundición.

Antes de que el mandarín levantara el brazo, un grito resonó por encima del fragor de las hogueras. El grito suave y claro como el canto de un pájaro, de Adorable.

—¡Por amor a tí, padre querido!

Y apenas la joven dijo esto, juntando las manos se arrojó en el río de lava incandescente que rugió al recibir su cuerpo y saltó en gigantescas gotas de fuego, desbordando el cráter de arena. Un ruido sordo como de truenos lejanos acompañó el torbellino de fuegos multicolores estremecido de relámpagos.

El padre de Adorable, enloquecido de dolor, quiso lanzarse detrás de su hija pero los obreros lo contuvieron. El hombre se desmayó y así lo llevaron a su casa.

En el estrado, solitaria, quedó la dama de compañía de Adorable, inmóvil, con los ojos clavados en la hornaza donde la joven había desaparecido. Todavía conservaba en su mano un zapatito de Adorable, un encantador zapatito de raso bordado de perlas y flores. Ella quiso instintivamente contener a su bella patrona en el momento en que se lanzara a la lava ardiente y sólo pudo retener aquel zapato. Y allí quedó atontada, sin poder creer en lo que había pasado, muda y quieta, mirando la hornaza sin verla.

Pese a todo, el mandato del Celeste y Augusto Hijo del Cielo se había cumplido. Los fundidores continuaron la tarea, aunque no creían que diera resultado. Sin embargo, el metal fulguraba blanquísimo, más puro que antes. Del cuerpo de la bella niña no quedaba rastros. Los maestros hicieron colar aquello en el gran molde para la campana y se produjo el milagro. Cuando el metal se enfrió una Gran Campana reluciente, de color más bello que ninguna otra, apareció a los ojos de todos, perfecta. El cobre, el oro, la plata y el hierro se habían fundido con el cuerpo de Adorable. Cuando probaron su timbre, sintieron un sonido más suave y profundo que las demás campanas. Resonaba más allá de la distancia de cien li como los truenos que anuncian las tormentas de verano y pronunciando un nombre de mujer: "¡Ko-Ngai!".

Desde entonces, se oye el tañido de la Gran Campana, con su larga queja, como si una mujer gimiera: "¡Hiai!".

Aún hoy, cuando se oye tañer la Gran Campana, la ciudad enmudece y escucha estremecida el sollozo de "Hiai". Las madres chinas se detienen con sus pequeños, señalándole la Gran Campana y les dicen:

—¡Escuchen! ¡Es Adorable que llora, está pidiendo su zapatito!

HISTORIA DEL DIOS DE LA PORCELANA

¿Quién fue el primer hombre que descubrió el secreto del jarrón maravilloso? ¿De aquel jarrón maravilloso? ¿De aquel jarrón que parecía de Kao-Ling y de Petum-tse, de hueso y carne, de esqueleto y de piel? ¿Quién fue que inventó los ladrillos puros y blancos como el hielo y la nieve de las montañas, llamados tun? ¿Quién arrancó a las rocas su carne y su polvo blanco de osamenta? ¿Quién fue el artista sublime que descubrió el divino arte de la porcelana?

Ese inventor fue Jarrón de Tierra Cocida, quien siendo antes un hombre, es ahora un dios. Los millones de artesanos que integran la gran corporación de alfareros todavía reverencian y admiran sus estatuas blancas como la nieve.

Jarrón de Tierra Cocida fue un humilde obrero de China, dueño de una maravillosa inspiración y de una paciencia infinita, se convirtió con el tiempo en un gran artista. Ensayando, combinando, retocando permanentemente sus obras era un creador incansable.

Algunos pensaron que era un alquimista y dominaba el secreto de los alfareros, llamado "Blanco y amarillo", que puede convertir a las piedras en oro. Otros creían que era un poderoso mago y podía hacer morir a los hombres con sus embrujos, escondiendo una silueta de ellos dibujada por él mismo, debajo del tejado de sus casas.

Muchos decían que era un astrólogo que dominaba los misterios de los Cinco Principios del Universo, lo que otorga poder hasta en la corriente de las estrellas, llamada Vía Láctea.

Hasta hombres más sabios, como aquellos que rodeaban a Hijo del Cielo cuyos conocimientos estaban por encima del común de la gente, admiraban y elogiaban la labor del artesano, diciendo que no había color ni forma en la naturaleza que Jarrón de Tierra Cocida no supiese imitar con su arcilla.

Un día, Jarrón de Tierra Cocida, envió al Celeste y Augusto Hijo del Cielo un regalo. Era un hermosísimo jarrón con tonos que imitaban los reflejos del metal en que la cambiante porcelana variaba de colorido a cada movimiento del que lo observaba.

El emperador, asombrado y deslumbrado por la belleza de aquel presente, interrogó a los príncipes y mandarines de la corte

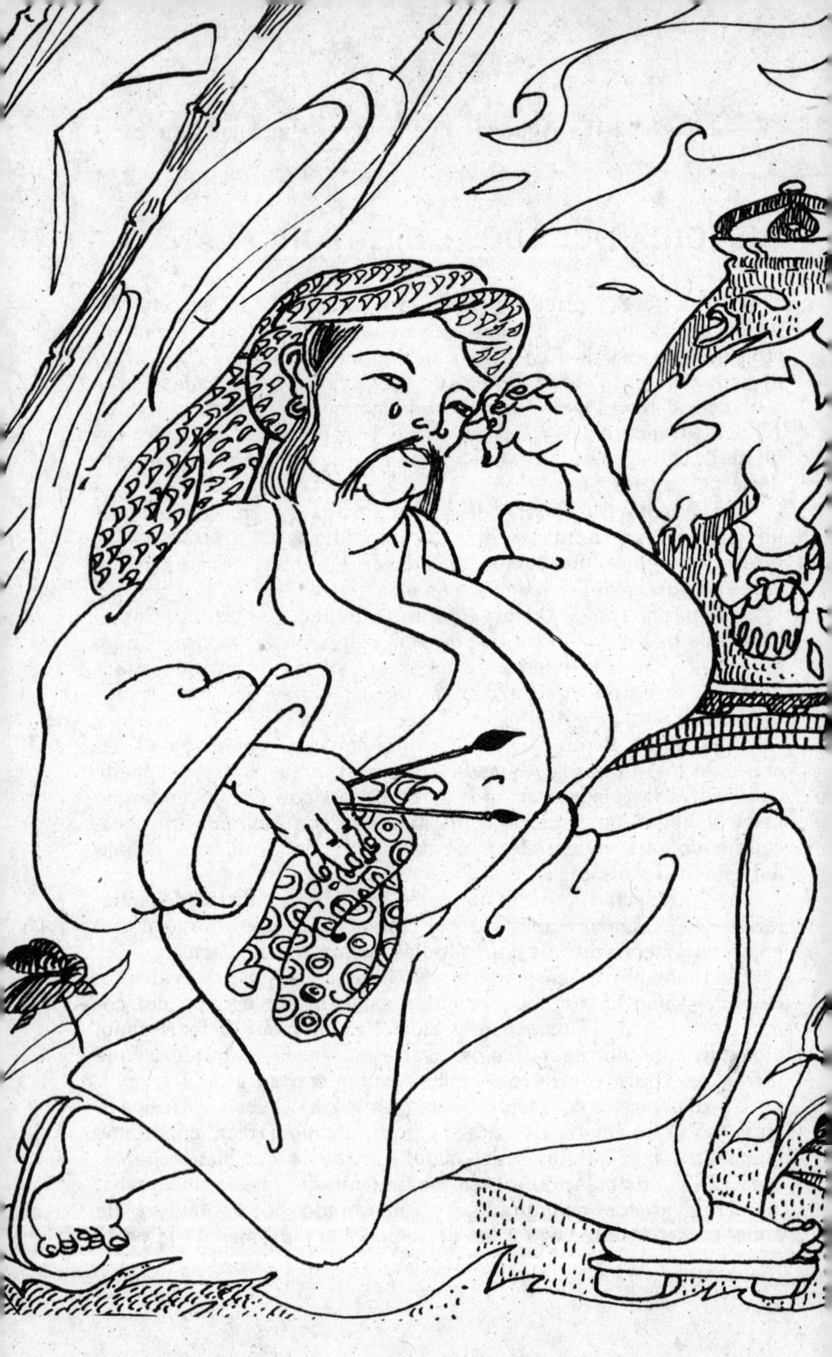

acerca del autor de aquella maravilla. Todos contestaron que era un artesano llamado Jarrón de Tierra Cocida, quien no tenía rival en su profesión. Algunos comentaron que poseía secretos que no sabían si se los habían otorgado los dioses o los demonios.

Hijo del Cielo envió un mensajero con el cometido de entregar un don imperial a Jarrón de Tierra Cocida y con la orden de que se presentara en palacio.

Cuando el alfarero entró en la Sala del Trono, humildemente se prosternó delante del emperador, tres veces se arrodilló tocando el suelo con la frente y esperó las palabras del ser Celeste y Augusto. Este le habló diciéndole:

—He aceptado tu obsequio con mucha admiración y gran placer. Para recompensarte, te he enviado cinco mil onzas de plata. Ahora quiero pedirte algo especial: te daré tres veces la suma que te envié, si creas para mí un jarrón que tenga el color y la apariencia de la carne viviente. Pero escúchame bien: una carne que pueda estremecerse ante las palabras de los poetas, una carne que vibre por una idea, que se conmueva por un pensamiento. Si has entendido bien, obedece y calla. He terminado.

Jarrón de Tierra Cocida se retiró preocupado. El era el artista más sutil para combinar colores, para dibujar motivos que luego los maestros coloristas esmaltaban en las decoraciones, era el más fino de los obreros "de los colores del cielo" para avivar los tonos que daban los trabajadores de los hornos a las porcelanas, pero pensaba que el misterio de la belleza de la carne y de aquello que la conmoviera era un secreto del Principio Supremo. ¿Cómo podría entonces conseguir dar a la carne muerta, el aspecto de la vida? ¿Quién, salvo el Infinito, podría entregarle un alma?

Mucho había descubierto Jarrón de Tierra Cocida: los matices nuevos, los encantadores contrastes que nos brinda la naturaleza y que sus manos de artista habían combinado extraordinariamente, ensalzando el tono de la rosa, el verde de los prados y las montañas, el amarillo dorado del sol, el azul del cielo y de las cumbres; encontró el tinte de las anguilas, el verde de las serpientes, el violeta de los pensamientos, el carmín, el lila, todos los colores que los maestros esmaltadores de Occidente buscaron sin éxito durante mucho tiempo, pero ¿cómo cumplir con el mandato del Hijo del Cielo? ¿Cómo podría él, un simple artesano dar a la arcilla la apariencia de la carne viva que se estremeciera al menor contacto, que reaccionara frente a una palabra o a la música? ¿Cómo atreverse a imitar al Fundidor Eterno que es capaz de moldear infinitos soles y planetas, en su modesto torno donde apenas hacía girar una humilde jarrita?

Pese a todo, la orden del Celeste y Augusto Hijo del Cielo debía cumplirse. Hizo todo lo que pudo para obedecer el deseo del emperador, sufriendo desesperadamente en aquellas pruebas inacabables. Pasó meses trabajando y suplicando a los dioses que lo ayudaran. Todo en vano. Invocó entonces al genio de la hornaza donde trabajaba.

—Oye, tú, genio del fuego. Ayúdame a cumplir con mi misión. ¿Cómo puedo yo, mísero de mí, infundir alma viviente a la arcilla? ¡Dímelo! ¿Cómo puedo hacer que esta materia inerte cobre la apariencia de la carne y se estremezca al murmullo de una palabra o se conmueva por un pensamiento?

Y el genio de la hornaza respondió en su lengua de fuego:

—Es muy grande tu fe, pero extraña es tu plegaria. ¿Tiene acaso pies el pensamiento que deje huellas que se puedan seguir? ¿Acaso puedes tú medir el soplo del viento?

Jarrón de Tierra Cocida guardó silencio, pero continuó en su resolución.

Cuarenta y nueve veces renovó el ensayo tratando de cumplir la voluntad del Celeste y Augusto Hijo del Cielo, pero ¡ay! todo fue inútil. Se agotaron sus reservas de material, sus fuerzas y su ciencia y su paciencia. Lo visitó la enfermedad, la pobreza y la miseria se instalaron en su hogar.

Muchas veces observaba borrarse los colores en una triste y cenicienta palidez mientras se realizaba la cocción o que se volvía oscura y sombría como la tierra de los bosques, en esos momentos, Jarrón de Tierra Cocida volvía a suplicar al genio de la Hornaza:

—¡Oh, genio, ayúdame! Si no lo haces, ¿cómo quieres que yo acierte con el tono de la carne viviente como quiere el Celeste Hijo del Cielo? ¿Cómo podré lograr la transparencia y la luz que requiere?

Y el Genio de la Hornaza volvía a contestar con sus frases llenas de misterio a través de sus lenguas de fuego:

—¿Acaso podrás aprender, si te ayudó el magnífico arte del Esmaltador Infinito que ha dado vida al Arco Iris, ese Esmaltador que usa la luz como pincel y matiza con los tonos del atardecer?

En ocasiones, lograba que la cubierta del jarrón animado por el calor, vibrara con la tonalidad buscada, como si fuera carne viviente, pero cuando comenzaba a enfriarse se quebraba en secas arrugas como el tronco de un árbol o se arrugaba con granulados como el pellejo de un pájaro muerto de frío.

Por el rostro de Jarrón de Tierra Cocida corrían calientes lágrimas y volvía a rogar al Genio de la Hornaza:

—Oh, Genio del Fuego, si no me ayudas, ¿cómo lograré imitar la carne que vibra estremeciéndose al sonido de la palabra?

Y el Genio de la Hornaza, contestaba con sus misteriosos murmullos de fuego:

—¿Acaso puedes darle alma a la piedra? ¿Puedes hacer que las entrañas de granito de las montañas se conmuevan por un pensamiento?

Alguna que otra vez parecía que el resultado iba a ser bueno. Se lograba el color, la forma del jarrón era perfecta, sin surcos ni arrugas. Pero no daba la sensación de flexibilidad que tiene la piel viviente. Los reflejos eran como los del duro metal, se perdía lo esencial en la cocción.

Desesperado, Jarrón de Tierra Cocida, tirando sus instrumentos, gritó al Genio de la Hornaza:

—¡Oh, dios implacable e infinito! Escúchame tú a quien he dado tributo de mi más grande adoración, ¿por qué me abandonas? ¿Qué error he cometido, que me has dejado solo y abandonado? ¿Cómo podré yo un desgraciado mortal, lograr la forma y el color de la carne que se estremece al sentir una palabra o se conmueve con un pensamiento?

El genio de la Hornaza, con su rugido de fuegos, contestó:

—¿Puede un alma dividirse? No. ¡Necesito tu vida para lograr la vida de tu obra! ¿Entiendes? ¡Pido tu alma para dar alma a tu jarrón!

Jarrón de Tierra Cocida que estaba de rodillas, al sentir la confesión del Genio de la Hornaza se levantó en silencio. Su corazón albergaba una terrible resolución. Por última vez preparó los materiales. Cien veces tamizó el cuarzo y la arcilla; cien veces los purificó bajo el agua más límpida; cien veces sus diestras manos amasaron la blanquecina pasta y suavemente añadió los colores, cuya combinación debían dar la tonalidad mórbida que deslumbrara al Hijo del Cielo. Luego modeló la pasta, retocándola todo lo necesario hasta dar suavidad de piel al jarrón. Los colores de la vida parecieron surgir desde el interior de aquella forma como surgen los tonos de las venas a través de la piel sedosa de una princesa. ¡Nunca se había realizado maravilla igual desde la creación del mundo!

Jarrón de Tierra Cocida llamó a sus ayudantes y les ordenó que alimentaran el fuego con abundantes briznas del árbol de té. Pero a nadie comentó su resolución.

Cuando el horno se puso rojo y su obra, al calor del fuego, conservaba intacta los colores y las formas amorosamente moldeados por él el artesano se prosternó ante el Genio de la Llama y le dijo en voz baja:

—¡Oh, genio del Fuego, maravilloso maestro! He comprendido el profundo significado de tus palabras. No, el alma no puede dividirse. Te entrego, pues, mi vida por la vida de mi obra, mi alma por el alma de mi jarrón.

Durante nueve días y nueve noches, el horno continuó encendido, alimentado con las briznas del árbol del té. Durante nueve días y nueve noches los obreros cuidaron de que el jarrón recibiera siempre el mismo calor, aquel jarrón debía parecerse a un ser viviente.

Llegada la novena noche, Jarrón de Tierra Cocida dio orden a los agotados ayudantes que fueran a descansar, ya que la obra había cobrado una real perfección.

—Si al amanecer no estoy aquí —les explicó—, saquen el jarrón del horno, pues a esa hora ya estará pronto y será la obra perfecta que pidió Hijo del Cielo.

Los obreros se fueron y Jarrón de Tierra Cocida quedó observando el fuego. Antes de que terminara la novena noche, se arrojó a las llamas. El espíritu del fuego lo envolvió y el artesano ofrendó así su vida por la vida de su obra.

Cuando regresaron los obreros y sacaron del horno el maravilloso jarrón, su maestro había desaparecido, no quedaba ya ni su rastro. Pero, ¡oh, milagro! El jarrón se estremecía al eco de una palabra y vibraba como si la sombra de un pensamiento lo traspasara. Y si apenas lo tocaban con la yema de los dedos, respondía pronunciando un nombre; era el nombre de su creador: Pu.

Cuando el Hijo del Cielo pudo contemplar el milagro de aquel jarrón dijo a cuantos lo rodeaban:

—Esto sólo ha sido posible por la potencia de la fe y de la obediencia. Pero no era mi intención provocar tan cruel sacrificio. Sólo quería saber si el genio incomparable del artesano era un don de los dioses o de los demonios, del Cielo o del Infierno.

Después de un largo silencio, el emperador dijo con gran pena:

—Ahora sabemos que Jarrón de Tierra Cocida ha ocupado su puesto entre los dioses.

Y el Augusto Hijo del Cielo lloró amargamente por aquel fiel y admirable artista.

JOSE MARTI

De padres españoles, nació en La Habana, Cuba, en 1853. Desde muy joven afloró su fogoso temperamento. Deseando la libertad para su patria, combate a los españoles y siembra ideas de libertad e independencia. Es encarcelado por primera vez a los 16 años.

Al quedar libre, va a vivir a los Estados Unidos de Norteamérica, donde se ve forzado a luchar muy duro por la vida. Da clases, hace traducciones, escribe artículos periodísticos de crítica y ensayo, poemas, etc. Funda una revista para niños. En *La edad de oro* (1889), conjunto de cuentos infantiles, Martí vuelca toda su imaginación y su ternura.

Su talento se manifestó en varios géneros: poesía, ensayo, periodismo, etc., pero su virtud esencial fue la sencillez.

Murió como lo presentía: en un combate contra las tropas españolas en 1895, que trataban de liquidar el movimiento cubano de independencia.

MEÑIQUE

En un país muy extraño vivió hace mucho tiempo un campesino que tenía tres hijos: Pedro, Pablo y Juanito. Pedro era grande y gordo, chapeado y medio tontuelo. Pablo era flaco y paliducho, envidioso y muy celoso; Juancito era lindo como una niña, y más ágil que un gamo, pero tan chiquitín que se podía esconder en una bota de las que usaba su padre. Nadie le decía Juanito, sino Meñique.

El campesino era tan pobre, pero tan pobre que era día de fiesta en la casa cuando traía algún centavo. El pan era muy caro, aunque fuera pan negro, y no tenían manera de ganarse la vida. En cuanto los tres hijos ya estuvieron creciditos el padre les suplicó que por su bien salieran de su miserable choza y buscasen fortuna en el mundo. Les rompía el alma el tener que dejar solo a su viejo padre, y decir adiós para siempre a los árboles que habían sembrado, a la casita en que habían nacido, al arroyo donde bebían el agua en la palma de la mano. Como a varios kilómetros de allí tenía el rey del país un fabuloso palacio, todo hecho de madera, con veinte balcones de roble tallado y seis ventanillas. Y un día, así de repente, en una noche muy calurosa, brotó de la tierra, delante de las seis ventanas, un gigantesco roble con ramas tan gruesas y con tanto follaje que obscureció por completo el palacio del rey. Era un árbol encantado, y no existía en el mundo hacha que pudiese echarlo abajo, porque se le acababa el filo en lo duro del tronco, y por cada rama que le cortaran le salían dos. El rey ofreció tres costales llenos de monedas a quien echase abajo aquel estorboso arbolón; pero allí seguía el roble, echando ramas y raíces que daba gusto, viéndose obligado el rey a prender luces de día.

Pero eso no era todo. Por aquel país, hasta debajo las piedras del camino había agua; sin embargo, en palacio, no había ni gota de ella.

La gente que vivía en palacio se lavaba las manos con cerveza y se afeitaba con miel. El rey había jurado hacer marqués y regalar muchas tierras y muchísimo dinero al que hiciese en el patio del castillo un pozo donde se pudiera guardar agua para todo el año. Pero nadie se llevó el premio, pues el palacio había sido construido sobre de una roca, y en cuanto se escarbaba la tierra de la superficie, salía debajo la capa de granito. Como dos centímetros nada más había de tierra suelta.

Los reyes son como niños caprichosos, y este reyecito quería cumplir su gusto. Mandó que clavasen por todos los pueblos y caminos de su reino, carteles sellados con el escudo real donde ofrecía la mano de su hija y más de la mitad de sus tierras, las cuales tenían fama de ser de lo mejor para sembrar, a aquel que cortase el árbol y abriese un pozo en palacio para guardar agua todo el año. Además todo mundo hablaba de la inteligencia y la belleza de la princesa. Así pues, empezó a llegar de todas partes un ejército de fortachones con el hacha al hombro y el pico al brazo. Pero todas las hachas se despedazaban contra el roble, y todos los picos se rompían contra la roca.

Los tres hijos del campesino vieron uno de los tantos carteles

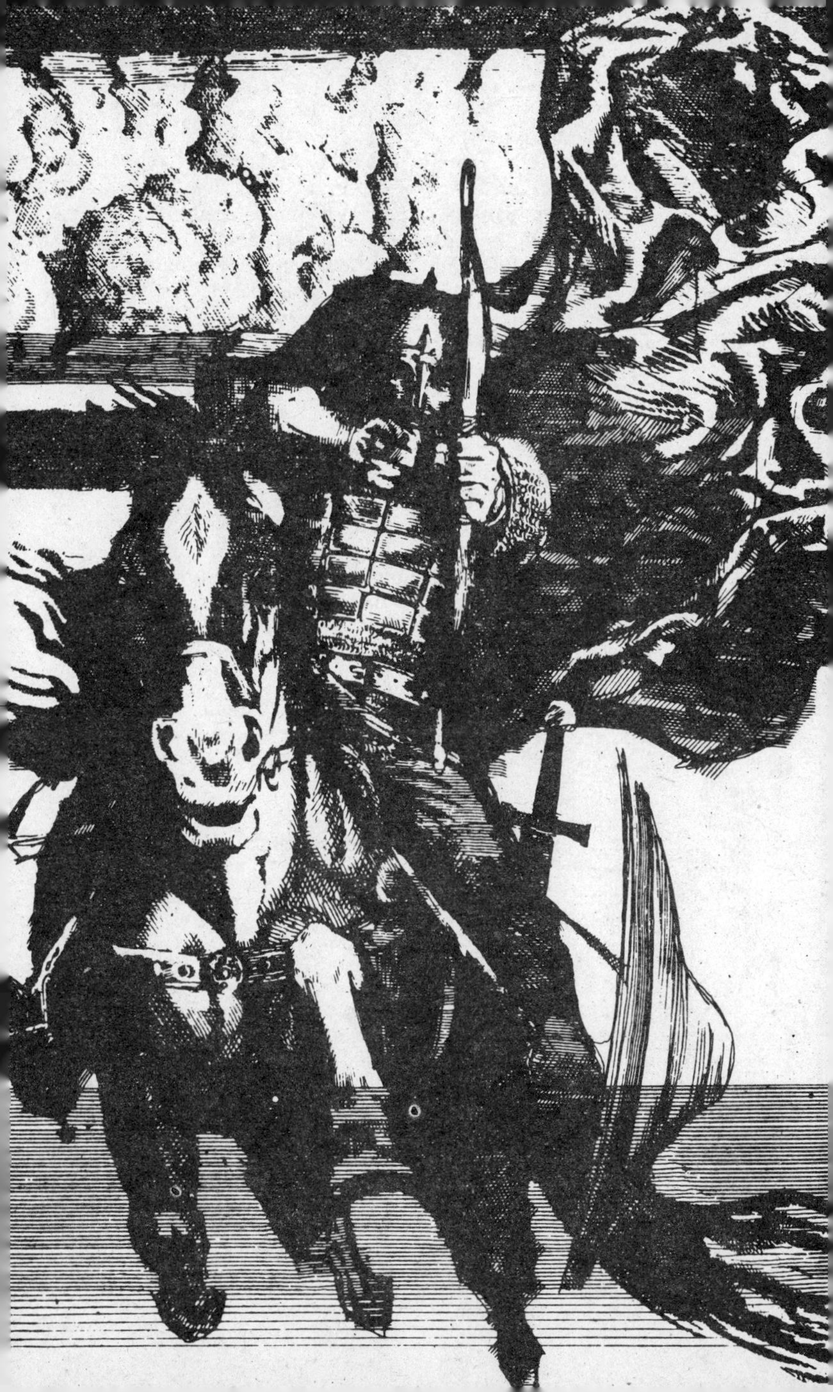

y de inmediato tomaron camino al palacio, sin hacerse ni siquiera las ilusiones de casarse con la princesa, sino con la esperanza de que encontrarían entre tanta gente algún trabajo; los tres iban camina que te camina. Pedrito siempre contento; Pablo hablando solo y Meñique saltando de acá para allá, metiéndose en todos los escondrijos, viéndolo todo con sus brillantes ojos de ardilla. A cada paso tenía algo qué preguntar a sus hermanos: que por qué las abejas metían su aguijón en las flores, que por qué no volaban derecho las mariposas. Pedro se echaba a reír, y Pablo se molestaba y le mandaba que se callase.

Caminando, caminando, llegaron a un pinar muy tupido que cubría todo un monte y estando en él oyeron un ruido, como el de un hacha, y de árboles que caían allá en lo alto.

—Yo quiero saber por qué andan allá arriba cortando leña —dijo Meñique.

—Todo lo quiere saber el que no sabe nada —dijo Pablo, queriendo ofender a su hermano.

—Parece que este muñeco nunca ha visto ni oído cortar leña —dijo Pedro, dándole a Meñique un buen pellizco cariñoso en la mejilla.

—Yo tengo ganas de saber lo que hacen allá arriba y voy a ir a ver —dijo Meñique.

—Anda, payaso, habrás de bajar con la lengua de fuera de cansancio por no creer lo que te dicen tus hermanos mayores.

Y de ramas a piedras, gateando y saltando, subió Meñique hasta el lugar de donde venía el ruido, y... ¿qué encontró Meñique en lo alto del monte? Pues un hacha encantada, que cortaba sola, y que en esos momentos echaba abajo un pino grueso y gigantesco.

—Buenos días, Doña Hacha —dijo Meñique—. ¿No se cansa de cortar usted solita ese árbol tan grande?

—Hace muchos años, hijo mío, que estoy esperándote —contestó el hacha.

—Pues aquí estoy —dijo Meñique.

Y sin ponerse a temblar, sin preguntar más, metió el hacha en su gran saco de cuero y bajó el monte, brincando y cantando.

—¿Qué vio allá arriba el que todo lo quiere saber? —preguntó Pablo, sacando el labio de abajo, y mirando a Meñique como un elefante a una hormiga.

—Pues el hacha que oíamos —le contestó Meñique.

—Ya lo ves, muchacho, la tontería que es meterse en tantos líos por nada —le dijo Pedro el gordo.

Después de poco andar ya era de piedra el camino y se

oyó un ruido que venía de lejos, como el de un hierro que golpeara roca.

—Me gustaría saber quién anda allá lejos picando piedra —dijo Meñique.

—¡Mira que guapo! ¡El recién nacido no ha oído nunca al pájaro carpintero picoteando en un tronco! —díjole Pablo, el burlón, el enojón de siempre.

—Quédate con nosotros, hijo, que eso no es más que un pájaro carpintero picoteando la corteza de un tronco —díjole Pedro.

—Pues será el sereno, pero yo voy a ver qué pasa allá lejos.

Y aquí a gatas, y allá medio arrastrándose, subió la roca Meñique, oyendo las escandalosas carcajadas de Pedro y Pablo.

—Y —se preguntarán ustedes— ...¿qué encontró Meñique allá lejos? Pues un pico encantado, el cual, solito, abría la roca como si fuese mantequilla.

—Buenos días, Señor Pico —dijo Meñique—, ¿no se cansa de picar usted solito en esa roca vieja?

—Hace muchos años, hijo mío, que te estoy esperando —contestó el pico.

—Pues aquí estoy, al fín —dijo Meñique.

Y sin pizca de miedo cogió el pico, lo sacó del mango, lo metió al igual que el hacha, en su gran saco de cuero y bajó por aquellas piedras, saltando y cantando.

—Y... ¿qué maravilla vio por allá su majestad? —preguntó Pablo, con ganas de hacer quedar en ridículo a su hermano.

—Era un pico lo que oímos —contestó Meñique, y siguió caminando, sin decir más.

Más adelante se encontraron un arroyo, y pararon a beber de él, porque hacía mucho calor.

—Yo quisiera saber —dijo Meñique— de dónde sale tanta agua en un valle tan plano como éste.

—¡Grandísimo tonto —dijo Pablo—, que en todo quieres meter tu cuchara! ¿No sabes que los manantiales nacen de la tierra?

—Yo voy a ver de dónde sale esta agua.

Y los hermanos pusiéronse furiosos porque ya era la tercera vez que les hacía detenerse; pero Meñique echó a caminar por la orilla del arroyo, que se iba adelgazando, adelgazando, hasta no ser más que un hilo. Y ¿qué encontró Meñique cuando llegó al fin? Pues una cáscara de nuez encantada, de dónde salía a mares el agua transparente y cristalina.

—Buen día, Señor Arroyo —dijo Meñique—. ¿No se cansa de vivir tan solito en un rincón, mandando y mandando agua?

—Hace muchos años, hijo mío, que estoy esperándote—, contestó el arroyo.

—Pues aquí me tiene —dijo Meñique.

Y, sin miedo, el chaval cogió la cáscara de nuez, la envolvió muy bien en musgo fresco para que no se saliera el agua, la puso en su gran saco de cuero, y regresó por donde habíase venido, saltando y silbando, alegre como un gorrioncillo.

—¿Ya sabes de dónde viene el agua? —le preguntó Pedro.

—Sí, hermano: viene de un agujerito.

—¡Qué bárbaro! ¡A éste crío le pesa tanto el cerebro que por eso no crece! —dijo Pablo, el paliducho.

—Yo ya ví lo que quería ver, y sé lo que quería saber —pensó Meñique para sí—. Y siguió caminando, frotándose las manos.

Y, por fin, llegaron al palacio del rey. El roble estaba más grande y más fuerte que nunca, el pozo aún nadie lo había podido abrir, y en la puerta estaba el cartel, sellado con las armas reales, en donde podía leerse la promesa hecha por el rey, de casar a su hija y dar la mitad de su reino a quien cortáse el roble y abriese el pozo, fuera éste noble de la corte, o plebeyo rico, o pobre campesino. Pero el rey, harto de tanta prueba inútil, había mandado clavar debajo del cartelón otro cartel más pequeño, que decía con letras rojas:

"Sepan los hombres por este cartel, que el rey y señor, como buen rey que es, se ha dignado ordenar que le corten las orejas debajo del mismo roble a quien venga a cortar el árbol o abrir el pozo y no corte ni abra; para que así aprenda a conocerse a sí mismo, que es justamente ésta la primera lección de la sabiduría".

Y alrededor de este cartel había clavadas treinta orejas ensangrentadas, arrancadas de cuajo a sus dueños, quince hombres que se pensaron más fuertes de lo que en realidad eran.

Al leer este aviso, Pedro soltó una carcajada, se retorció los bigotes, se miró los brazos, con aquellos músculos que parecían cuerdas, tomó vuelo con el hacha y de un golpe echó abajo la rama más gruesa del árbol maldito. Pero de inmediato en el mismo punto donde diera el hachazo, brotaron dos enormes ramas, y los soldados del rey le cortaron las orejas sin más esperar.

—¡Inutilón! —grito Pablo; y fuese hacia el tronco, hacha en mano, cortándole de un golpe una gran raíz. Pero de ahí mismo, brotaron dos raíces enormes, en vez de la que había cortado. Y el rey, furioso, mandó que le cortaran las orejas a aquél que no quiso aprender ni siquiera de lo que le había pasado a su propio hermano.

Pero a Meñique no se le achicó el ánimo y se le echó al roble encima.

—¡Echen de aquí a patadas a ese enano! —dijo el rey—, y, si no se quiere quitar ¡córtenle las orejas!

—¡Señor rey, tu palabra es sagrada! La palabra de un hombre es ley, su majestad. Yo tengo derecho, según lo dice tu cartel a probar fortuna. Ya tendrás mucho tiempo de cortarme las orejas, si yo no corto el árbol.

—Y la nariz te la han de rebanar también, si no lo haces.

Meñique sacó con mucha ceremonia el hacha encantada de su gran saco de cuero: ¡el hacha era más grande que Meñique! Y éste le ordenó: "¡Corta, hacha, corta!".

Y el hacha cortó, echó abajo e hizo astillas las ramas, cortó por la mitad el tronco, arrancó las raíces, dejando limpia la tierra por la derecha y por la izquierda, y tanta leña del árbol apiló que el palacio se calentó con la madera del roble. Cuando ya no quedaba del árbol ni una sola hoja, Meñique fue hasta donde estaba el rey, sentado junto a la princesa, saludando a ambos con muchas cortesía.

—Ordene ahora su majestad dónde quiere que le abra el pozo su servidor.

Y toda la corte corrió al patio del palacio, junto con el rey, a ver cómo abrían el pozo. El rey subió a su trono, puesto más alto que los asientos de los demás; la princesa tenía su silla en un escalón más abajo, y miraba con susto a aquel enanín que le iban a dar para marido.

Meñique, sereno como el que más, abrió su gran saco de cuero, sacó de éste el pico, lo puso en el lugar que ordenó el rey diciéndole: "¡Cava, pico, cava!".

Y el pico empezó a cavar, y el granito a saltar en pedazos, y en menos de quince minutos quedó abierto un pozo bastante profundo.

—¿Es ya este pozo tan hondo como su majestad lo desea?

—Sí, ya está tan hondo como yo lo quiero ¡Pero no tiene agua!

—Agua tendrá —dijo Meñique. Y sacó de su gran bolso de cuero, la cáscara de nuez, quitándole primero el musgo con que la había envuelto, poniéndola luego en una fuente que habían llenado de flores. Y cuando ya estaba bien dentro de la tierra, dijo: "¡Brota, agua brota!".

Y el agua empezó a salir de entre las flores con un suave murmullo, refrescando el aire del patio, y cayó en chorros tan grandes que a los pocos minutos el pozo estaba lleno, y fue necesario abrir un canal para que se llevase el agúa sobrante.

—Y ahora —dijo Meñique, arrodillándose ante el rey —¿Cree su majestad que he hecho todo cuanto se me pidió?

—Sí, marqués Meñique —contestó el rey—; y en vez de darte la mitad de mi reino, té la compraré en lo que vale con el dinero de los impuestos que cobraré a mi pueblo... Y estoy seguro de que estarán felices de pagar para que su rey y señor tenga agua pura; pero con mi hija no te puedo casar, pues esa es cosa que tiene que decidir también ella.

—¿Y qué otra cosa quiere su majestad que yo haga? —preguntó Meñique, parándose de puntitas, con una manita en la cadera, y mirando a la princesa cara a cara.

—Mañana te lo diré, marqués Meñique —le dijo el rey—; porque ahora, te irás a dormir en la mejor cama de palacio.

Pero Meñique, en cuanto se fue el rey, salió a buscar a sus hermanos, quienes parecían dos perros ratoneros, con las orejas cortadas.

—Díganme hermanos, si no hice bien en querer saberlo todo y ver de dónde venía el agua.

—Suerte y nada más que suerte —dijo Pablo—. La fortuna es ciega y favorece a los tontos.

—Hermanito —dijo Pedro—, con orejas o desorejado creo que está muy bien lo que has hecho. ¡Cómo quisiera que estuviese aquí papá y te viese!

Y Meñique hizo que sus hermanos durmieran en cómodas camas.

El rey no durmió aquella noche. No era el agradecimiento lo que le tenía despierto, sino el coraje de tener que casar a su hija con aquel tipo tan pequeño. Como todo rey que se respeta, ya no quería cumplir lo que había prometido; aún le zumbaban en los oídos las palabras del marqués Meñique: "Señor rey, tu palabra es sagrada. La palabra de un hombre es ley".

Mandó el rey a buscar a Pedro y a Pablo, pues sólo ellos podían decirle quiénes eran los padres de Meñique, y si éste era persona de buen carácter y de buenos modales, como quieren siempre los suegros que sean sus yernos, pues la vida sin amabilidad es más amarga que la hiel. Pedro dijo de Meñique muchas cosas buenas lo cual puso al rey de un mal humor terrible; pero Pablo hizo que esto cambiase por completo porque dijo que el marqués era un presumido aventurero, un costal de papas, una víbora venenosa, un tipejo lleno de ambición, que no merecía casarse con señora tan importante y tan bella como lo era la hija del gran rey, y que lo habían honrado cortándole las orejas: "Es tan tontuelo el enanín —dijo Pablo— que se cree que puede pelear contra un gigante. Por aquí cerca hay uno que es el terror de los campesinos, quienes le tienen que llevar para que no los devore, todos sus borregos y sus vacas. Y Meñique no se cansa de decir que él puede acabar en un tris trás con el gigante".

—Pues ya lo veremos —dijo el rey, contentísimo.

Y durmió como un tronco lo que quedaba de la noche. Y dicen que sonreía en sueños, como si pensara en algo que lo hacía feliz.

En cuanto amaneció, el rey mandó llamar a Meñique delante de toda su corte. Y vino Meñique fresco como una lechuga, risueño como el cielo, galán como una flor.

—Yerno querido —dijo el rey—: un hombre de tu honradez no puede casarse con mujer tan rica como la princesa sin antes ponerle casa grande, con criados que la sirvan como en el palacio real. En este bosque hay un gigante de veinte pies de alto, que se almuerza a diario una res entera, y cuando tiene sed al mediodía se bebe todo un río. Imagina qué original sería tener de criado a ese gigante, con un sombrero de tres picos, un uniforme con alamares de oro y una lanza de cuatro metros. Ese es el regalo que te pide mi hija antes de prepararse para casarse contigo.

—No es nada fácil —contestó Meñique—, pero trataré de regalarle el gigante, para que le sirva de criado, con su lanza de cuatro metros y un sombrero de tres picos, y su uniforme con alamares de oro.

Se fue a la cocina; metió en su gran saco de cuero el hacha encantada, un pan fresco, un pedazo de queso y un cuchillo; y echándose el saco a la espalda, encaminóse al bosque, mientras Pedro lloraba y Pablo reía, pensando en que su hermano jamás regresaría del bosque del gigante.

En el bosque era tan alta la hierba que Meñique ni siquiera alcanzaba a ver; de repente, nuestro amigo se puso a gritar a todo pulmón: "¡Eh, gigante, gigante! ¿Dónde estás, gigante? Aquí está Meñique, que viene para llevarte vivo o muerto".

—¡¡Aquí estoy yo!! —gritó el gigante, con su vozarrón que hizo que a los pobres árboles se les parasen las hojas (pues cabellos no tienen) de punta, del puro susto—. ¡Prepárate a que te devore de un solo bocado!

—No tan aprisa, mi amigo —dijo Meñique, con una vocecita de ratón—, para qué andar con prisas si tengo yo toda una hora para hablar contigo.

Y el gigante volteaba a todos lados, sin ver a quien le hablaba, hasta que se le ocurrió mirar para abajo, y allá pequeñito como una hormiga, vio a Meñique, sentado en un tronco, con el enorme saco de cuero entre las rodillas.

—¿Eres tú, pequeñajo, el que me ha quitado el sueño? —dijo el gigante, viéndolo como si lo quisiese devorar con los ojos.

—Yo soy, amigo, yo soy; vengo a que seas criado mío.

—Con la punta del dedo te voy a mandar allá arriba, hasta el nido del cuervo, para que te saque los ojos en castigo por haber entrado sin permiso en mi bosque.

—No estés tan de prisa, amigo, que este bosque es tan mío como tuyo; y si dices una palabra más, te lo echo abajo en unos cuantos minutos.

—Eso me gustaría ver —dijo el gigantón.

Meñique sacó su hacha y le ordenó "¡Corta, hacha, corta!". Y el hacha cortó, astilló, derribó ramas, partió troncos a la mitad, arrancó raíces, limpió la tierra, dejándola al ras; los árboles caían sobre el gigante al igual que el granizo sobre los vidrios cuando hay tormenta.

—Detente, te lo ruego —dijo asustado el gigante—. ¿Quién eres tú, que en unos minutos puedes echarme abajo mi bosque?

—Soy el gran hechicero Meñique, y con una palabra que le diga a mi hacha te corta la cabeza en un tris. Tú no sabes con quien estás hablando... ¡quieto ahí donde estás!

Y el gigante quedóse quieto, con las manos a los lados, mientras Meñique abría un gran saco de cuero, sacando para comer, su trozo de queso y su pan.

—¿Qué es eso blanco que comes? —preguntó el gigante, que nunca antes había visto el queso.

—Piedras como, no más; por eso soy más fuerte que tú, que comes la carne, pues ésta sólo engorda. Soy mucho más fuerte que tú. Enséñame tu casa.

Y el gigante, manso, como un perro, echó a caminar por delante, hasta llegar a una enorme casa, con una puerta donde cabía un barco de tres velas, y un balcón del tamaño de un teatro vacío.

—Oye —le dijo Meñique al gigante—: uno de los dos tiene que ser amo del otro... Y se me ocurre algo... ¡vamos a hacer un trato! Si yo no puedo hacer lo que tú hagas, yo seré criado tuyo; si, al revés, tú no puedes hacer lo que yo haga, tú serás criado mío.

—Trato hecho —dijo el gigante—: me gustaría tener de criado a un hombre como tú, pues me cansa terriblemente el tener que pensar, y tú tienes cabeza para dos. Vaya, pues; ahí están mis dos cubetas: ve a traerme el agua para la comida.

Meñique levantó la cabeza y vio las dos cubetas, que más

bien parecían dos tanques, de casi tres metros de alto y un metro y medio de un borde al otro. Más fácil le era a Meñique ahogarse en aquellas cubetas que cargarlas:

—¿Qué pasa? —preguntó el gigante, abriendo la bocaza terrible—; ¿o... es que ya desde ahorita te das por vencido? Haz lo que yo hago, amigo, y cárgame el agua.

—¿Y para qué le ha de cargar? —dijo Meñique—. Carga tú, que eres bestia de carga. Yo iré donde está el arroyo y lo traeré en brazos, y te llenaré los cubos, y tendrás tu agua.

—¡No, no! —contestó muy preocupado el gigante—. ¿Acaso no te conformas con haberme dejado el bosque sin árboles? Ahora me quieres dejar sin agua que beber. Enciende el fuego, que yo traeré el agua.

Meñique encendió el fuego y en el perol que colgaba del techo fue echando el gigante un buey entero, cortado en pedazos, una carga de nabos, cuatro de zanahoria, y cincuenta coles. Y de tiempo en tiempo con una enorme cuchara, (tan grande como ninguno de ustedes la hayan visto nunca jamás, queridos lectores), probaba su guiso, echándole sal y tomillo, hasta encontrarle bueno de sazón.

—A la mesa, que ya está lista la comida —dijo el gigante—: ya veremos si haces lo que hago yo, que me voy a comer todo este buey, y después, de postre, te habré de devorar a ti.

—Está bien, amigo —dijo Meñique. Pero éste antes de sentarse se metió debajo de su chaqueta la boca de su enorme saco de cuero, que le llegaba del cuello hasta los pies.

Y el gigante comía y Meñique no menos que él, sólo que nuestro amigo no echaba en su boca las coles, ni las zanahorias ni los nabos, y tampoco los trozos de res, sino en el gran saco de cuero.

—¡Uf, ya no puedo más! —dijo el gigante—: tengo que desabrocharme un botón del chaleco de tanto que he comido.

—Pues mírame a mí, gigante infeliz —dijo Meñique, y se echó una col entera en el saco.

—¡Upa! —dijo el gigante—: tengo que desabrocharme otro botón. ¡Qué estómago de barril sin fondo tiene este hombrecito! ¡Bien se ve que estás acostumbrado a comer piedras!

—Anda, flojo —dijo Meñique—, come como yo —y se echó en el saco un gran trozo de carne de res.

—¡Vaya! —dijo el gigante— se me botó el tercer botón; ya no me cabe un chícharo. ¿Cómo vas tú, hechicero?

—¿A mí? —dijo Meñique—. No hay cosa más fácil que hacerle un poco de lugar a la comida.

159

Y se abrió con un cuchillo de arriba abajo la chaqueta y el gran saco de cuero.

—Ahora te toca a tí —dijo Meñique—; haz lo que yo hago.

—Muchas gracias —dijo el gigante—. Prefiero ser tu criado. Yo no tengo un estómago como el tuyo.

Besó el gigante la mano de Meñique en señal de respeto, se lo sentó en el hombro derecho, se echó al izquierdo un saco lleno de monedas de oro, y salió caminando por el camino del palacio.

En el palacio estaban de gran fiesta, sin siquiera recordar a Meñique, ni de que gracias a él tenían agua y luz; cuando de repente oyeron un gran ruido, que hizo temblar las paredes, como si una mano poderosísima sacudiese el mundo. Era el gigante que al no caber por el portón lo había echado abajo de una patada. Todos se asomaron a las ventanas para saber de qué o de dónde venía semejante ruido, y vieron a Meñique tranquilamente sentado en el hombro del gigante, que tocaba con la cabeza el balcón donde estaba el mismo rey. Saltó al balcón Meñique, hincóse ante la princesa diciéndole así:

—Princesa y señora mía, tú querías un criado y aquí están dos a tus pies.

Estas galantes palabras fueron publicadas al otro día en el periódico de la corte, dejando admirado al rey, quien no encontró ya más pretexto para que no se casara Meñique con su hija.

—Hija —le dijo en voz baja—, sacrifícate por la palabra de tu padre el rey.

—Hija de rey o hija de campesino —contestó ella—, toda mujer debe casarse con quien ella ame. Déjame, padre, defenderme en esto que es tan importante para mi vida. Meñique —siguió diciendo en voz alta la princesa—: eres valiente y afortunado, pero eso no es suficiente para gustar a las mujeres.

—Ya lo sé, princesa y señora mía; es necesario hacer su voluntad y obedecer sus caprichos.

—Veo que eres hombre inteligente —dijo la princesa—. Y ya que adivinas tan bien, voy a ponerte una última prueba, antes de casarme contigo. Veremos quién es más inteligente, si tú o yo. Si tu pierdes, quedo libre para casarme con quien yo escoja.

Meñique la saludó con una gran reverencia. La corte entera fue a ver la prueba a la sala del trono, donde encontraron al gigante sentado en el suelo con la lanza por delante y el sombrero en las rodillas, porque no cabía en la sala de tan alto que era. Meñique le hizo una seña, y él echó a andar agachado, tocando el techo con la espalda y arrastrando la lanza, hasta llegar adonde estaba Meñique, y se echó a sus pies, feliz de que todos viesen que tenía por amo a hombre de tanta inteligencia.

—Empezaremos con un juego —dijo la princesa—. Se dice que las mujeres decimos muchas mentiras. Veamos quién de los dos dice la mentira más grande. El primero que diga: "¡Eso es demasiado!" pierde.

—Por servirte, princesa y señora mía, mentiré de juego y diré la verdad con toda el alma.

—Estoy segura —dijo la princesa—, de que tu padre no tiene tantas tierras como el mío. Cuando dos pastores tocan el cuerno en las tierras de mi padre, al anochecer, ninguno de los dos oye el cuerno del otro pastor.

—Eso no es nada —dijo Meñique—. Mi padre tiene tantas tierras que una ternerita de dos meses que entra por una punta es ya vaca lechera cuando sale por la otra.

—Eso no me asombra —dijo la princesa—. En tu corral no hay toro tan grande como lo hay en el mío. Dos hombres sentados en los cuernos no pueden tocarse con una vara de más de cinco metros cada uno.

—Eso es una bobada —dijo Meñique—. La cabeza del toro de mi casa es tan grande que un hombre montado en un cuerno no puede ver al que está montado en el otro.

—¡Bah!, eso no es nada —dijo la princesa—. En tu casa no dan las vacas tanta leche como en mi casa, porque nosotros llenamos en las mañanas, veinte barriles con ella, y sacamos cada vez que las ordeñamos, una pila de queso tan alta como la pirámide de Egipto.

—¡Qué me dices a mí, mujer! —dijo Meñique—. En la lechería de mi casa hacen unos quesos tan grandes que un día la yegua se cayó en el perol donde los preparan y no la encontramos sino hasta después de una semana. El pobre animal tenía el espinazo roto, y a mí se me ocurrió ponerle un pino del pescuezo a la cola, el cual le sirvió de espinazo nuevo. Pero una mañana le salió una rama a este nuevo espinazo, la cual atravesó la piel del caballo, y la rama creció tanto que yo me subí en ella y pude tocar el cielo, y ya en él, vi a una señora vestida de blanco, que trenzaba un cordón con la espuma del mar. Y habiéndome yo cogido del hilo, éste se reventó y caí dentro de una cueva de ratones. Y en ésta... ¿a quién crees que me encontré? ¡Pues a tu padre y a mi madre, hilando cada uno en su rueca, como dos viejecitos! Y tu padre hilaba tan mal que mi madre le tiró de las orejas, hasta que tu padre gritó del dolor, y...

—¡Eso es demasiado! —gritó la princesa—. ¡A mi padre, el rey, nadie le ha jalado nunca las orejas!

—¡Amo, amo! —dijo el gigante—. ¡Ha dicho: "Eso es demasiado"! La princesa es nuestra.

—Aún no —contestó la princesa, poniéndose colorada— Te haré algunas adivinanzas y si me las contestas bien, de inmediato nos casamos. Dime primero: ¿qué es lo que siempre está cayendo y nunca se quiebra?

—¡Oh! —dijo Meñique— Mi madre me arrullaba con esa adivinanza: ¡Es la cascada!

—Dime ahora —preguntó la princesa, ya con mucho miedo—: ¿quién es el que anda todos los días el mismo camino y nunca se regresa?

—¡Oh! —dijo Meñique— también con ésta me arrullaba mi madre: ¡Es el sol!

—Así es —dijo la princesa, pálida de furia—. Ya no queda más que una adivinanza: ¿En qué piensas tú y no pienso yo? ¿Qué es lo que yo pienso, y tú no piensas? ¿Qué es lo que no pensamos ni tú ni yo?

Meñique bajó la cabeza como el que duda... ¡Se le veía en la cara el miedo de perder!...

—Amo —dijo el gigante—, si no contestas esta adivinanza, no te quemes los sesos; no te apures, hazme una seña, y cargo con la princesa.

—Silencio, amigo —le dijo Meñique—; bien sabes tú que la fuerza nunca lo es todo; más vale la inteligencia, la sabiduría, que los brazos más fuertes, así es que déjame pensar.

—Princesa y señora mía —dijo Meñique, después de unos segundos de suspenso—. Apenas me atrevo a resolver tu adivinanza, aunque en ello vea yo mi felicidad. Yo pienso en que entiendo lo que me quieres decir, y tú piensas en que yo no lo entiendo. Tú piensas, como noble princesa que eres, en que este criado tuyo es digno de ser tu marido, y yo no pienso que en verdad lo sea. Y en lo que ni yo ni tú pensamos, es que el rey tu padre y este gigante infeliz... tienen tan pobres...

—¡Calla! —dijo la princesa—, aquí me tienes lista para casarme contigo, marqués Meñique.

—Dime, hija de mi alma, que me muero por saberlo... ¿qué es lo que piensas de mí? —preguntó el rey.

—Padre y muy señor mío —dijo la princesa, abrazándolo cariñosamente—, que eres el más sabio de los reyes y el mejor de los hombres.

—Ya lo sé —dijo el rey—. Y ahora voy a hacer algo por el bien de mi pueblo. ¡Meñique, te hago duque!

—¡Viva mi amo y señor, el duque Meñique! —gritó el gigante, con una voz que hizo caer algunos pedazos de techo, rompió todos los vidrios del salón y puso a todos los cortesanos azules del susto.

En el casamiento de la princesa y Meñique no hubo nada de especial, pues jamás se puede decir algo de los casamientos porque de los casamientos poco se puede decir al principio, lo interesante es después, cuando comienzan las penas de la vida, y aquí es cuando se ve si los casados se ayudan y se quieren bien, o si son egoístas y cobardes. Pero el que cuenta tiene que decir que el gigante estaba muy feliz con el matrimonio de su amo; que le iba poniendo su sombrero de tres picos a todos los árboles con que se topaba, y cuando salió el carruaje de los novios, el cual estaba hecho de nácar puro, con cuatro caballos mansos como palomas, tirando de él se puso el carruaje en la cabeza, con caballos y todo, y salió corriendo y dando vivas, hasta dejarlo a la puerta del palacio, como deja una madre a su niño en la cuna. Esto vale la pena de decirse, pues no es cosa que se vea todos los días.

Por la noche hubo discursos; algunos poetas que les compusieron versos de bodas a los novios, y lucecitas de colores en el jardín, y fuegos artificiales para los criados del rey y muchos, muchísimos ramos de flores. Todos cantaban y platicaban alegremente, comían dulces, bebían refrescos de sabores, bailaban con mucha elegancia al compás de la música de los violines, con los violinistas vestidos de seda azul, y con un ramito de violetas en el ojal del saco. Pero en un rincón había alguien que no hablaba ni cantaba; era Pablo, el envidioso, el paliducho, el desorejado, que no soportaba el ver feliz a su hermano, quien terminó yendo al bosque para no oír ni ver; y en el bosque precisamente fue donde murió, devorado por los hambrientos osos en la noche oscura.

Meñique era tan pequeñín que los cortesanos no sabían al principio si tratarlo con respeto o verlo como cosa de risa; pero nuestro amigo, con su bondad y amabilidad se ganó el cariño de su mujer y de la corte entera, y cuando murió el rey, él fue quien quedó de rey, reinando por cincuenta y dos largos años. Y cuentan que gobernó tan bien que los que vivían en aquel país nunca quisieron más rey que Meñique, que no tenía descanso sino cuando veía a su pueblo contento, y no les quitaba a los pobres el dinero de su trabajo para dárselo a sus amigos holgazanes, como casi todos los reyes lo hacen.

Y ¡créanlo!, cuentan que no hubo mejor rey que Meñique.

Meñique tenía que ser bueno, como todo hombre de grande ingenio; porque el que es estúpido no es bueno y quien es bueno no es estúpido. Tener inteligencia es tener buen corazón; el que tiene buen corazón, es el que tiene inteligencia. Todos los malvados son tontos. Los buenos son quienes ganan, tarde o temprano. Y el que saque de este cuento otra lección mejor, que vaya a contarlo a Roma.

LOS DOS RUISEÑORES

Versión de un cuento popular

En aquel lejano país llamado China, la gente vive por millones y millones, cual si fuese una enorme familia que no acabase de crecer jamás; pero aparte de esto, sepan ustedes que hace muchísimos años tenía por gobernante a un emperador, al cual nombraban *hijo del cielo,* debido a que siempre lo veían precisamente como si fuese el mismo sol, ya que lo veían siempre todo vestido de oro y cargado por sus lacayos en un palanquín también de oro.

Los chinos estaban de acuerdo con su emperador, quien era un chino como ellos. "Lo triste sería que el emperador fuese un extranjero, —decían los chinos—, y nos comiera nuestra comida, y nos mandara matar porque queremos pensar y comer, y nos tratara como a sus perros; como a sus lacayos". Y muy generoso y bueno que era aquel emperador del cuento, que se metía de noche su larga barba en una bolsa de seda azul, para que no le reconociesen, y se iba por las casas de los chinos pobres, repartiendo sacos de arroz y pescado seco, platicando con los viejos y los niños y leyendo en aquellos libros que se comienzan a leer por la última página, lo que Confucio dijo de los perezosos, que eran peor que el veneno de las culebras, y lo que dijo de los que aprenden de memoria sin preguntar el por qué de las cosas, que no son leones con alas de paloma, como debe el hombre ser, sino cerdos flacos de cola retorcida y orejas caídas, que van donde el porquero les dice que vayan, comiendo y gruñendo. Y abrió escuelas de pintura, de bordado y de carpintería; daba fiestas donde se entraba sin pagar a oír historias de batallas y a escuchar los cuentos hermosos de los poetas; a todos los viejecitos los saludaba siempre como si fuesen padres suyos; y cuando los salvajes tártaros entraron en China y quisieron mandar en ella como si fuese su propio país, salió de su palacio de porcelana blanca y azul montado a caballo, y hasta que no echó al último tártaro de China, no se bajó de su mon-

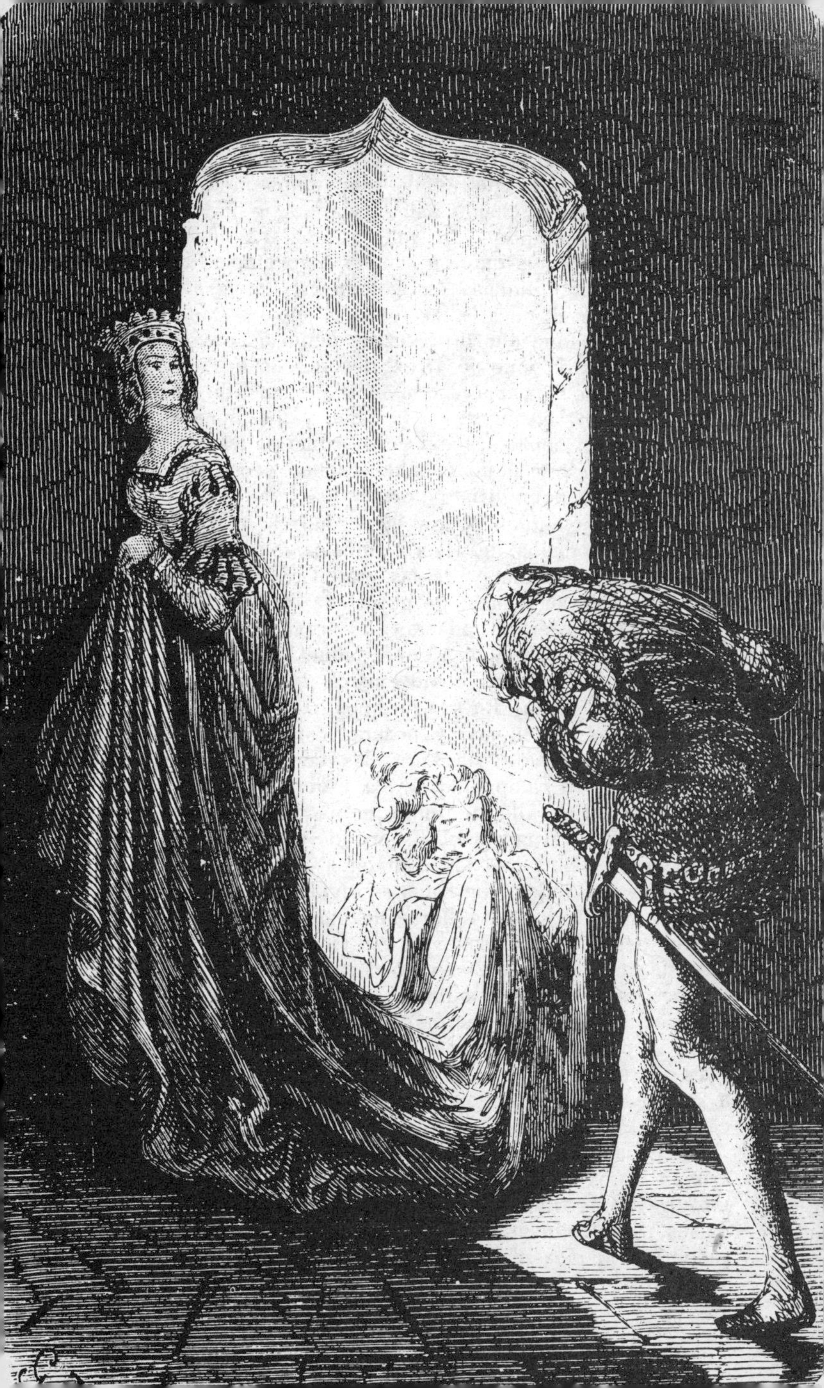

tura. Comía a caballo; bebía a caballo su vino de arroz; a caballo dormía. Y mandó por todos los pueblos unos pregoneros con largas trompetas, y detrás de ellos unos monjes vestidos de blanco que iban diciendo así: "¡Cuando no hay libertad en la tierra, todo el mundo debe salir a caballo a buscarla!". Y por todo eso los chinos querían mucho a su emperador, aunque se dice que fueron muchas las golondrinas que se quedaron sin nido gracias a él, pues le fascinaba la sopa de nido de golondrina, y también una que otra vez se ponía a conversar con unos cuantos vasos de vino de arroz, después de lo cual lo encontraban tirado en su cama y con el traje lleno de manchas. Esos días no salían las mujeres a la calle, y los hombres caminaban a sus trabajos con la cabeza baja, como si les diera vergüenza ver el sol. Pero eso no pasaba muchas veces, sólo cuando el emperador se ponía triste porque los hombres no se amaban entre sí ni se hablaban con la verdad; la verdad es que casi siempre se rodeaba de alegría, música, baile, de versos y del hablar de la valentía, y de las estrellas; y así era la vida del emperador, en su palacio de porcelana blanca y azul.

Hermosísimo era el palacio, y la porcelana, hecha de la pasta molida del mejor polvo Kaolín (aquel que da una porcelana que parece luz y suena como música y hace pensar en el amanecer y en el ocaso). En sus jardines había naranjos enanos, con más naranjas que hojas; y peceras con pececillos anaranjados con cinturón dorado; unos rosales con rosas rojas y negras, cada una con su campanilla de plata, que daban al mismo tiempo música y olor. Y allá, al fondo, había un bosque enorme, bellísimo, que daba al mar azul. En uno de tantos árboles del bosque vivía un ruiseñor, que les cantaba a los laboriosos pescadores canciones tan lindas, que estos se olvidaban de ir a pescar; y les veía sonreír de gusto, o llorar de contento, y abrir los brazos, y tirar besos al aire, como si estuviesen locos: —"Es mejor el vino de su canción que el vino de arroz"—, decían de su canto los pescadores. Y las mujeres estaban felices pues cuando el ruiseñor les cantaba a sus maridos y a sus hijos, estos no bebían tanto vino de arroz. Los pescadores se olvidaban del canto después de un tiempo de no oírlo; pero... en cuanto lo volvían a oír decían, abrazándose como hermanos: "¡Qué bello es el canto del ruiseñor!".

Llegaban muchos extranjeros a conocer el país y luego escribían libros de muchas hojas, en los que contaban de la hermosura del castillo, del jardín, de los naranjos, de los peces, y de las rosas rojinegras; pero todos los libros decían que el ruiseñor era lo más maravilloso; y los poetas escribían versos al ruiseñor que vivía en un árbol del bosque y que cantaba a los pescadores cantos que les endulzaba el corazón; hasta que el emperador vio los libros, y de tan contento que se puso, le dio con el dedo tres vueltas a la punta de su barba, pues era mucho lo que alababan su palacio y su jardín, pero cuando llegó a leer lo que se escribía del ruiseñor..."¿De qué ruiseñor hablan —preguntó—, que yo nunca he oído hablar de él? ¡Cuánto se aprende en los libros! ¡Ah! ¡Pobre de esta gente de mi palacio de porcelana, que me dicen todos los días que yo ya no tengo nada que aprender! ¡Que venga ahora mismo el mandarín mayor!" Y obedeció éste la orden saludando hasta el suelo, con su túnica de seda azul celeste, con bordados de oro. "¡Puh! ¡puh!", contestaba el mandarín hinchando sus mejillas, a todos los que le hablaban. Pero al emperador no le dijo ni "¡puh!" ni "¡pih!" sino que se echó a sus pies, con la frente en el suelo, esperando, temblando, hasta que éste le gritó:

—Levántate. ¿Qué pájaro es éste del cual tanto hablan en este libro, que dicen que es lo más hermoso de todo mi país?

—Nunca he oído hablar de él, nunca —dijo el mandarín, haciendo una reverencia, con los brazos cruzados—; no ha sido presentado en palacio.

—Pues en palacio tendrá que estar esta misma noche. ¿Porqué ha de ser que el mundo entero sepa mejor que yo lo que tengo en mi propio país?

—Nunca he oído hablar de él, nunca —repitió el mandarín; dando tres vueltas, con los brazos abiertos, y echándose a los pies del emperador, con la frente en el piso, saliendo de espaldas, con los brazos cruzados, y haciendo reverencias.

El mandarín empezó a preguntar a todos los que vivían en palacio por el pájaro. El emperador mandaba cada media hora a buscar al mandarín, para advertirle: "Si esta noche no está aquí el pájaro, mandarín... ¡sobre las cabezas de los mandarines he de pasear esta noche!

—¡Tsing-pé! ¡Tsing-pé! —salió diciendo el mandarín mayor, quien, nervioso, daba vueltas y vueltas con los brazos abiertos y caminaba escaleras abajo. Y los mandarines todos se fueron a buscar al pájaro, para que no pasease a la noche sobre sus cabezas el emperador, y se les ocurrió echar un vistazo a la cocina de palacio, donde estaban guisando pescado en salsa dulce, cocinando pastelillos de maíz y pintando letras coloradas en los pasteles de carne; y allí les dijo una cocinerita, de color de aceituna y de ojos de almendra, que ella conocía muy bien al pájaro, pues de noche iba por el camino del bosque a llevar las sobras de la mesa de palacio a su madre que vivía junto al mar y cuando se cansaba, al volver, debajo del árbol del ruiseñor descansaba, y era igual que si hablase con las estrellas cuando cantaba el ruiseñor, como si su madre le estuviese dando un beso.

—¡Oh, cocinera! —le dijo el mandarín—, trabajadora y digna cocinera, en la cocina de palacio tendrás siempre trabajo y te doy el privilegio de ver comer al emperador si me llevas adonde el ruiseñor canta en el árbol pues lo tengo que traer a palacio esta misma noche.

Y detrás de la cocinerita se pusieron a correr los mandarines, con sus túnicas de seda amarradas por delante, la trenza de pelo bailándoles por la espalda, y con los picudos sombreros cayéndoles. Mugió una vaca y dijo un mandarincito joven:

—¡Oh, qué gran voz! ¡Qué pájaro magnífico!

—Es una vaca que muge —contestóle la cocinerita.

Se oyó croar a una rana, y dijo el mandarincito:

—¡Oh, qué linda canción! Suena como las propias campanillas!

—Es una rana que croa —dijo la cocinerita. Y entonces comenzó a cantar de veras el tan buscado ruiseñor.

—¡Ese, ése es! —dijo la cocinerita, y les señaló a un pajarito, que cantaba en una rama.

—¿Ese? —preguntó sorprendido el mandarín mayor—. Nunca creí que fuera tan pequeñito y sencillo; ¡nunca lo creí! O será, mandarines amigos —¡sí, debe ser!— que al verse por primera vez frente a nosotros, los mandarines, ha cambiado su color y forma.

—¡Lindo ruiseñor! —le decía la cocinerita— el emperador quiere oírte esta misma noche.

—Y yo quiero cantarle a él —contestó el ruiseñor, soltando al aire un ramillete de cantos.

—¡Suena como las campanillas! ¡Sí!, como las campanillas de plata! —dijo el mandarincito.

—¡Lindo ruiseñor! a palacio tendrás que venir, pues en palacio es dónde vive nuestro emperador.

—A palacio iré, iré —cantó el ruiseñor, cantando como en suspiros—; pero mi canto suena mejor en los árboles del bosque.

El emperador mandó adornar lujosamente el palacio; y brillaban como la misma luz de los faroles de seda y de papel los suelos y las paredes; las rosas rojinegras abundaban en los corredores y en las mesas, y se oían sonar, sin parar, entre el ruido de toda la gente, las campanillas, en el justo centro de la sala, donde mejor se le veía, estaba un árbol de oro, para que el ruiseñor cantase en una de sus ramas; y a la cocinerita le dieron permiso para que se quedase en la puerta, para escuchar. La corte estaba vestida de gran etiqueta, con siete túnicas y la cabeza recién rapada. Y el ruiseñor cantó tan dulcemente que por sus mejillas le corrían hilos de lágrimas al emperador; y los mandarines (¡de veras!) lloraban; y el emperador quiso que pusieran al cuello del ruiseñor su collar de oro; pero el ruiseñor se metió el pico entre las plumas del pecho y dijo "gracias" en un trino tan lindo y sentido que debido a él, el emperador no lo mandó matar por no haberse querido colgar su collar de oro. Y en su canto decía el ruiseñor: "No necesito el collar de oro, ni el botón colorado, ni el gorro negro, pues ya tengo el premio más grande, que es hacer llorar a un emperador".

Aquella noche, en cuanto llegaron a sus casas, todas las damas tomaron sorbos de agua, poniéndose a hacer gárgaras y gorgoritos; después de esto ya se creían muy finos ruiseñores. Y los trabajadores del establo y la cocina decían que había estado bien, lo cual ya es ganancia, porque ellos son gente de gusto muy difícil. Y el ruiseñor tenía su jaula real, tenía permiso para volar dos veces al día, y una en la noche. Doce criados con túnica amarilla lo sujetaban, cuando salía a volar, con doce hilos de seda. En la ciudad no se hablaba más que del canto, y en cuanto alguien decía "rui"... el otro decía "señor". Y a cuanto niño nacía lo llamaban "ruiseñor", mas ninguno de ellos cantó jamás ni una nota.

Un día recibió el emperador un paquete, en cuya tapa podía leerse "El Ruiseñor"; él pensó que era otro libro más sobre el famoso pájaro; pero no era ningún libro, sino un pájaro de metal que parecía vivo en su caja de oro, y en lugar de plumas tenía zafiros, diamantes y rubíes, y en cuanto le daban cuerda, cantaba como el ruiseñor de verdad, moviendo la cola de oro y plata; llevaba al cuello una cinta con este letrero: "¡El ruiseñor del bosque del emperador de China es un pajarraco desafinado, junto al del emperador del Japón!".

—¡Hermoso pájaro es! —opinó la corte entera, y le pusieron como nombre "Gran Pájaro Internacional"; pues en China se acostumbran estos nombres, largos y elegantes; pero cuando puso el emperador a cantar juntos al ruiseñor vivo y al mecánico no anduvo bien la cosa, pues el vivo cantaba como le nacía del corazón, sincera y libremente, y el mecánico cantaba como si fuera una cajita de música, sin salir de su ritmo de vals.

—¡Qué perfección! ¡Esto es a mi gusto! —decía el maestro de música; y cantó sólo el pájaro de las piedras preciosas, tan bien como el vivo. ¡Y además de eso estaba tan lleno de joyas resplandecientes, brazalete, collares y broches!...

Treinta y tres veces seguidas cantó la misma cancioncilla sin cansarse y el maestro de música y la corte entera lo hubieran oído con gusto otra vez más, si no hubiese ordenado el emperador que el vivo debía cantar algo. ¿El vivo? Este bien lejos ya estaba, lejos de la corte y del maestro de música. Viéndolos tan entretenidos, se les escapó por la ventana.

—¡Oh, pájaro malagradecido! —dijo el mandarín mayor, dando tres vueltas en redondo y cruzándose de brazos.

—Pero un millón de veces mejor es este pájaro mecánico —decía el maestro de música—; porque del pájaro vivo nunca se sabe cómo va a ser su canto, en cambio con éste sí está uno seguro de lo que va a escuchar; con éste todo está en orden y así se le puede explicar al pueblo las reglas musicales.

Y el emperador dio permiso para que el día domingo, el maestro sacase al pájaro a cantar ante el pueblo, el cual parecía muy contento, alzando el dedo y diciendo que sí con la cabeza. Pero un pobre pescador dijo: "Yo he escuchado al ruiseñor del bosque y éste no puede compararse con aquél, pues le falta algo de adentro que yo no sé bien qué es". El emperador ordenó que desterrasen al ruiseñor vivo y que el otro, el mecánico, se lo pusieran en su cabecera en un cojín de seda, con muchos regalos de joyas y platería y que se le llamara por su nombre, su título de corte que era: "cantor de alcoba y pájaro continental, que mueve la cola como el emperador se la ordena mover". Y el maestro de música se sintió tan feliz que escribió un libro de veinticinco tomos sobre el ruiseñor mecánico, con muchas palabras raras y que nadie conocía; y la corte entera dijo que lo había leído y entendido, por miedo a que se les tuviese por gente tonta y de poca educación, y que el emperador se pasease sobre sus cabezas.

Pasó todo un año, y el emperador, la corte y el país entero conocían como si fuera cosa propia cada gorjeo, cada movimiento del "pájaro continental", y casi se diría que lo podían entender: llegaron a llamarlo "Magnífico Ruiseñor". Cantaban su cancioncilla los cortesanos todos y hasta los chicuelos de la calle. Y el emperador la cantaba también, y la bailaba cuando estaba solo con su vino de arroz. Esta famosa cancioncilla era un vals estilo imperio, de compás ordenadísimo, exacto, muy al gusto del maestro de música. Hasta que una noche, cuando estaba el pájaro en lo mejor de su canto y el emperador lo escuchaba tendido en su lujosa cama, saltó un resorte de la maquinaria del mecánico ruiseñor: tal como los huesos que se caen, sonaron las ruedas; se detuvo la música. Se levantó de la cama el emperador y mandó llamar a un médico, el cual nada pudo hacer;

entonces vino el relojero. El relojero, mal que bien, puso las ruedas saltadas en su lugar, pero recomendó que usasen del pájaro muy poquito, pues estaban muy gastados ya los cilindros del mecanismo. En resumidas cuentas, el ruiseñor aquél no podría cantar más que una sola vez al año. El maestro de música le disparó todo un discurso al pobre relojero, llamándole traidor, tonto, malvado, espía de los tártaros, por haber dicho que el "pájaro continental" no podría cantar más que una vez al año. En la puerta iba ya el relojero, y aún le recitaba el maestro de música una sarta de malas palabras: "¡Traidor! ¡Tonto! !Malvado! ¡Espía de los tártaros!", pues estos maestros de música de las cortes no quieren que la gente honrada como el relojero digan la verdad desagradable a sus amos.

Cinco años después había mucha tristeza en toda la China, porque estaba agonizando el pobre emperador; ya hasta tenían nombrado al nuevo, aunque el pueblo agradecido no quería ni oír hablar de éste y se acercaba a preguntar por el enfermo a las puertas del mandarín, quien mirando de arriba a abajo, decía: "¡Puh!", "¡Puh!" repetía la pobre gente y se iba a su casa llorando.

Pálido y frío estaba en su lujosa cama el emperador y los mandarines todos le daban ya por muerto, y se pasaban el día haciendo reverencias y honrando, alabando siempre a aquel que debía subir al trono después de la muerte del agonizante. Comían muchas naranjas y bebían té con limón; en los corredores habían puesto tapices, para que no sonaran sus pasos: en el palacio sólo se alcanzaba a escuchar el suave rumor propio de los colmenares.

Pero el emperador no estaba muerto todavía, al lado de su cama estaba el descompuesto pájaro mecánico y por una ventana abierta brillaba la luz de la luna sobre el pájaro roto y sobre el rostro del emperador, mudo y pálido. Repentinamente, sintió el emperador un peso extraño sobre su pecho y abrió los ojos para ver... ¡Vio a la Muerte, sentada sobre su pecho! Lucía su corona imperial y en una mano su espada de mando y en la otra, su hermosa bandera. Y en medio de su fiebre de agonía vio asomar muchas cabezas raras, bellas unas, como con luz; otras feas y de color de fuego. Eran las buenas y las malas acciones del emperador, que ahora le miraban a la cara. "¿Te acuerdas?" —le decían sus malas acciones—. "¡Yo no me acuerdo de nada, de nada!" decía el emperador: "¡Música, música! ¡Tráiganme la tambora mandarina, la que hace más ruido, para no escuchar lo que me dicen mis malas acciones!". Pero éstas, implacables, seguían diciendo: "¿Te acuerdas? ¿Te acuerdas?" "¡Música, música!" —gritaba el emperador— "¡Oh hermoso pájaro de oro, canta, te lo ruego! ¡Canta! ¡Yo te he dado hermosos y ricos regalos de oro! ¡Yo te he colgado al cuello mi collar de oro! ¡Te ruego que cantes!". Pero el pájaro no cantaba. No había nadie que supiese darle cuerda. No daba una sola nota.

Y la Muerte seguía mirando al emperador con sus ojos huecos y fríos; en el cuarto había una calma espantosa cuando, de pronto, entró por la ventana el son de una dulce música. Afuera, en la rama de un árbol, estaba cantando el ruiseñor vivo. Había sabido que estaba muy enfermo el emperador, y ahora venía con su canto de fe y de esperanza. Y según iba cantando, eran menos negras las sombras y corría la sangre más caliente en las venas del emperador y revivían sus carnes moribundas. La Muerte misma escuchaba, y le dijo: "¡Sigue, ruiseñor, sigue!" Y por un canto le dio la Muerte su corona de oro; y por otro, la espada de mando; y por otro canto más le ofreció su hermosa bandera. Y cuando ya la Muerte no tenía ni la bandera, ni la espada, ni su corona ni nada, cantó el pájaro a la hermosura de los cementerios, donde la rosa blanca crece, da el laurel sus aromas al aire, y dan brillo y salud a la yerba las lágrimas de los dolientes. Y tan bello vio la Muerte en aquel canto su jardín que lo quiso ir a ver y, levantándose del pecho del emperador, desapareció como vapor por la ventana.

—¡Gracias, gracias, pájaro celeste! —decía el emperador—. Yo te desterré de mi reino y tú destierras a la muerte de mi corazón. ¿Cómo te podré yo pagar?

—Tú me pagaste ya, emperador, cuando te hice llorar con mi canto; las lágrimas que mi canto arranca a las almas de los hombres, son el único premio digno del pájaro cantor. Duerme, emperador; duerme, y cantaré para tí.

Y con sus trinos y canciones se fue durmiendo el enfermo en un sueño de salud. Cuando despertó entraba el sol, como si entrase de visita por la ventana. Ni uno sólo de sus criados, ni un solo mandarín había venido a verlo. Ya todos le daban por muerto. Sólo el ruiseñor estaba junto a su cama; el ruiseñor, cantando.

—¡Siempre estarás junto a mí! ¡En palacio vivirás y cantarás cuando quieras! ¡Yo romperé a ese pajarraco mecánico en mil pedazos!

—No lo hagas, emperador, él bien te sirvió mientras pudo; yo no puedo vivir en palacio, ni hacer mi nido entre los cortesanos. Yo vendré al árbol que da a tu ventana y te cantaré en la noche para que tengas sueños felices. Te cantaré de los malos y de los buenos, de los que gozan y de los que sufren. Los pescadores me esperan, emperador, en sus míseras casuchas de la orilla del mar. El ruiseñor no puede abandonar a los pescadores. Yo te vendré a cantar en la noche, si me prometes una cosa.

—¡Todo te lo prometo! —dijo el emperador, que se había levantado de su cama y tenía puesta la túnica imperial, y en la mano llevaba su gran espada de oro.

—¡Nunca digas a nadie que tienes un pájaro amigo que te lo cuenta todo, pues le envenenarían el aire al pájaro! —Y salió volando el ruiseñor, echando al aire un ramillete de cantos.

Los mandarines entraron de repente en el cuarto, detrás del mandarín mayor, a ver al emperador muerto... Pero... ¡Cuál no sería su sorpresa al ver al emperador de pie con su túnica imperial y con la mano de la espada puesta sobre el corazón!... Y se oía como una risa, el canto del ruiseñor.

—¡Tsing-pé! ¡Tsing-pé! —dijo el gran mandarín y dio dieciocho vueltas seguidas con los brazos abiertos y se hincó hasta dar con la frente a los pies del emperador. Y a los demás mandarines, arrodillados todos, les temblaba en el cuello su coleta.

OSCAR WILDE

Oscar Wilde nació en Dublín, Inglaterra, en 1854. Su verdadero nombre era Oscar Fingal O'Flaherty Wills. Estudió en Trinity College y en Oxford. Su primer libro, un volumen de poemas publicado en 1881, fue suficiente para elevar al pináculo de la fama a su autor. Desde entonces, la gente le consideró como lo que en verdad era: un artista genial como él mismo lo comprobaría a través de toda su obra ya fuera novela, cuento o teatro.

Oscar Wilde, escritor por verdadera vocación, sufrió por la incomprensión de su época, incomprensión que basó sus ataques en desordenados acontecimientos de su vida. De todos modos, nadie nunca pudo dejar de reconocer, en todos los tiempos, la belleza y la hermosura y la fineza con que transcurren las páginas escritas por Wilde.

En cuanto a estilo literario se refiere, en cuanto a delicadeza de sentimientos, en cuanto a profundidad de ideas, los tres cuentos que hemos elegido: *El amigo fiel, El gigante egoísta* y *El príncipe feliz,* son una perfecta y pocas veces igualada muestra.

Oscar Wilde murió pobre y abandonado en París, en 1900.

EL GIGANTE EGOISTA

Los niños tenían la costumbre de ir a jugar al jardín del gigante, todas las tardes después que regresaban del colegio.

Era un enorme jardín solitario, donde brillaban hermosas florecitas salpicando aquí y allá el suave y fresco pasto verde. Doce duraznseros se llenaban de flores rosadas en la primavera, y en el verano se cargaban de frutos.

Los pájaros reposaban en las ramas cantando melodiosamente. Muchas veces los niños detenían sus juegos para escucharlos.

—¡Qué felices somos en este jardín! —decían los niños. Pero un día regresó el gigante.

Hacía siete años había ido a visitar a su amigo, el ogro Cornualles, y como éste lo invitara a quedarse, pasó siete años en su casa. Cuando terminaron de conversar, el gigante regresó a la suya. La verdad es que el gigante era muy parco y no tenía mucho que decir, por lo que en siete años, se le agotaron los temas, y resolvió regresar a su castillo.

Cuando llegó y vio a los niños jugando en su jardín les gritó con voz de trueno:

—¿Qué están haciendo ahí? Mi jardín es mío y solamente mío, ¿entienden? No voy a permitir a nadie que lo disfrute, sólo yo puedo hacerlo.

Y apenas los niños huyeron al oír estas palabras, él levantó un muro para cercarlo y colocó el siguiente cartel:

QUEDA PROHIBIDA LA ENTRADA
BAJO LA PENA LEGAL CORRESPONDIENTE

Evidentemente era un gigante egoísta y los pobres niños se quedaron sin su lugar de juegos. Intentaron hacerlo en la carretera, pero la calle estaba llena de agujeros, y agudas piedras y era tan polvorienta que no les gustó. Entonces comenzaron a pasearse todos los días, al volver de clase alrededor del muro comentando sobre el hermoso jardín que había del otro lado.

Llegó la primavera y el país entero se cubrió de flores y pájaros, menos en el jardín del gigante egoísta, donde continuaba siendo invierno.

Los pájaros habían huido hacia otro lugar donde hubiese niños y los árboles no tenían interés en florecer.

Un día, una hermosa florecita sacó su cabeza sobre el césped reseco, pero apenas vio el cartelón, cayó desvanecida y mustia sobre tierra.

Sólo el hielo y la nieve estaban contentos allí.

—Qué suerte que la primavera no ha llegado por este jardín —exclamaban—. Gracias a esto podemos quedarnos todo el año a vivir en él.

La nieve coqueta, desplegó su manto blanco sobre el pasto y el hielo colgó sus puntiagudos témpanos de los árboles. Cuando estuvieron ubicados, se les ocurrió invitar al viento Norte para que pasara una temporada con ellos.

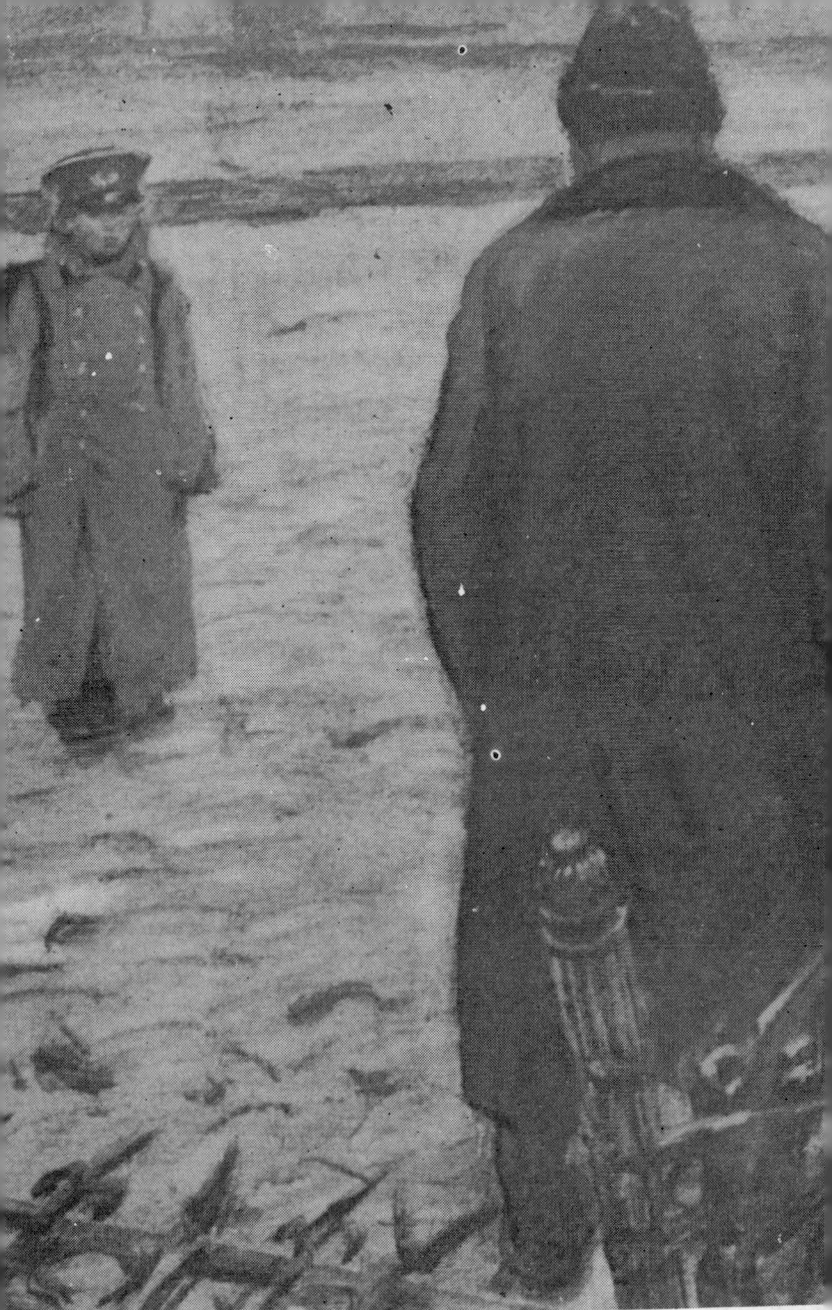

El viento Norte aceptó encantado y llegó envuelto en pieles. Se pasaba el día recorriendo el jardín bramando y derribando las chimeneas.

—¡Hum, qué lugar espléndido! —decía él, airoso— ¿Por qué no invitamos también al granizo?

El granizo no se hizo rogar y apenas llegó, se puso a tocar el tambor todos los días sobre las tejas del castillo, rompiendo muchas de ellas. Se divertía tanto que comenzó a dar vueltas alrededor del jardín, vestido de gris y con su aliento de hielo, lo más rápido que podía.

El gigante egoísta con su narizota aplastada contra la ventana contemplaba su jardín mustio, blanco y feo, diciendo:

—¿Por qué tarda tanto la primavera en llegar? No lo entiendo. Tiene que cambiar el tiempo.

Pero ni la primavera ni el verano querían asomar sus tibios brazos. El otoño brindó frutos en todos los jardines menos en el del gigante.

—Este es demasiado egoísta —dijo y se alejó.

Siempre era invierno en la casa del gigante. El viento Norte, el granizo y el hielo eran los únicos que danzaban contentos entre los árboles.

Una mañana, el gigante aún no se había levantado cuando sintió desde su cama una dulce melodía. Era tan hermosa la música que pensó que algunos músicos del rey pasaban por el lugar.

Se levantó y fue hasta la ventana. Allí había un pajarillo pardo cantando. Hacía tanto tiempo que no oía un pájaro en su jardín que le pareció la música más hermosa del mundo.

Cesó el granizo su helada danza y el viento detuvo su bramido. Un delicioso perfume llegó hasta él por la ventana abierta.

—¿Habrá llegado por fin la primavera? —se preguntó y levantando la vista del pajarillo la fijó en el jardín. ¿Qué vio?

Vio un espectáculo maravilloso. Por una rendija que se había abierto en el muro, los niños habían penetrado en el jardín y se subían a los árboles, encaramándose en sus ramas. Sobre cada uno de los árboles que podía ver desde allí, había trepado un niño y los árboles felices de tener otra vez a las criaturas en sus ramas, se cubrieron de flores hamacando sus brazos sobre las cabecitas infantiles.

Los pájaros revoloteaban de un lado a otro cantando primorosamente y las florecillas asomaban desde sus delicados tallos, irguiéndose sobre el césped reverdecido. ¡Era un cuadro hermoso!

Sólo había un rincón, un rincón apartado del jardín en que

seguía siendo invierno. Había allí un niño muy pequeño. Era tan pequeñito que se paseaba llorando amargamente alrededor de un árbol porque no había podido encaramarse en sus ramas. El árbol entonces estaba todavía cubierto de nieve y de hielo y el viento Norte rugía sobre él.

—Súbete, muchachito —decía el árbol tiritando y alargándole sus ramas. Las inclinaba todo lo que podía aprovechando los empujones que le daba el viento Norte pero el niño era demasiado pequeñito.

El gigante se conmovió al ver esta escena y su corazón se llenó de ternura.

—¡Qué egoísta fui! —se dijo—. Ahora comprendo porqué la primavera no quería llegar hasta mí. Voy a poner ese niño sobre la cima del árbol y después derribaré el muro y mi jardín quedará para siempre como lugar de recreo para los niños.
Estaba muy arrepentido de lo que había hecho.

Bajó las escaleras corriendo, abrió la puerta y salió al jardín. Cuando los niños lo vieron, se asustaron y salieron corriendo. Entonces el jardín quedó otra vez vestido de invierno. Sólo el pequeñito no huyó porque tenía sus ojos tan llenos de lágrimas que no le vio venir. El gigante se acercó despacito, lo tomó entre sus manos y lo puso sobre el árbol.

El árbol entonces floreció y los pájaros llegaron volando y se posaron sobre él a cantar. El niñito estirando sus bracitos rodeó el cuello del gigante y lo besó.

Los demás niños que vieron la escena se dieron cuenta de que el gigante ya no era malo y volvieron junto con la primavera.

—Desde hoy el jardín es de ustedes, niños —dijo el gigante.
Fue a buscar un gran martillo con el que derribó el muro.

Y cuando los campesinos iban al mercado al mediodía podían ver en el jardín al gigante jugando con los niños. El jardín era el más hermoso que nadie haya visto jamás.

Jugaron todo el día y toda la noche, cuando fueron a despedirse del gigante, éste les preguntó:

—Pero ¿dónde está el pequeñito, aquel niño que puse sobre el árbol?

Aquel niño que le había abrazado y besado era el que más quería el gigante.

—No sabemos donde vive —contestaron—. Hoy ha sido la primera vez que lo hemos visto.

El gigante se quedó triste. A partir de ese día, los niños venían todas las tardes a jugar con el gigante después de la salida del colegio. Pero el gigante quería ver a su amiguito a quien tanto quería y siempre preguntaba por él.

178

—¡Cómo me gustaría volver a verlo! —exclamaba.

Pasaron los años. El gigante envejeció y comenzó a debilitarse. Ya no podía jugar con los niños. Los observaba desde un gran sillón, riendo con sus juegos.

—Tengo muchas flores hermosas, pero las más bellas son los niños —solía decir.

Llegó el invierno, pero el gigante ya no lo destestaba. Sabía que es apenas el sueño de la primavera y el reposo de las flores. Una mañana mientras se vestía, miró por la ventana y lo que vio le llenó de asombro. Se frotó los ojos, no lo podía creer.

Allí, en un extremo del jardín, había un árbol cubierto de flores blancas. Las ramas del árbol eran de oro y colgaban de ella frutos de plata. Debajo del árbol estaba el pequeñito que tanto quería.

El gigante corrió por las escaleras, abrió la puerta y se precipitó en el jardín. Corriendo se acercó al niño y cuando estuvo cerca de él, su rostro se puso rojo de indignación y exclamó con furia:

—¿Quién te ha herido? ¿Quién se atrevió a lastimarte?

En las palmas de las manos del niño y en sus piececitos se veían las marcas sangrientas de los clavos.

—¿Quién se ha atrevido a herirte? —gritó el gigante—. Dímelo. Iré a buscar mi espada y lo mataré.

—No. No lo hagas —contestó el niño—. Estas heridas son las del Amor.

—¿Y ése quién es? —dijo el gigante—. Pero el niño no contestó. El gigante cayó de rodillas ante el pequeño. Un sentimiento extraño lo invadió.

El niño, sonriéndole al gigante, le dijo:

—Una vez me dejaste jugar en tu jardín. Hoy te llevaré conmigo a mi jardín que es el Paraíso.

Cuando llegaron los niños a jugar en el jardín aquella tarde encontraron al gigante tendido bajo el árbol, muerto, enteramente cubierto por flores blancas.

EL PRINCIPE FELIZ

En el lugar más alto de la ciudad, sobre un pedestal, se levantaba la estatua del Príncipe Feliz.

Estaba recubierta totalmente con chapas de oro fino. Tenía

en el lugar de los ojos, dos brillantes zafiros y un enorme rubí centelleaba en la empuñadura de su espada.

Era muy admirada por todo esto.

—Es tan bello como una veleta —dijo un miembro del Consejo que tenía veleidades de ser un gran conocedor en el arte—. Claro que no resulta tan útil —agregó en seguida por temor a que lo vieran como un hombre poco práctico, cosa que estaba lejos de ser.

—Por qué no aprendes del Príncipe Feliz —le aconsejaba una mamá a su niñito, que lloraba a gritos pidiendo la luna—. Jamás se le hubiera ocurrido al Príncipe Feliz pedir algo a los gritos.

—Me siento dichoso de poder contemplar a alguien en el mundo que es feliz —se comentaba un hombre fracasado al mirar la espléndida estatua.

—¿No creen que se parece a un ángel? —preguntaban los niños del hospicio al salir de la Catedral, enfundados en sus regias capas carmesí y sus lindas chaquetas blancas.

—¿En qué le notan el parecido, si nunca vieron uno? —refunfuñaba el profesor de Matemáticas.

—¡Cómo no! —contestaban los niños—. Los hemos visto en sueños.

El profesor de Matemáticas fruncía el ceño y adoptaba un gesto severo ¿Cómo podía él probar eso de que unos niños se permitieran soñar?

Una noche, una golondrina voló incansablemente sobre la ciudad.

Hacía 6 semanas que sus hijas habían partido para Egipto pero ella se retrasó, porque estaba enamorada de un hermoso junco. Lo había conocido al comienzo de la primavera, cuando perseguía por el río a una bella mariposa amarilla y el esbelto talle de aquel junco la atrajo tanto que no pudo evitar detenerse y hablarle.

—¿Quieres que te ame? —dijo la golondrina que no acostumbraba a andar con rodeos.

El junco se inclinó como en un largo saludo.

La golondrina entonces revoloteó alegre a su alrededor, rozando el agua y dejando estelas plateadas.

Era su forma de galantear con el junco. Así pasó todo el verano.

—Es un amor absurdo y ridículo —gorjeaban las demás golondrinas—. Ese junco es un pobre diablo y tiene una familia demasiado grande.

Así era, el río estaba cubierto de juncos.

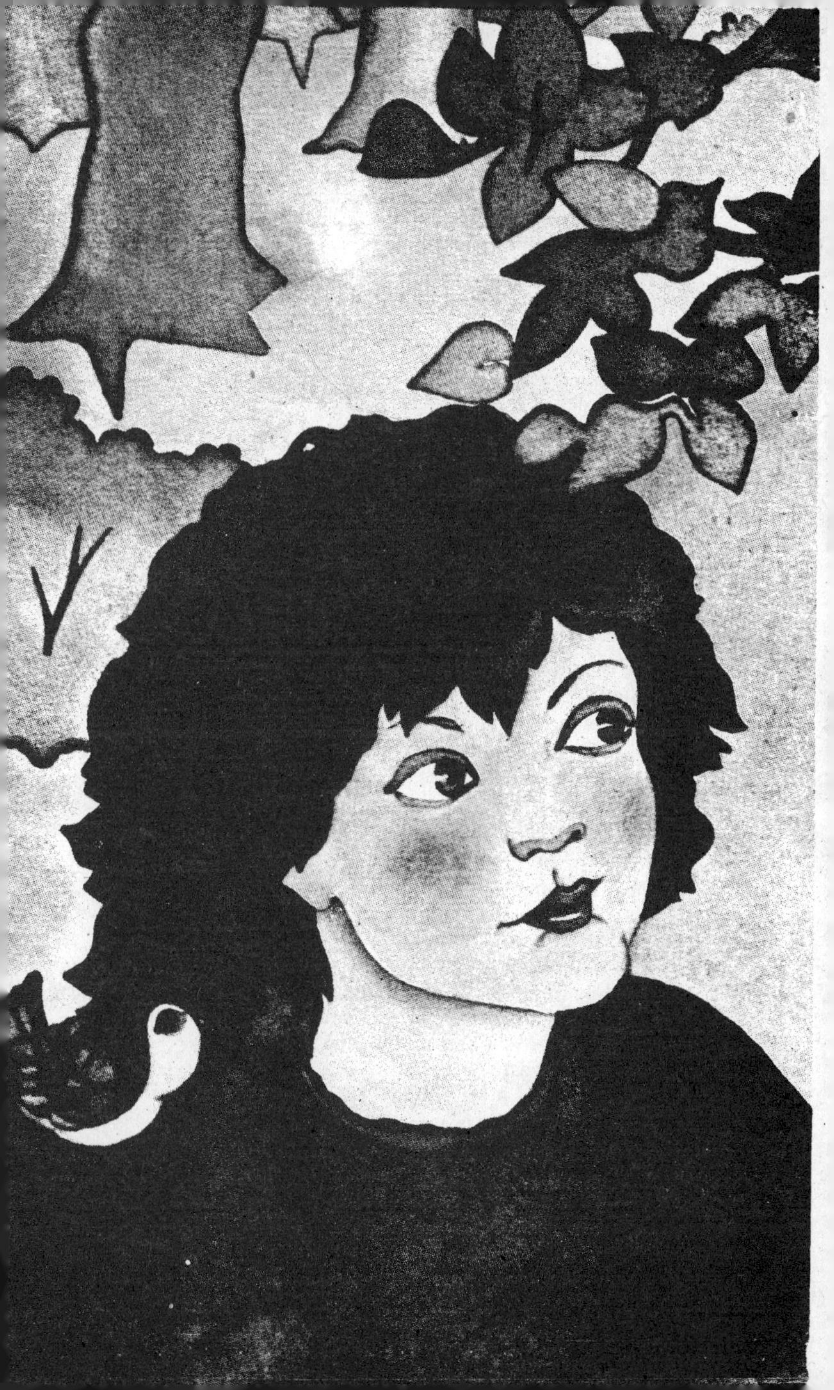

Al llegar el otoño, todas las golondrinas emprendieron viaje. Apenas se fueron, nuestra amiga se sintió muy sola porque ya estaba empezando a cansarse de su amante.

—No sabe ni hablar —se decía—. Y además debe ser muy voluble. Lo veo coquetear sin pausa con la brisa.

Y la verdad era que apenas soplaba la brisa, el junco se deshacía en amables reverencias.

—Hum, éste no se mueve de su lugar —murmuraba la golondrina—. Es muy casero. Con lo que a mí me gustan los viajes. Este amor no tiene sentido, el que me ame, debe gustar de los viajes como yo.

—¿Quieres venir conmigo? —preguntó la golondrina finalmente al junco.

El junco movió la cabeza diciendo que no. Estaba muy atado a su hogar.

—¡Te has estado burlando de mí! —exclamó la golondrina—. Muy bien, me marcho. Me voy a las Pirámides. ¡Adiós!

La golondrina se fue.

Viajó durante todo el día y al atardecer estaba entrando en la ciudad.

—¿Dónde podré encontrar un lugar abrigado? —se dijo—. Supongo que ya la ciudad se habrá preparado para recibirme.

En ese momento vio la estatua sobre la pequeña columna.

—¡Ah, qué bien! —exclamó— Voy a cobijarme allí. Es un lindo sitio y corre mucho aire fresco.

Y se posó justamente entre los pies del Príncipe Feliz. Después de observar en torno suyo, se dijo:

—Tengo una habitación dorada.

Y se acomodó para dormir. Pero al colocar su cabeza debajo del ala, sintió que le caía encima una gruesa gota de agua.

—¡No puede ser! —exclamó—. No hay una sola nube. El cielo está claro y las estrellas brillan ¡y sin embargo llueve! Este clima del norte de Europa es realmente curioso. Al junco le gustaba la lluvia, pero en él era por egoísmo.

Entonces le cayó encima una nueva gota.

—Pero ¿qué es esto? —se dijo—. ¿Para qué sirve una estatua si no resguarda de la lluvia? Mejor que salga a buscar un techito de chimenea.

Y ya se disponía a salir volando, cuando antes de que abriese las alas, una tercer gota le cayó encima. Miró hacia arriba y vio... ¡Oh, lo que vio!

De los ojos del Príncipe Feliz brotaba una enorme cantidad de lágrimas que corrían sobre sus hermosas mejillas de oro. Su rostro era tan deslumbrante a la luz de la luna, que la golondrina sintió mucha piedad.

—¿Quién eres tú? —preguntó.

—Soy el Príncipe Feliz.

—Pues no pareces muy feliz. ¿Por qué estás lloriqueando tanto? Casi me has empapado.

—Cuando yo estaba vivo —respondió la estatua— y tenía un corazón humano, no sabía lo que era llorar. Vivía en el Palacio de la Despreocupación y allí no se permite la entrada al dolor. Todo el día lo pasaba jugando con mis compañeros en el jardín y por la noche iba a danzar en el gran salón. Rodeaba el jardín una altísima muralla, pero nunca se me ocurrió averiguar qué había detrás de ella, porque todo lo que necesitaba lo tenía allí y lo que me rodeaba era muy hermoso. Mis cortesanos me llamaban el príncipe Feliz y en realidad lo era, si es que el placer es la felicidad. De ese modo viví y morí. Ahora que estoy muerto me han elevado tanto que puedo ver toda la fealdad y miseria de mi ciudad y aunque tengo un corazón de plomo, no puedo dejar de llorar.

—¿Corazón de plomo? —pensó la golondrina— Entonces no es todo de oro—. Pero se cuidó muy bien de no hacer ningún comentario en voz alta que pudiera herir al Príncipe, pues era una golondrina muy bien educada.

—Allá abajo —siguió su relato la estatua, con voz baja y melodiosa—. Allá abajo en una callecita, hay una vivienda muy humilde. Tiene una ventana abierta y por ella puedo ver a una mujer con el rostro enflaquecido y arrugado, sentada ante una mesa. Sus manos están hinchadas y rojas, llenas de pinchazos de la aguja, porque es una costurera. Está bordando pasionarias sobre un vestido de raso. Es el vestido que llevará la más bella dama de honor de la Reina en el próximo baile de la corte. En un rincón de la habitación, sobre su lecho, está su hijito enfermo. Tiene mucha fiebre y está pidiendo naranjas. Su madre sólo puede darle agua del río y por eso llora. ¡Querida golondrina, golondrinita! ¿No quieres llevarle el rubí de la empuñadura de mi espada? Tengo los pies sujetos al pedestal y no me puedo mover.

—Me están esperando en Egipto —dijo la golondrina—, mis compañeros ya estarán volando de aquí para allá sobre el Nilo y charlando con los grandes lotos. Después se irán a dormir a la tumba del Gran Rey. El Gran Rey estará embalsamado con sustancias aromáticas y envuelto en una tela amarilla en su gran caja de madera. Tiene una cadena de jade verde pálido alrededor del cuello y sus manos son como las hojas secas.

—Golondrina, golondrina, golondrinita —clamó el Príncipe— ¿Por qué no te quedas conmigo una noche y eres mi mensajera? ¡Ese niño tiene tanta sed y su madre tanta tristeza!

—Pienso que no me gustan mucho los niños —contestó la golondrina—. El último invierno que viví cerca del río, los hijos del molinero ¡qué muchachos tan mal educados!, no dejaban de arrojarme piedras. Por supuesto que no me alcanzaban, porque las golondrinas volamos demasiado bien para que eso suceda y además, yo personalmente pertenezco a una familia que se hizo famosa por su agilidad. Pero, aunque no me dieran, era una falta de respeto imperdonable.

Mientras hablaba, la golondrina miraba de reojo la cara del príncipe y sus ojos estaban tan tristes que la golondrinita sintió mucha pena.

—Hace mucho frío aquí —dijo después de una pausa—. Pero me quedaré contigo y por una noche seré tu mensajera.

—Gracias, golondrinita —respondió el príncipe conmovido.

La golondrina arrancó el hermoso rubí de la espada del príncipe, y lo llevó en el pico, volando sobre las casas de la ciudad.

Cruzó sobre la alta torre de la Catedral, que tenía esculpidos unos ángeles de mármol blanco.

Cruzó sobre el palacio real y escuchó la música del baile. Una hermosa joven se asomó al balcón con su novio.

—¡Qué bonitas son las estrellas! —le dijo el muchacho— ¡y qué poderosa es la fuerza del amor!

—Me gustaría que me terminaran el vestido para el baile oficial —respondió la joven—. Mandé bordar en él unas pasionarias. ¡Ah, pero son tan haraganas las costureras!

Cruzó sobre el río y vio los faroles colgados en los mástiles de los barcos. Cruzó sobre el ghetto y vio a los judíos viejos haciendo negocios entre ellos y pesando monedas en balanzas de cobre.

Finalmente llegó hasta la humilde casucha y miró hacia adentro. El niño se agitaba febril en su camita y la madre se había dormido de cansancio.

La golondrina entró a la habitación y puso el gran rubí sobre el dedal que la costurera había dejado en la mesa. Después revoloteó suavemente alrededor del niño, abanicando con las alas su carita.

—¡Qué aire más suave siento! —exclamó el niño—. Debo estar mejor.

Y se durmió tranquila y profundamente.

La golondrina regresó entonces en rápido vuelo hasta donde estaba el Príncipe Feliz y relató todo lo que había hecho.

miseria. Vuela por mi ciudad, golondrina, y ven à contarme lo que veas.

La golondrina levantó vuelo sobre la gran ciudad y pudo ver a los ricos solazándose en sus espléndidos palacios mientras los mendigos se sentaban en sus puertas.

Pasó por sobre los barrios bajos y oscuros y vio las pálidas caritas de los niños que se morían de hambre y miraban con ojos indiferentes hacia las calles sucias.

Debajo de los arcos de un puente, vio a dos niños acostados y abrazados uno al otro para calentarse.

—¡Qué hambre tenemos! —decían.

—¡No pueden acostarse ahí! —grito un guardia.

Entonces los niñitos se fueron caminando bajo la lluvia.

La golondrina regresó y le contó al príncipe lo que había visto.

—Yo estoy cubierto de oro fino —dijo el príncipe—, quítame hoja por hoja y entrégaselo a mis pobres. Los hombres están convencidos que el oro los hace felices.

Y así, hoja por hoja, la golondrina le arrancó el oro hasta que el príncipe se quedó sin belleza ni brillo. Luego las distribuyó hoja por hoja entre los pobres. Entonces las caritas de los niños tomaron un color sonrosado y comenzaron a reír mientras jugaban en la calle.

—¡Ahora tenemos pan! —gritaban.

Entonces llegó la nieve y después el hielo. Las calles brillaban tanto que parecían empedradas de plata.

Largos y finos carámbanos de hielo, como puñales de cristal colgaban de los techos de las casas. Todo el mundo se cubría con abrigos de pieles y los niños llevaban gorritos rojos de lana y patinaban sobre el hielo.

La pobre golondrina tenía cada vez más frío y más frío, pero amaba demasiado al príncipe para abandonarlo.

Picoteaba migas en las puertas de las panaderías cuando no la veía el panadero y trataba de calentarse agitando las alas.

Pero, al fin, sintió que se moría. No tuvo más fuerzas y apenas pudo volar sobre el hombro del príncipe.

—Adiós, mi amado príncipe —le dijo—. Déjame que bese tu mano.

—Me alegra mucho que por fin partas para Egipto —dijo el príncipe—. Hace demasiado tiempo ya que estás aquí. Pero quiero que me beses en los labios porque te amo.

—No, no me voy a Egipto —respondió la golondrina—. Me voy a la morada de la muerte. ¿Es cierto que la muerte es hermana del sueño?

sustituir a las que diste. El rubí será más rojo que una rosa roja y el zafiro será tan azul como el océano.

—Allá abajo en la plazoleta está instalado el puesto de una niña que vende cerillos —dijo el príncipe—. Se le cayeron todos los cerillos al arroyo y se le han estropeado. Llora mucho porque su padre le pegará por no llevar ningún dinero a su casa. Está descalza y su cabecita no tiene abrigo. Arráncame el otro ojo y llévaselo. De ese modo su padre no le pegará.

—Está bien —dijo la golondrina—. Pasaré otra noche contigo, pero no me pidas que te arranque el otro ojo porque entonces te quedarías ciego.

—Golondrina, golondrina, golondrinita —dijo el príncipe—. Por favor haz lo que te mando.

Entonces la golondrina le arrancó el segundo ojo y levantó vuelo llevándolo en su pico. Se detuvo sobre el hombro de la pequeña vendedora de cerillos y dejó caer el zafiro en la palma de su mano.

—¡Oh, qué bonito trozo de cristal! —exclamó la niña. Y muy alegre se fue a su casa a entregárselo a su padre.

La golondrina volvió de nuevo hacia donde estaba el príncipe y le dijo:

—Me quedaré contigo para siempre, porque te has quedado ciego.

—No, golondrinita —contestó el príncipe—. Tienes que volar a Egipto.

—Me quedaré contigo para siempre —dijo rotundamente la golondrina y se durmió entre los pies del príncipe.

Al día siguiente se posó en el hombro del príncipe y le contó lo que había visto por países extraños. Le habló de los rojos ibis que se colocan en fila a orillas del Nilo y pescan a picotazos peces dorados; de la esfinge tan vieja como el mundo, que vive en el desierto y para la cual no hay misterio ni secreto, pues todo lo sabe; de los mercaderes que van lentamente junto a sus camellos; contando las cuentas de unos rosarios de ámbar; del rey de las montañas de la luna que es negro como el ébano y que adora a un pesado bloque de cristal; de la gran serpiente verde que duerme en la palma de la mano y a la que alimentan con pastelitos de miel los sacerdotes; de los pigmeos que navegan por un gran lago sobre anchas y enormes hojas planas y están siempre compitiendo con las mariposas.

—Querida golondrinita —dijo el príncipe—. Todo lo que me cuentas es maravilloso, pero más maravilloso aún es lo que soportan hombres y mujeres. No hay dolor más grande que la drina que tenía muy buen corazón—. ¿Le tengo que llevar otro rubí?

—Desgraciadamente no tengo más rubíes —dijo el príncipe—. Lo único que me quedan son mis ojos: son dos extraordinarios zafiros que fueron traídos de la India hace miles de años. Arráncame uno y llévaselo. Lo puede vender a un joyero y comprarse alimentos y combustible para calentarse y terminar su obra.

—Amado príncipe —dijo la golondrina—. No me pidas que haga eso. No, no puedo.

Y se puso a llorar.

—Golondrina, golondrina, golondrinita —le rogó el príncipe—. Haz lo que te pido.

Entonces la golondrina arrancó con su pico el ojo del príncipe y se lo llevó hasta la buhardilla del estudiante. No le fue difícil entrar porque había un agujero en el techo. La golondrina se lanzó por él como una flecha y pronto estuvo en la humilde habitación.

El muchacho con la cabeza hundida entre las manos no pudo oír al pájaro y cuando levantó la cabeza, observó el hermoso zafiro que brillaba entre las violetas marchitas.

—Oh —dijo—. ¿Será que empiezo a ser estimado por el público? Esto seguramente es regalo de un admirador muy rico. ¡Qué suerte! Podré por fin terminar mi obra.

Era muy feliz.

A la mañana siguiente la golondrina anduvo volando por el puerto. Se posó sobre el mástil de un gran navío y desde allí contempló a los marineros sacar enormes cajas de la bodega tirando de unas cuerdas, y con cada caja que llegaba al puente, gritaban:

—¡Aaah, iza!

—¡Parto para Egipto! —les gritó la golondrina pero nadie le prestó atención y cuando salió la luna, ella volvió adonde estaba el Príncipe Feliz.

—He vuelto para despedirme. Me voy —dijo.

—Golondrina, golondrina, golondrinita —exclamó el príncipe—. Quédate por favor, una noche más conmigo.

—Aquí es invierno y pronto llegará la nieve glacial —contestó la golondrina—. En Egipto, en cambio, el sol calienta las verdes palmeras. Los cocodrilos se acuestan perezosamente a contemplar los árboles a orillas del río. Mis compañeras construyen sus nidos en el templo de Bal-Baalbeck. Las palomas rosadas y blancas las observan mientras se arrullan. Oh, amado príncipe, debo dejarte. Pero no te olvidaré jamás y la próxima primavera te traeré de allá dos hermosas piedras preciosas para

—Es curioso —le comentó— a pesar del frío, ahora casi siento calor. Y se quedó pensativa, reflexionando. Entonces se durmió. Cada vez que se ponía a reflexionar se dormía.

Al amanecer, se fue volando hasta el río y se dio un baño.

—¡Increíble fenómeno! —dijo asombrado el profesor de ornitología que cruzaba por el puente—. ¡Una golondrina en invierno!

El profesor escribió una larga carta sobre el tema y la envió a un periódico local. Todo el mundo la comentó. ¡Estaba tan llena de palabras, que no se podía entender!...

—Esta noche salgo para Egipto —se decía la golondrina.

Y se alegraba sólo de pensarlo.

Visitó todos los monumentos públicos de la ciudad y se detuvo a descansar un buen rato sobre la punta del campanario de la iglesia.

Por todos los lugares donde pasaba, los gorriones comentaban piándose los unos a los otros:

—¿Han visto?

—¡Qué extranjera más distinguida!

Lo que llenaba de contento y orgullo a la golondrina, quien al salir la luna volvió a todo vuelo hasta donde estaba el Príncipe Feliz.

—¿Quieres que te lleve algún encargo para Egipto? —le dijo—. Parto ahora.

—Golondrina, golondrina, golondrinita —dijo el príncipe—. Quédate otra noche conmigo.

—No puedo. Me esperan en Egipto —respondió la golondrina—. Seguramente mis compañeros volarán hacia la segunda catarata. Allí se acuesta el hipopótamo entre los juncos y se alza el dios Memnón sobre un gran trono de piedra. Observa las estrellas toda la noche y cuando Venus refulge lanza un grito de alegría y después vuelve a su silencio. A mediodía rojizos leones con ojos de verdes aguamarinas y de rugidos más atronadores que el de las cataratas, bajan a beber a la orilla del río.

—Golondrina, golondrina, golondrinita —dijo el príncipe—. Allá abajo, al otro lado de la ciudad veo a un joven en su buhardilla. Está inclinado sobre una mesa repleta de papeles y a su lado en un vaso, hay un ramo de violetas marchitas. Tiene un cabello negro rizado y unos labios rojos como el interior de una granada. Sus grandes ojos miran con aire soñador. Hace un esfuerzo por terminar una obra que está escribiendo para el director del teatro, pero tiene demasiado frío para seguir escribiendo. No hay fuego en su habitación y se muere de hambre.

—Está bien, me quedaré otra noche contigo —dijo la golon-

La golondrina besó en los labios al príncipe y cayó muerta a sus pies.

En ese mismo instante desde el interior de la estatua partió un raro crujido como de algo que se rompía.

Sucedió que la coraza de plomo se partió en dos. Es que en realidad el frío que hacía, era terrible.

A la mañana siguiente, muy tempranito, el alcalde y los concejales de la ciudad paseaban por la plazoleta y al pasar junto al pedestal, el alcalde levantó la vista hacia la estatua.

—¡Qué barbaridad! —exclamó— ¡El Príncipe Feliz parece un pordiosero!

—Sí, ¡realmente parece un pordiosero! —dijeron los concejales de la ciudad que siempre daban la misma opinión que el alcalde.

Y levantaron la vista ellos también hacia la estatua.

—Miren, el rubí de su espada ha caído, ya no tiene ojos ni es de oro —dijo el alcalde—. En resumidas cuentas es un andrajoso cualquiera.

—¡Un andrajoso cualquiera! —repitieron a coro los concejales.

—Y además tiene a sus pies un pájaro muerto —continuó el alcalde.

El secretario del Ayuntamiento anotó aquello.

Entonces fue derribada la estatua del Príncipe Feliz.

—¡Al no ser bello, de nada sirve! —comentó el profesor de Estética de la Universidad.

La estatua entonces, fue fundida en un horno y el alcalde citó a una sesión del Concejo para decidir lo que se debía hacer con el metal.

El mismo alcalde propuso:

—Se podría hacer otra estatua, la mía por ejemplo.

—Creo que sería mejor la mía —dijo otro concejal.

—O la mía —dijeron cada uno de ellos.

Finalmente terminaron en una gran disputa.

—¡Qué cosa tan extraña! —comentó el oficial primero de fundidores—. Este corazón de plomo no quiere fundirse en el horno. Lo tendremos que tirar como desecho. —Los fundidos fueron arrojados en el gran montón de basura donde estaba el cadáver de la golondrina.

—Quiero que me traigas las dos cosas más preciadas que encuentres en la ciudad —dijo Dios a uno de sus ángeles.

El ángel le llevó el corazón de plomo y el pájaro muerto.

—Has elegido muy bien —dijo Dios—. Este pájaro cantará para siempre en mi jardín del Paraíso y en mi ciudad de oro, el Príncipe Feliz repetirá mis alabanzas.

EL AMIGO FIEL

Un día, de mañana, la vieja rata de agua asomó la cabeza por su agujero. Tenía unos ojos redondos muy vivarachos y unos tupidos bigotes grises. Su cola parecía un largo elástico negro.

Unos patitos nadaban en el estanque semejando a una bandada de canarios amarillos, y su madre, toda blanca, con patas rojas, intentaba enseñarles a hundir la cabeza en el agua.

—Nunca podréis ir a la buena sociedad si no aprendéis a meter la cabeza —les decía.

Y les volvía a enseñar cómo hacerlo. Pero los patitos no prestaban ninguna atención a sus lecciones. Eran tan jóvenes que no conocían las ventajas que reporta la vida de sociedad.

—¡Qué criaturas más desobedientes! —opinó la rata de agua—. ¡Merecerían ahogarse, verdaderamente!

—¡No lo quiera Dios! —replicó la pata—. Todo tiene sus comienzos y nunca es excesiva la paciencia de los padres.

—¡Ah! No sé lo que son los sentimientos paternos —dijo la rata—. No soy padre de familia. Jamás me casé, ni he pensado en hacerlo. Indudablemente el amor es algo bueno, a su manera, pero la amistad vale más. Le aseguro que no conozco nada en el mundo más noble o más valioso que una fiel amistad.

—Y, explíqueme, se lo ruego, ¿qué idea se hace usted de los deberes de un amigo fiel? —intervino un pardillo verde que había oído la conversación posado sobre una rama de sauce.

—Sí, eso es justamente lo que yo quisiera saber —dijo la pata, y nadando hacia el extremo del estanque, sumergió su cabeza en el agua para dar un buen ejemplo a sus hijos.

—¡Qué pregunta tan tonta! —gritó la rata de agua—. ¡Como es lógico, entiendo por amigo fiel al que me demuestra fidelidad!

—¿Y qué haría usted en cambio? —dijo el avecilla hamacándose en una ramita plateada y moviendo sus alitas.

—No le comprendo a usted —replicó la rata.

—Permítame que le cuente una historia sobre este tema —dijo el pardillo.

—¿Se trata de mí esa historia? —preguntó la rata—. Si es así la escucharé gustosa, porque a mí me vuelven loca los cuentos.

—Puede aplicarse a usted —respondió el pardillo.

Y abriendo las alas, se posó en la orilla del estanque y contó la historia del amigo fiel.

—Había una vez —comenzó el pardillo— un honrado mozo llamado Hans.

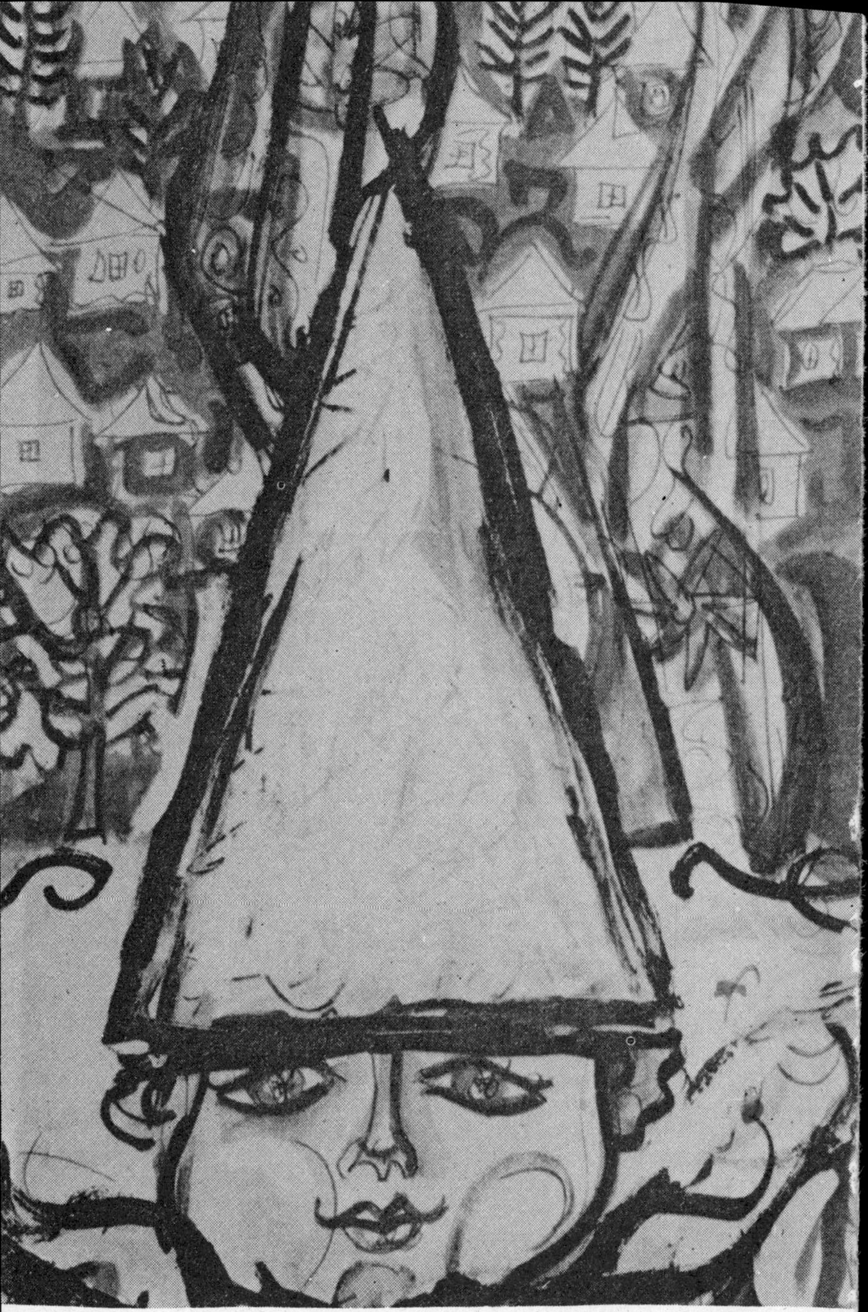

—¿Era hombre verdaderamente distinguido? —preguntó la rata de agua.

—No —respondió el pardillo—. No creo que fuese nada distinguido, excepto por su buen corazón y por su redondo rostro moreno y afable.

Vivía en una pobre casita del campo y todos los días trabajaba en su jardín.

En toda la región no existía un jardín tan hermoso como el suyo. En él crecían claveles, alelíes, cápselas, saxifragas, así como rosas de Damasco y rosas amarillas, azafranadas, lilas y oro y alelíes rojos y blancos.

Y ordenadamente, de acuerdo a la época, florecían agavanzos y cardaminas, mejoranas y albahacas silvestres; velloritas e iris de Alemania, asfodelos y claveros.

Una flor sustituía a otra. Por lo cual siempre había cosas bonitas a la vista y aromas agradables.

El pequeño Hans tenía muchos amigos, pero el más allegado a él era el gran Hugo, el molinero. Realmente, el rico molinero era tan allegado al pequeño Hans, que nunca visitaba su jardín sin inclinarse sobre los macizos y coger un gran ramo de flores o un buen puñado de ricas lechugas o sin llenarse los bolsillos de ciruelas y cerezas, según la estación.

—Los verdaderos amigos todo lo comparten entre sí —acostumbraba a decir el molinero.

Y el pequeño Hans asentía con la cabeza, sonriente, sintiéndose orgulloso de tener un amigo que pensaba tan noblemente.

A veces, sin embargo, los vecinos encontraban raro que el rico molinero nunca diese nada en cambio al pequeño Hans, aunque tuviera cien sacos de harina almacenados en su molino, seis vacas lecheras y un gran número de ganado lanar; pero Hans no se preocupó jamás por ello.

Nada le encantaba tanto como escuchar las cosas bellas que el molinero acostumbraba decir sobre la solidaridad de los verdaderos amigos.

Así, pues, el pequeño Hans cultivaba su jardín. En primavera, y en otoño se sentía muy feliz; pero cuando llegaba el invierno y no tenía ni frutos ni flores para llevar al mercado, sufría mucho frío y mucha hambre. Con frecuencia se acostaba sin haber comido más que unas frutas secas y algunas nueces rancias.

Además, en invierno, se encontraba muy solo, porque en aquella estación el molinero nunca iba a verle.

—No está bien que vaya a ver al pequeño Hans mientras duren las nieves —repetía el molinero a su mujer—. Cuando las personas están en apuros hay que dejarlas solas y no molestarlas con visitas. Por lo menos esa es mi opinión sobre la amistad y estoy seguro de que es la correcta. Por eso aguardaré la primavera y entonces iré a verle. Ya en esa época podrá darme un cesto de vellovitas y eso le pondrá feliz.

—Realmente eres muy solícito con los amigos —le respondía su mujer, sentada en un cómodo sillón junto a un buen fuego de leña—. Es un verdadero placer oírte hablar de la amistad. Estoy segura de que el cura no sabría decir tantas cosas bellas como tú sobre ella, a pesar de que él vive en una casa de tres pisos y lleva un anillo de oro en el meñique.

—¿Y no podríamos invitar al pequeño Hans a venir aquí? —intervino el hijo del molinero—. Si el pobre Hans pasa apuros, lo convidaré con la mitad de mi sopa y le mostraré mis conejos blancos.

—¡Qué tonto eres! —exclamó el molinero—. Ciertamente que no sé para qué sirve mandarte a la escuela. Parece que allí no aprendes nada. Si el desdichado de Hans viniese aquí y viera nuestro fuego, nuestra abundante cena y nuestra gran barrica de vino tinto, sentiría envidia. Y la envidia es algo terrible que arruina hasta los mejores caracteres. Realmente, yo no soportaría el sufrimiento de ver agriarse el carácter de Hans. Soy su mejor amigo, siempre velaré por él y tendré buen cuidado de no exponerle a ninguna tentación. Además, si Hans viniera aquí, podría pedirme un poco de harina fiada, lo cual no puedo darle. Porque la harina es una cosa y la amistad otra; y no se deben confundir ambas cosas. Esas dos palabras se escriben de modo diferente y tienen muy distinto significado, como todo el mundo sabe.

—¡Qué bello hablas! —dijo la mujer del molinero mientras le servía un gran vaso de cerveza caliente—. Tus palabras parece que me adormecen, me siento como en la iglesia.

—Muchos obran bien —replicó el molinero—, pero son pocos los que saben hablar bien, lo cual es prueba de que hablar es mucho más difícil y hermoso que actuar.

Y, por encima de la mesa, miró severamente a su hijo, que se sintió tan avergonzado de sí mismo, que inclinó la cabeza, se puso casi escarlata y comenzó a llorar encima de su té.

¡El pobre era tan joven, que bien pueden ustedes perdonarle!

—¿Este es el final de la historia? —preguntó la rata de agua.

—Todo lo contrario —contestó el pardillo—. Este recién es el comienzo.

—Entonces usted como cuentista está muy atrasado para su tiempo —replicó la rata de agua—. El nuevo método que utilizan todos los buenos cuentistas hoy día, es: comenzar por el final, continuar por el principio y terminar por la mitad. Esto lo escuché de labios de un crítico que se paseaba alrededor del estanque con un joven. Opinaba del asunto con mucha propiedad y estoy segura de que tenía razón, porque usaba unas gafas azules y era calvo; además cuando el joven le decía algo, siempre le contestaba: "¡Psé!", pero continúe usted su historia, se lo suplico. Me agrada mucho el molinero. Yo también guardo toda clase de sentimientos bellos: por eso hay una gran simpatía entre él y yo.

—¡Muy bien! —dijo el pardillo brincando sobre sus dos patitas—. En cuanto pasó el invierno y las velloritas comenzaron a abrir sus estrellas amarillas pálidas, el molinero dijo a su mujer que iba a salir y visitar al pequeño Hans.

—¡Ah, qué buen corazón tienes! —le gritó su mujer—. Nunca te olvidas de los amigos. No olvides llevar el cesto grande para traer las flores.

El molinero dejó atadas con una fuerte cadena de hierro unas con otras las aspas del molino y bajó la colina con la gran cesta al brazo.

—Buenos días, pequeño Hans —dijo el molinero.

—Buenos días —contestó Hans apoyándose en su azadón y sonriendo con una amplia sonrisa.

—¿Cómo has pasado el invierno? —preguntó el molinero.

—¡Bien, bien! —repuso Hans—. Muchas gracias por tu interés. Pasé mis malos ratos, pero ahora ya llegó la primavera y me siento casi feliz... Además mis flores van muy bien...

—Este invierno, hemos hablado con frecuencia de ti, Hans —prosiguió el molinero—. Nos preguntábamos cómo estarías.

—¡Qué amable eres! —dijo Hans—. Temí que ya no me recordaras.

—Hans, me extraña escucharte hablar de ese modo —dijo el molinero—. La amistad nunca olvida. Eso es lo admirable de ella, aunque temo que no comprendas todo lo que tiene la amistad de poético... Y a propósito... ¡qué hermosas están tus velloritas!

—Sí, verdaderamente están muy hermosas —dijo Hans— y por suerte tengo muchas. Las llevaré al mercado, donde las venderé a la hija del burgomaestre y con ese dinero compraré otra vez mi carretilla.

—¿Que volverás a comprar tu carretilla? ¿Es que acaso la has vendido? Eso es algo bien necio.

—Ciertamente; pero el hecho es —replicó Hans— que me vi obligado a ello. Como tú sabes el invierno es una mala estación para mí y no tenía dinero para comprar pan. Así que primero vendí los botones de plata de mi traje dominguero; luego vendí mi cadena de plata y después mi flauta. Finalmente vendí mi carretilla. Pero ahora voy a recuperar todo.

—Hans —dijo el molinero—, te regalaré mi carretilla. No se halla en muy buen estado. Uno de los costados se rompió y los radios de la rueda están algo torcidos, pero a pesar de eso te la daré. Me doy cuenta que es muy generoso de mi parte y a mucha gente le parecerá una locura que la regale, pero yo no soy como todo el mundo. Pienso que la generosidad es la esencia de la amistad y además ya compré una carretilla nueva. Ya puedes quedar tranquilo... Te la regalaré.

—Gracias, eres muy generoso —dijo el pequeño Hans, mientras su redonda cara se iluminaba con la alegría—. Yo la puedo arreglar fácilmente porque tengo una tabla en mi casa.

—¡Una tabla! —exclamó el molinero— ¡Qué suerte! Eso es justamente lo que me hace falta para el techo de mi granero. Tiene una gran brecha y todo el trigo se mojará si no la tapo... ¡Qué oportuno has estado! Verdaderamente una buena acción siempre genera otra. Te he regalado mi carretilla y ahora tú vas a darme tu tabla. Es verdad que la carretilla tiene mucho más valor que la tabla, pero la amistad sincera nunca repara en tales cosas. Dame ahora mismo la tabla y hoy mismo me pondré a arreglar mi granero.

—¡Por supuesto! —replicó el pequeño Hans.

Fue corriendo a su casa y trajo la tabla.

—No es una tabla demasiado grande —opinó el molinero examinándola— temo que una vez arreglado el techo del granero no restará madera como para el arreglo de la carretilla, pero yo no tengo la culpa... Y ahora en cambio de la carretilla que te di, estoy seguro de que querrás darme algunas flores... Aquí está el cesto, trata de llenarlo casi por completo.

—¿Casi por completo? —dijo el pequeño Hans, bastante apenado porque el cesto era muy grande y comprendía que si lo llenaba, ya no le quedarían flores para vender en el mercado y él estaba deseando recuperar sus botones de plata.

—Yo creí —respondió el molinero— que una vez que te di mi carretilla no era mucho pedirte unas cuantas flores. Podré estar errado, yo pensé que la amistad, la verdadera amistad, no conocía ninguna clase de egoísmo.

—Mi estimado amigo, mi mejor amigo —protestó el pequeño Hans—, todas las flores de mi jardín te pertenecen, porque me importa mucho más tu estima que mis botones de plata.

Y corrió a recoger las lindas velloritas y a llenar el cesto del molinero.

—¡Adiós, pequeño Hans! —dijo el molinero mientras volvía a trepar la colina con su tabla al hombro y su gran cesto al brazo.

—¡Adiós! —dijo el pequeño Hans.

Y se puso a trabajar alegremente: ¡estaba tan contento de tener carretilla!

A la mañana siguiente, cuando se hallaba sujetando unas madreselvas sobre su puerta, escuchó la voz del molinero llamándole desde el camino. Saltó de su escalera y corrió a mirar por encima del muro de su jardín.

En el camino estaba el molinero con un gran saco de harina a su espalda.

—Pequeño Hans —dijo el molinero—. ¿Podrías llevarme este saco de harina al mercado?

—¡Oh, lo siento mucho! —dijo Hans—. Pero hoy verdaderamente estoy atareadísimo. Debo sujetar todas mis enredaderas, regar todas mis flores y cortar todo el césped.

—¡Pardiez! —replicó el molinero—, pensé que en reconocimiento a que te he dado mi carretilla, no te negarías a hacerme un favor.

—¡Oh, si yo no me niego! —protestó el pequeño Hans— tratándose de ti, no puedo negarte nada.

Y yendo a buscar su gorra, partió con el gran saco sobre el hombro.

Era un día de mucho calor y la carretera estaba muy polvorienta. Antes de llegar al mojón que marcaba la sexta milla, se sintió tan cansado que tuvo que sentarse. Sin embargo, al poco rato prosiguió animosamente su camino, llegando finalmente al mercado.

Después de aguardar un rato, vendió el saco de harina a buen precio y volvió a su casa rápidamente porque temía que algún salteador le atracase si se demoraba en el camino.

—¡Qué día más duro! —pensó Hans al meterse en la cama— pero me alegro mucho de haber complacido al molinero, porque él es mi mejor amigo y, además, me va a dar su carretilla.

A la mañana siguiente, muy temprano, llegó el molinero por el dinero de su saco de harina, pero el pequeño Hans se hallaba tan extenuado, que aún no se había levantado de la cama.

—¡Palabra! —exclamó el molinero—, que eres muy holgazán. Cuando recuerdo que te he dado mi carretilla, pienso que podrías estar trabajando con más entusiasmo. La pereza es un gran vicio y yo no quisiera que ninguno de mis amigos fuera perezoso o flojo. No pienses que te hablo sin miramientos. Si yo no fuera amigo tuyo, no te hablaría así. Pero, ¿de qué valdría la amistad si uno no puede decir claramente lo que piensa? Es muy fácil decir cosas agradables y esforzarse en ser amable y halagar, pero un amigo sincero dice cosas duras y no teme molestar. Por el contrario, si se es un amigo verdadero, es preferible decir claramente las cosas porque uno sabe que así ayuda.

—Lo siento mucho —dijo el pequeño Hans frotándose los ojos y quitándose el gorro de dormir—. Pero estaba tan rendido, que creí que me había acostado hace poco y estaba escuchando cantar a los pájaros. Siempre trabajo mejor después de haber escuchado el canto de los pájaros.

—¡Bueno, tanto mejor! —replicó el molinero al mismo tiempo que le daba una palmada en el hombro—; porque te venía a pedir que arreglaras el techo de mi granero.

El pequeño Hans debía ir a trabajar a su jardín porque ya hacía dos días que no regaba sus flores, pero no quiso decirle que no, ya que el molinero había sido un buen amigo para él.

—¿Piensas que no sería amistoso recordarte que tengo que hacer? —preguntó con voz tímida.

—Nunca creí —respondió el molinero—, que fuese mucho pedirte, sabiendo que te di la carretilla. Pero si tú te niegas, yo mismo lo haré.

—¡Oh, no, de ninguna manera! —exclamó el pequeño Hans saltando de su cama.

Se vistió y fue a arreglar el granero.

Durante todo el día trabajó allí y al anochecer, llegó el molinero para ver cuánto había hecho.

—¿Ya tapaste el boquete del techo? —preguntó el molinero alegremente.

—Ya está casi totalmente terminado —respondió Hans bajando de la escalera.

—¡Ah! —dijo el molinero—. No existe trabajo tan placentero como el que se hace para otro.

—¡Es un placer oírte hablar! —respondió el pequeño Hans, que descansaba mientras se enjugaba la frente—. Temo que yo nunca llegue a tener ideas tan hermosas como tú sobre la amistad.

—¡Oh, ya las tendrás! —replicó el molinero—. Pero habrás de esforzarte. Por ahora no tienes más que la práctica de la amistad. Algún día también tendrás la teoría.

—¿De verdad, crees eso? —preguntó el pequeño Hans.

—Sin duda —contestó el molinero—. Pero ahora que ya arreglaste el techo, sería mejor que regresaras a tu casa a descansar, pues mañana necesito que lleves mis carneros a pastar a la montaña.

El pobre Hans no osó protestar, y, al día siguiente, al amanecer, el molinero le llevó los carneros hasta cerca de su casita y Hans tuvo que marchar con ellos a la montaña. Entre la ida y la vuelta se le fue el día; y al regreso, estaba tan cansado que se quedó dormido en su silla y no se despertó hasta bien entrada la mañana.

—¡Qué delicioso estará mi jardín! —se dijo e iba a ponerse a trabajar. Pero, por una y otra causa no pudo echar un vistazo a sus flores: en aquel momento llegaba su amigo el molinero y le mandaba muy lejos a llevar recados o le pedía que fuera a ayudarle a su molino. De a ratos, el pequeño Hans se inquietaba grandemente por sus flores pero se consolaba pensando que estaba ayudando a su mejor amigo.

—Además —solía decirse—, va a darme su carretilla, lo cual es un acto muy generoso.

Así, el pequeño Hans trabajaba para el molinero y éste decía cosas muy hermosas sobre la amistad, cosas que Hans copiaba en un libro suyo y que luego releía en las noches, pues era muy culto.

Una noche que el pequeño Hans estaba junto al fuego, dieron un aldabonazo en la puerta.

La noche estaba negrísima. El viento soplaba y rugía de una forma tan terrible en torno a la casa, que Hans pensó al principio que el que había golpeado la puerta había sido el huracán.

Pero oyó un segundo golpe y luego un tercero más violento que los otros.

—Será algún pobre viajero —se dijo el pequeño Hans y acudió a abrir.

En el umbral estaba el molinero con una linterna en una mano y un grueso garrote en la otra.

—Querido Hans —gritó el molinero—. Tengo un grave problema: mi chico se cayó de una escalera y se ha herido. Iba a buscar al médico. Pero su casa es tan lejos y la noche está tan tormentosa que he pensado que tú fueses en mi lugar. Ya sabes que cuentas con mi carretilla. A cambio de eso pienso que estaría bien que hicieses algo por mí.

—Ciertamente —exclamó el pequeño Hans—. Me alegra mucho que se te ocurriera acudir a mí. Iré en seguida. Pero sería bueno que me prestaras tu linterna, porque la noche está tan oscura que temo caer en una zanja.

—Lo siento mucho —respondió el molinero—, pero es mi linterna nueva y me dolería muchísimo que le ocurriera algo.

—¡Bien! No hablemos más. Me arreglaré sin ella —dijo el pequeño Hans.

Se puso su gran capa de pieles, su gorro encarnado de abrigo, se enrolló su tapabocas alrededor del cuello y partió.

¡Qué tormenta más terrible se desencadenaba!

La noche era tan oscura que el pequeño Hans apenas veía y el viento era tan fuerte, que le costaba un gran esfuerzo andar.

Sin embargo, como él era muy animoso, después de caminar unas tres horas llegó a casa del médico y llamó a su puerta.

—¿Quién es? —gritó el médico asomándose a la ventana de su habitación.

—¡El pequeño Hans, doctor!

—¿Y qué deseas, pequeño Hans?

—El hijo del molinero se cayó de una escalera y se ha herido y necesitan que usted vaya en seguida.

—¡Muy bien! —replicó el doctor.

Inmediatamente ensilló su caballo, se calzó sus grandes botas y tomando su linterna bajó la escalera. Y marchó a la casa del molinero llevando al pequeño Hans detrás de él, a pie.

La tormenta aumentó. Llovía a torrentes y el pequeño Hans no llegaba a ver por dónde iba ni distinguía el caballo.

Finalmente se perdió del camino, vagó por el páramo, que era un lugar muy peligroso, lleno de hoyos profundos hasta que cayó en uno de ellos, donde se ahogó.

A la mañana siguiente unos pastores hallaron su cadáver flotando en una gran charca y le llevaron a su casita.

Como Hans era muy querido, todo el mundo asistió a su entierro. El molinero, como era de esperarse, estuvo a la cabeza del duelo.

—Yo era su mejor amigo —decía el molinero—. Es justo que ocupe un sitio de honor.

Así es que marchó a la cabeza del cortejo con una larga capa negra. De vez en cuando se enjugaba los ojos con un gran pañuelo de hierbas.

—Verdaderamente que la muerte del pequeño Hans representa una gran pérdida para todos nosotros —dijo el hojalatero, una vez terminados los funerales y cuando la gente del cortejo estuvo cómodamente instalado en la posada bebiendo vino dulce y comiendo buenos pasteles.

—Es una gran pérdida, sobre todo para mí —respondió el molinero—. Fui lo bastante generoso para regalarle mi carretilla y ahora no sé qué hacer de ella. En casa me estorba y está en tan mal estado, que si tratara de venderla no sacaría nada por ella. Os aseguro que de ahora en adelante no regalaré más nada a nadie. Siempre se pagan las consecuencias de haber sido generoso.

—Y eso es verdad —intervino la rata de agua, luego de un largo silencio.

—¡Bueno! Pues ya terminó —dijo el pardillo.

—¿Y qué pasó luego con el molinero? —dijo la rata de agua.

—¡Oh! No lo sé con certeza —exclamó el pardillo—, y creo que no tiene ninguna importancia.

EDMUNDO DE AMICIS

Nació en Oneglia (Italia) en 1846. La necesidad de salir de su ambiente provinciano, lo lleva a emprender la carrera militar al mismo tiempo que la actividad literaria, la que finalmente continuaría. Todas las obras de De Amicis responden a un intento de extender la educación y la instrucción a las masas populares y a su profunda preocupación por los problemas sociales de la época.

Su obra maestra *Corazón, diario de un niño*, ha sido traducida a casi todos los idiomas y puede decirse que es el libro que más lágrimas ha hecho derramar a sus lectores grandes y chicos.

En *Corazón*, especie de evangelio pedagógico hasta la primera guerra mundial, son más manifiestas las intenciones didácticas y las preocupaciones sociales del autor. *Corazón*, como lo dice el mismo De Amicis en la dedicatoria, "es la historia de un curso escolar escrita por un alumno". En esa historia, contada día a día, asoman los infinitos detalles de la vida escolar y los jóvenes sentimientos humanos que con ella se relacionan: el orgullo, la humildad, la comprensión, la bondad.

Edmundo De Amicis murió en 1908. De su obra hemos escogido los cuentos que a continuación publicamos.

DE LOS APENINOS A LOS ANDES*

Hace mucho tiempo un chico genovés, de trece años de edad, hijo de un obrero, se fue desde Génova a América, solo, para buscar a su madre.

Esta había ido dos años antes a Buenos Aires, capital de la República Argentina, para ocuparse como sirvienta en alguna casa rica y ganar de ese modo lo necesario para levantar su familia la que, por efecto de diversas causas, había quedado en la pobreza y con deudas. No son pocas las mujeres valerosas que hacen tan largo viaje con las mismas miras, y que, gracias a los elevados salarios que allí cobran las personas de servicio, regresan a la patria, al cabo de pocos años, con unos cuantos miles de liras. La pobre madre había llorado lágrimas de sangre al separarse de sus hijos: uno de dieciocho años y el otro de once; pero partió con ánimo y llena de esperanza. El viaje fue feliz. Apenas llegada a Buenos Aires, encontró, por intermedio de un tendero genovés, primo de su marido y establecido desde mucho tiempo antes allí, trabajo en casa de una excelente familia argentina, que le daba un buen sueldo y la trataba muy bien. Durante algún tiempo había mantenido correspondencia regular. Habían convenido entre sí que el marido dirigiría sus cartas al primo, quien debía hacérselas llegar a ella, y ésta, a su vez, enviaba la respuesta al primo, quien la franqueaba para Génova, añadiéndole algunas líneas de su parte.

Ganando treinta pesos al mes y no gastando nada para sí, cada tres meses enviaba a su casa una bonita suma, con la cual el marido, que era un hombre bueno, iba pagando sus deudas más apremiantes, reconquistando así poco a poco su antigua buena reputación. El, por su parte, trabajaba cuanto podía y estaba contento de sí mismo, abrigando la esperanza de que su mujer regresara pronto, porque la casa parecía desierta sin ella, y el hijo menor, principalmente, que amaba muchísimo a su madre, se entristecía y no podía resignarse a la separación.

---

* Escribió Edmundo de Amicis este cuento hace más de setenta años, cuando Buenos Aires era, en efecto, un pueblo muy grande y de aspecto uniforme, en el que existían pocas casas de dos pisos. Conoció el interior de la República muy superficialmente por lo cual quedan explicados la pintura que hace de Buenos Aires y los errores en que incurre cuando describe el camino que recorren los personajes de su relato. —Nota del traductor.

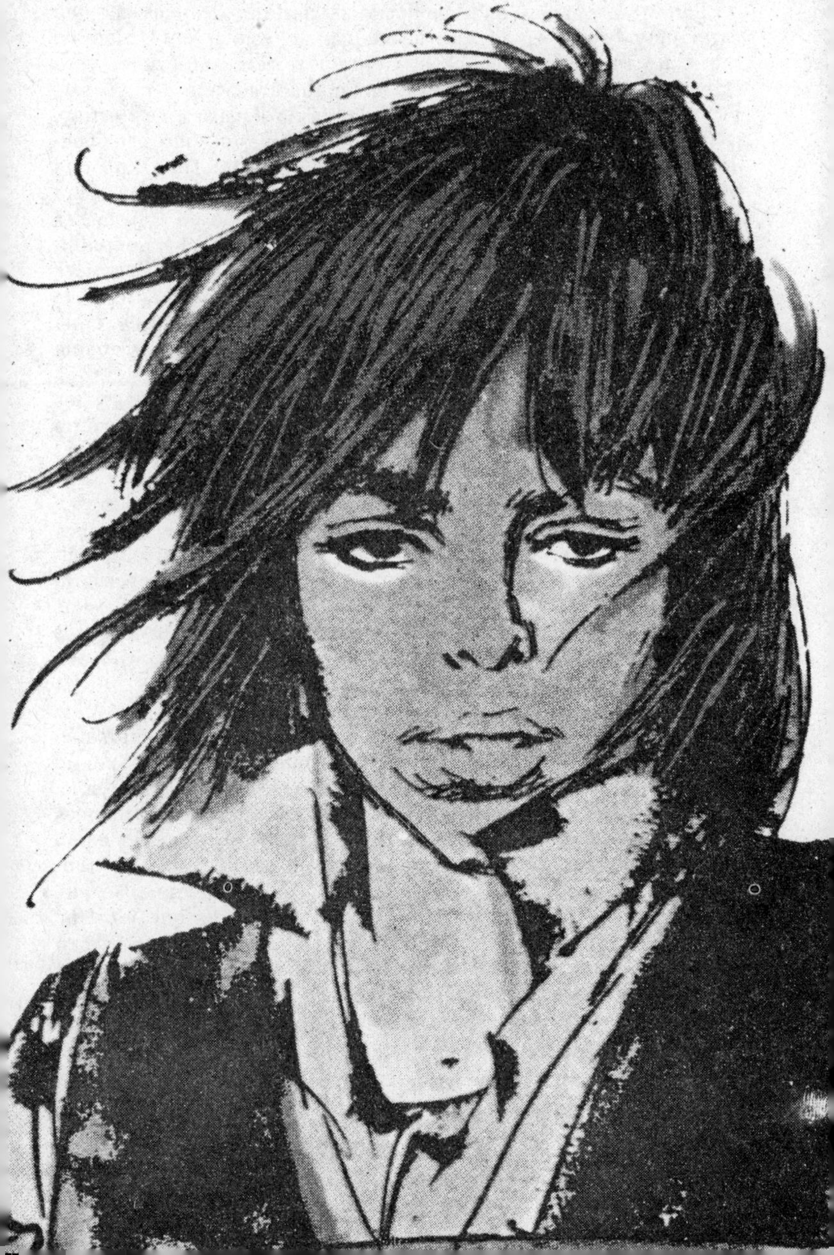

Pero transcurrido un año desde la partida, después de una carta muy breve, en la que decía que no estaba muy bien de salud, no recibieron más. Escribieron dos veces al primo, pero éste no respondió. Escribieron a la familia argentina a cuyo servicio estaba la mujer; pero como la carta no llegase a su destino, tal vez porque la dirección o el nombre hubiesen sido estropeados al escribirlos, no tuvieron tampoco respuesta. Temiendo una desgracia, escribieron al cónsul italiano en Buenos Aires, para que hiciese las investigaciones del caso, y al cabo de tres meses el consulado le contestó que, no obstante haberse hecho publicaciones en los diarios, no se había presentado nadie, ni siquiera a dar alguna noticia. No podía suceder de otro modo, pues la buena mujer, para salvar el honor de los suyos, el que creía mancillado por el hecho de trabajar ella de sirvienta, no había dado a la familia argentina su verdadero nombre.

Pasaron varios meses más, y ninguna noticia. El padre y los hijos estaban consternados; el más pequeño, sobre todo, se sentía oprimido por una tristeza que no podía dominar. ¿Qué hacer? ¿A quién recurrir?

La primera idea del padre fue marchar a América en busca de su mujer; pero ¿y el trabajo? ¿quién mantendría entonces a los hijos? Tampoco podía partir el hijo mayor, quien, precisamente, comenzaba entonces a ganar alguna cosa y era necesario a la familia. Y así vivían, con este afán, repitiendo todos los días los mismos dolorosos coloquios, o mirándose en silencio los unos a los otros, cuando una noche, el más pequeño, Marcos, dijo con toda resolución:

—Yo me voy a América a buscar a mi madre.

El padre movió a uno y otro lado la cabeza, con expresión triste; pero no dijo nada. Era un pensamiento inspirado por el cariño; pero de imposible realización. ¡A los trece años, solo, hacer un viaje a América, que requería nada menos que un mes para llegar! Pero el chico insistió pacientemente: insistió aquel día, al día siguiente y el otro, y todos los días, con la mayor tranquilidad, razonando con el buen sentido de un hombre sesudo.

—Otros muchos han ido —decía— y más chicos que yo. Una vez en el barco, llegaré lo mismo que han llegado otros. Ya en América, no tengo otra cosa que hacer, más que buscar la tienda del primo. Entre tantos italianos que hay por allá, no será difícil encontrar uno que me enseñe la calle. Hallado el primo, mi madre está localizada. Y aun, si no encontrase al primo, iría al consulado italiano y buscaría la familia argentina. Ocurra lo que ocurra, allí hay trabajo para todo el mundo; también yo podré encontrarlo, con lo que me ganaré lo necesario para el regreso.

Y así, poco a poco, llegó casi a persuadir al padre. Este lo quería mucho y sabía que tenía juicio y entereza, que estaba acostumbrado a las privaciones y a los sacrificios, y que todas estas buenas cualidades adquirirían doble fuerza en su corazón por el santo propósito de encontrar a su madre, a la que adoraba. Vino a añadirse a esto que el comandante de un vapor, amigo de un conocido suyo, al oír hablar del asunto, tomó a su cargo conseguir un billete de tercera clase, gratis, para Buenos Aires. Y con esto, después de no pocas cavilaciones, el padre consintió y el viaje quedó decidido. Le llenaron de ropa una bolsa de viaje, le pusieron unas cuantas liras en el bolsillo, diéronle la dirección del primo y una hermosa tarde del mes de abril, lo embarcaron.

—Marcos, hijo mío —le dijo el padre con los ojos llenos de lágrimas, dándole el último beso, al despedirlo en la escala del vapor, próximo a partir—, ten valor. Marchas con un fin santo y Dios te ayudará.

¡Pobre Marcos! Tenía el corazón fuerte y preparado hasta para las más duras pruebas de aquel viaje; pero cuando vio desaparecer en el horizonte a su bella Génova y se encontró en alta mar, en aquel gran transatlántico repleto de campesinos que emigraban, solo, sin conocer a nadie, con su bolsa de ropa que encerraba toda su fortuna, sintió un repentino descorazonamiento. Durante dos días estuvo acurrucado en un rincón de proa, como un perro, sin comer apenas y sintiendo una gran necesidad de llorar. Toda clase de pensamientos tristes le cruzaba por la mente, y el más terrible, el más triste era el que más se obstinaba en volver: el pensamiento de que su madre hubiese muerto. En sus sueños entrecortados y penosos veía siempre la cara de un desconocido que lo miraba con aire de compasión y después le decía al oído: "¡Tu madre ha muerto!". Y entonces despertaba, sofocando un grito. Sin embargo, cuando pasó el estrecho de Gibraltar, al verse en pleno océano Atlántico, recuperó un poco el ánimo y la esperanza; pero este alivio fue muy breve. Aquel inmenso mar, siempre igual; el calor, que cada día era más fuerte; la tristeza de toda aquella pobre gente que lo rodeaba y el sentimiento de la propia soledad, volvieron a dar con su energía en tierra. Los días que se sucedían monótonos y sin incidentes que los señalasen, se le confundían en la memoria, como acontece a los enfermos. A veces le parecía que llevaba ya un año en el mar; y todas las mañanas, al despertar, experimentaba un nuevo estupor al encontrarse allí, solo, en medio de aquella inmensidad de agua y en viaje para América.

Los graciosos peces voladores que a cada momento caían sobre cubierta; las maravillosas puestas de sol del trópico, entre enormes nubes de color de fuego y de sangre; las fantásticas fosforescencias nocturnas que hacen parecer el océano un mar de lava incandescente, no le hacían impresión de cosas reales, sino de prodigios entrevistos en un sueño. Hubo días de mal tiempo, durante los cuales permaneció encerrado en su camarote, donde todo rodaba o se sacudía en medio de un coro espantoso de lamentos y de imprecaciones, y en esos días creyó que ya había llegado su última hora. Hubo otros de absoluta calma, mar sereno con tonos amarillentos, calor insoportable y decaimiento invencible; horas interminables y tristes durante las cuales los pasajeros enervados y tendidos sobre cubierta, absolutamente inmóviles, parecían muertos. Y el viaje no se acababa nunca; mar y cielo, cielo y mar, hoy como ayer, mañana como hoy... todavía... siempre... eternamente. Y él se pasaba horas y horas apoyado en la borda, mirando aquel mar sin fin, aturdido, pensando vagamente en su madre hasta que los ojos se le cerraban y la cabeza le caía sobre el pecho, vencido por el sueño. Y entonces volvía a ver la cara del desconocido que le repetía al oído: "¡Tu madre ha muerto!". Y a aquella voz se despertaba sobresaltado... para volver a soñar con los ojos abiertos y a mirar el horizonte siempre igual.

El viaje duró veintisiete días, de los cuales los últimos fueron los mejores. Reinaba el buen tiempo y corría cierto airecillo fresco. El chico había trabado relación con un buen viejo lombardo que iba a la Argentina para reunirse con un hijo que trabajaba la tierra cerca de la ciudad de Rosario. Le había referido todo y el viejo lo animaba diciéndole de vez en cuando, mientras le palmeaba cariñosamente la espalda: "Animo, *bagai*;[1] tú has de encontrar sana y contenta a tu madre". Aquella compañía lo reconfortaba y sus tristes presentimientos se habían convertido en risueñas esperanzas. Sentado en la proa, al lado del viejo campesino que fumaba su pipa, bajo un cielo estrellado hermosísimo y en medio de los grupos de emigrantes que cantaban, se complacía en representarse en la imaginación su llegada a Buenos Aires. Se veía en la calle buscada y no tardaba en encontrar la tienda del primo, lanzándose como una saeta al encuentro de éste. "¿Cómo está mi madre?". "¿Dónde está?". "¡Vamos inmediatamente!". Y corrían juntos, subían una escalera, se abría una puerta... Aquí terminaba siempre su mudo soliloquio; su imaginación se perdía en un sentimiento de inefable ternura que le hacía sacarse del pecho, a escondidas, una medallita que llevaba pendiente del cuello y murmurar sus oraciones, besándola.

[1] Expresión familiar regional equivalente a pillete, granujilla, etcétera.

Llegaron el día vigésimo séptimo después de la partida. Sonseía la rosada aurora de un día claro de mayo cuando el transatlántico echó las anclas en el inmenso río de la Plata, en una de cuyas orillas está situada la extensa ciudad de Buenos Aires, capital de la República Argentina. Aquel tiempo espléndido le pareció de buen agüero. Estaba fuera de sí por la alegría y por la impaciencia. Su madre estaba ya a poca distancia de él. Dentro de pocas horas la vería. Y él se encontraba en América, en el Nuevo Mundo; y había tenido valor para venir solo. Ahora le parecía que todo aquel larguísimo viaje había sido hecho en un momento. Le parecía que hubiese volado en sueños y que ahora había despertado. Y tan feliz se sentía que apenas si se afligió cuando al registrarse los bolsillos comprobó que le faltaba uno de los envoltorios en que había dividido su pequeño tesoro para estar más seguro de no perderlo todo. Lo habían robado y no le quedaban sino unas pocas liras; pero ¿qué le importaba, ahora que se encontraba tan cerca de su madre? Con su bolsa en la mano, se trasladó, juntamente con otros muchos italianos, a un vaporcito que los llevó hasta muy cerca de la orilla, y del vaporcito pasó a un lanchón que llevaba el nombre de *Andrea Doria* y que lo condujo hasta el muelle, en el que se despidió de su amigo el viejo lombardo y echó a andar a paso largo hacia la ciudad.

Cuando llegó a la primera bocacalle detuvo a un hombre que pasaba y le pidió le indicara hacia dónde debía ir para encontrar la calle de las Artes.[1] Había tenido la suerte de dirigirse a un obrero italiano. Este lo miró con curiosidad y le preguntó si sabía leer. Y como el chico le dijese que sí, el obrero, indicándole la calle de donde él salía, le dijo:

—Pues, bueno; sigue siempre derecho, leyendo los nombres de todas las calles en todas las esquinas, y no tardarás en encontrar la que buscas.

El chico le dio las gracias y echó a andar por la calle que se abría delante.

Era una calle recta y que parecía interminable, formada por casas blancas y bajas, semejantes a viviendas de campo; estaba llena de gente, de coches, de carros enormes que producían un ruido ensordecedor; aquí y allá ondeaban grandes banderas de diferentes colores, y en ellas, escrito con caracteres de a palmo, el anuncio de la salida de vapores para puntos desconocidos. A distancias regulares veía que a derecha e izquierda se abrían otras dos calles rectas que se prolongaban hasta perderse de vista y también formadas por casitas bajas y blancas. Estaban,

[1] Hoy Carlos Pellegrini.

igualmente, llenas de gente y de carros, y a lo lejos parecía que estuviesen cortadas por la línea recta de la llanura americana sin límites, semejante al horizonte del mar. La ciudad le parecía infinita; a su modo de ver debía poderse caminar días y semanas, viendo siempre, aquí y allá, calles como aquellas, por las que toda América debería estar surcada. Miraba con la mayor atención los nombres de las calles; nombres extraños que costaba trabajo leer. A cada nueva calle le palpitaba el corazón porque pensaba que debía ser la que él buscaba. También se fijaba en todas las mujeres, con la idea de encontrar a su madre. Vio una delante de sí que le produjo una fuerte sacudida en el corazón; la alcanzó y la miró; era una negra. Y andaba y andaba, apresurando el paso. Llegó a un nuevo cruce de calles, miró, leyó y quedó como clavado en la acera: era la calle de las Artes. Dobló la esquina y miró el número 117; el de la tienda del primo era el 175. Apresuró aún más el paso; ahora casi corría. Al llegar frente al número 171 tuvo que detenerse para respirar. Y dijo para sí: "¡Oh, madre mía! ¡Madre mía! ¿Será verdad que te veré dentro de unos instantes?".

Corrió de nuevo y llegó ante una pequeña tienda de mercería. Entró; había una señora de cabello gris y con anteojos.

—¿Qué quieres, niño? —le preguntó en español.

—¿No es ésta —dijo el muchacho, esforzándose por emitir la voz y hacerse entender— la tienda de Francisco Merelo?

—Francisco Merelo ha muerto —respondió la señora en italiano.

El muchacho sintió como si le hubiesen dado un mazazo en el pecho.

—¿Cuándo ha muerto?

—Hace ya varios meses —respondió la señora—. Le fueron mal los negocios y escapó. Dicen que se fue a Bahía Blanca, muy lejos de aquí, y apenas hubo llegado, murió. La tienda es mía.

El chico se quedó blanco como un papel. Luego, sacando fuerzas de su propia flaqueza, dijo:

—Merelo conocía a mi madre; mi madre estaba sirviendo en la casa del señor Mequínez. Solamente él podía decirme dónde está. Yo he venido a América a buscar a mi madre. Merelo era quien le entregaba las cartas... ¡Yo necesito encontrar a mi madre!

—¡Pobre criatura! —dijo la señora—. Yo no sé...; pero voy a preguntar al chico que vive en el patio. El conocía al muchacho que hacía los mandados a Merelo; puede ser que sepa darnos algún dato.

Fue al fondo de la tienda y llamó a un chico, que acudió al momento.

—Dime —le preguntó la tendera—: ¿recuerdas si el chico que estaba con Merelo iba algunas veces a llevar cartas a una mujer que servía en casa de unos hijos del país?

—Sí; en casa del señor Mequínez —repuso el muchacho—; sí, señora, algunas veces. En esta misma calle.

—¡Ah, señora! ¡Gracias! —exclamó Marcos—. Dígame el número... ¿No lo sabe? ¡No importa!... ¡Hágame acompañar!... ¡Acompáñame tú; pero ahora mismo! —agregó volviéndose al chico—. ¡Yo tengo dinero para pagarte!

Y dijo esto con tanto calor que, sin esperar más, el muchacho le respondió: "¡Vamos!" —y salió adelante a buen paso.

Casi corriendo y sin decir una palabra anduvieron la larguísima calle hasta su terminación, entraron en el portal de una casita blanca y se detuvieron ante una cancela de hierro forjado, desde la que se veía un patio lleno de macetas con flores. Marcos tiró del cordón de la campanilla. Salió una señorita.

—Aquí vive la familia de Mequínez, ¿no es verdad? —preguntó emocionado el chico.

—Aquí vivía —respondió la señorita, pronunciando el italiano con acento español—. Ahora vivimos nosotros: la familia Ceballos.

—¿Y adónde han ido los Mequínez? —preguntó Marcos, palpitándole violentamente el corazón.

—Se han ido a Córdoba.

—¡Córdoba! —exclamó Marcos—. ¿Dónde está Córdoba? ¿Y la sirvienta que tenían? ¡La mujer... mi madre...! ¡La mujer que les servía era mi madre! ¿Se han llevado a mi madre también?

La señorita lo miró con lástima y dijo:

—No lo sé. Tal vez mi padre sepa algo, pues los conoció cuando estaban por irse. Espera un momento.

Entró corriendo y un instante después salió con su padre, que era un señor alto y con barba canosa. Miró con interés a aquel simpático tipo de marinerito genovés, de rubios cabellos y nariz aguileña, y le preguntó en algo que quería ser italiano:

—¿Tu madre es genovesa?

Y al contestarle Marcos afirmativamente, añadió:

—Bueno; la sirvienta ha ido con ellos. Estoy seguro.

—¿Y adónde han ido?

—A Córdoba..., una ciudad.

El chico lanzó un suspiro; después dijo con resignación:

—Entonces... iré a Córdoba.

—¡Ah, pobre niño! —exclamó el señor con aire de compasión—. ¡Pobre criatura! Córdoba está a centenares de leguas de aquí...

Marcos se puso pálido como un muerto, y se apoyó con una mano en la cancela.

—Vamos a ver, vamos a ver —dijo el señor movido a compasión, abriendo la puerta—. Ven adentro un momento. Vamos a ver si es posible hacer algo. Siéntate.

Le hizo tomar asiento y le pidió le contase su historia, que escuchó con mucha atención. Luego estuvo un rato pensativo, y, por fin, dijo resueltamente:

—Tú no tendrás dinero, ¿verdad?

—Aún tengo... un poco —respondió Marcos.

El señor estuvo pensando otros minutos; después se sentó a una mesa, escribió una carta, la cerró y entregándosela al chico le dijo:

—Escucha, italianito: con esta carta ve a la Boca. Es una barriada medio genovesa que se encuentra a unas dos horas de camino de aquí. Cualquiera a quien preguntes, te indicará por dónde debes ir. Ve allá y busca a este señor a quien va dirigida la carta, que es conocido por todos. Llévale esta carta. El te hará partir mañana para Rosario y te recomendará a alguno en esa ciudad, que se encargará de hacerte llegar a Córdoba, donde encontrarás a la familia Mequínez y a tu madre. Mientras, toma esto —y le puso en la mano unos pesos—. Anda y ten buen ánimo. Aquí, por cualquier parte que vayas, vas a encontrar paisanos tuyos que no han de dejarte abandonado. Adiós.

El niño le dijo: "¡Gracias!", sin poder pronunciar otra palabra y salió con su bolsa. Ya en la calle se despidió de su pequeño guía y lentamente tomó el camino de la Boca, lleno de tristeza y de estupor, cruzando de uno a otro extremo la bulliciosa gran ciudad.

Todo cuanto le sucedió desde aquel momento hasta el día siguiente, le quedó después en la memoria de una manera confusa e incierta, como una creación fantástica de la fiebre, debido a su desmoralización, a su cansancio y al desconcierto que produjo en sus ideas la noticia recibida. Y al siguiente día, al anochecer, después de haber pasado la noche en un cuartucho de una casa de la Boca, junto a un cargador del puerto, y haber estado casi todo el día sentado en una fila de tablones, y como amodorrado, frente a centenares de barcos de vela, de lanchones y de vapores, se encontró a popa de una gran barca de vela, cargada de fruta, que partía para la ciudad de Rosario, conducida por tres robustos genoveses bronceados por el sol, cuyas voces y el dialecto amado que hablaban, le llevaron un poco de consuelo al corazón.

Partieron. El viaje duró tres días y cuatro noches, y fue de continuo asombro para el pequeño viajero. Tres días y cuatro noches sobre aquel maravilloso río Paraná, comparado con el cual nuestro gran Po no es más que un arroyuelo, y la longitud de cuyo curso no se alcanzaría a llenar multiplicando por cuatro la de toda Italia. La barca navegaba lentamente, remontando aquella masa de agua desmesurada. Pasaba por entre largas islas, otrora nidos de serpientes y tigres, cubiertas de naranjos y de sauces, semejantes a bosques flotantes; y tan pronto se aventuraba por estrechos canales de los que parecía que no podría salir jamás, como desembocaba en vastas extensiones de agua que presentaba de nuevo entre las islas, por los intrincados canales de un archipiélago y entre montes enormes de vegetación. Reinaba silencio profundo. En gran parte del curso, las orillas desiertas y las aguas solitarias y vastísimas daban la impresión de un río desconocido por el cual aquella pobre vela era la primera del mundo que se aventuraba. Cuanto más avanzaban, tanto más espanto le producía el monstruoso río. Imaginaba a su madre habitando en las fuentes donde nacía el río y que el viaje prolongaríase por diez años. Dos veces al día comía un poco de pan y de carne salada con los tripulantes, los que al verlo siempre con aquel aire triste y reconcentrado no le dirigían la palabra. De noche dormía sobre cubierta y a cada momento se despertaba bruscamente, deslumbrado por la limpidez de la luna que blanqueaba las aguas inmensas y las lejanas orillas; y entonces se le oprimía el corazón.

—¡Córdoba! ¡Córdoba! —repetía, como si fuese este nombre el de una de aquellas ciudades misteriosas de las cuales había oído hablar en las fábulas. Pero después pensaba:

"Mi madre ha pasado por aquí; ha visto estas islas, aquellas orillas" —y no le parecían ya tan raros ni tan extraños aquellos lugares, en los que se había posado la mirada de su madre... Por la noche, uno de los que conducían la barca, cantaba. Aquella voz le traía a la memoria las canciones de su madre cuando, siendo él muy pequeño, quería hacerlo dormir. La última noche sollozó al oír aquel canto. El barquero se calló un momento. Luego dijo:

—¡Animo, ánimo, amigo! ¡Que no se diga que un genovés llora porque está lejos de su casa! ¡Qué diablo! ¡Los genoveses dan la vuelta al mundo gloriosos y triunfantes!

Al oír aquellas palabras se sintió picado en su amor propio, sintió la voz de la sangre genovesa, levantó la cabeza con altivez y dio un golpe sobre el timón: "Y bien, sí —dijo para sus adentros—, aunque tuviese que dar toda la vuelta al mundo, viajar aun año tras año y hacer centenares de leguas a pie, seguiré siempre adelante hasta que logre encontrar a mi madre. ¡Aunque tenga que llegar moribundo y desplomarme muerto a sus pies! ¡Con tal que vuelva a verla una vez...! ¡Animo!".

Y en esa disposición llegó al clarear de una mañana rosada y fresca frente a la ciudad de Rosario, situada sobre una barranca a la orilla derecha del Paraná, en el que las aguas reflejaban las antenas y las banderas de numerosos buques de todos los países.

Poco después desembarcó y se dirigió, con su bolsa en la mano, hacia la ciudad, donde debía ver a un señor argentino para quien su protector de la Boca le había entregado una tarjeta con algunas palabras de recomendación. Al entrar en Rosario le pareció que entraba en una ciudad conocida. Eran las mismas calles rectas, interminables, flanqueadas por casas bajas y blancas, cruzadas en todas direcciones, por encima de las azoteas, por gran cantidad de alambres telegráficos y telefónicos que parecían inmensas redes, y por doquiera un ruido ensordecedor de gente, de caballos y de carros. La cabeza le daba vueltas; creía casi que volvía a entrar en Buenos Aires y que tenía que volver a buscar al primo. Anduvo cerca de una hora, volviendo a uno y otro lado y pareciéndole que siempre regresaba a la misma calle. Por fin, a fuerza de preguntar, llegó a la casa de su nuevo protector. Tocó la campanilla, y apareció en la puerta un hombre gordo y rubio, de fisonomía y aspecto de quintero, el cual le preguntó con malos modos y con pronunciación marcadamente extranjera, qué se le ofrecía.

El chico le dijo que deseaba hablar con el señor a cuyo nombre iba la tarjeta.

—El patrón —respondió el quintero— se fue anoche a Buenos Aires con toda su familia.

El chico se quedó mudo de angustia. Después balbució:

—¡Pero yo... no tengo a nadie aquí...! ¡Estoy solo...! —y le alargó la tarjeta.

El quintero la tomó, la leyó y contestó brutalmente:

—¡No sé qué vamos a hacer! Se la daré cuando vuelva dentro de un mes.

—¡Pero yo estoy solo! ¡Yo necesito...! —exclamó el chico, suplicante.

—¡Bueno! ¡Andando! —respondió el otro—. ¡Como si no hubiera bastante plaga de tu tierra en Rosario! ¡Para pedir limosna podías haberte quedado en Italia!

Y le cerró la puerta en la misma cara.

El chico se quedó como petrificado.

Después levantó lentamente su bolsa, que había dejado en el suelo, y salió con el corazón oprimido, con la imaginación hecha un caos y asaltado por mil pensamientos que se atropellaban y le impedían reflexionar.

¿Qué hacer? ¿Adónde ir? De Rosario a Córdoba había un día de tren; y no tenía sino unos pocos pesos. Descontando lo que tendría que gastar aquel día, no le quedaba casi nada. ¿Dónde encontraría el dinero para pagar el viaje? Podría trabajar; pero ¿en qué? ¿Y a quién debería pedir trabajo? ¡Pedir limosna...! ¡Ah! ¡Eso no! ¡Ser arrojado, insultado, humillado, como lo había sido momentos antes...! ¡No, no, nunca, primero morir!

Y ante aquella idea y al ver tenderse frente a él a la larguísima calle que se perdía, allá muy lejos, en la llanura sin límites, sintió de nuevo que le faltaba el valor; dejó su bolsa sobre la acera y se sentó encima, con la espalda apoyada en la pared, y dejó caer la cabeza, cubriéndose la cara con las manos, sin llorar, en actitud de suprema desolación.

Algunos al pasar tropezaban con sus pies; los carros producían un ruido ensordecedor que llenaba la calle; unos chicos se detuvieron y lo miraron con curiosidad, y él continuó un buen rato sin moverse.

De pronto sintió una fuerte sacudida al oír una voz que le preguntaba en una mezcla de italiano y lombardo:

—¿Qué te pasa, pequeño?

Alzó la cabeza al escuchar aquellas palabras y exclamó con tanto asombro como alegría:

—¡Usted está aquí!

Era el viejo campesino lombardo con el que había hecho amistad a bordo.

El asombro de éste no fue menor que el del chico. Pero el pequeño no le dejó tiempo para que lo interrogara, pues le contó en un momento todo lo que le había pasado.

—Ahora estoy sin dinero; es necesario que trabaje. Si usted pudiera encontrarme algún trabajo en que ganase lo que me hace falta... Yo estoy dispuesto a hacer cualquier cosa; puedo llevar cargas, limpiar la calle, hacer mandados y hasta trabajar la tierra. Me conformo con comer pan negro, pero siempre que pueda marchar pronto a Córdoba para encontrar de una vez a mi madre. ¡Haga conmigo esa obra de caridad: trabajo, encuéntreme trabajo, por amor de Dios, que ya no puedo más!

—¡Demonio, demonio! —decía el campesino mirando a uno y otro lado y rascándose la barba—. ¡Qué historia! ¡Trabajar...! Eso se dice pronto... Veamos. ¿No ha de haber manera de reunir treinta pesos entre tantos compatriotas?

El chico lo miraba, animado por un rayo de esperanza.
—Ven conmigo —le dijo el lombardo.
—¿Adónde? —preguntó el chico, volviendo a tomar su bolsa.
—Ven conmigo.

El viejo echó a andar y Marcos lo siguió. Caminaron un largo trecho sin hablar. El campesino se detuvo a la puerta de una fonda que ostentaba por muestra una gran estrella, bajo la cual se leía: *La Estrella de Italia*. Miró hacia adentro y volviéndose al muchacho, le dijo con alegría:
—Llegamos a tiempo.

Entraron en un espacioso local en que había gran número de mesas, y sentados a su alrededor muchos hombres que bebían y hablaban a voces. El viejo lombardo se aproximó a la primera mesa, y por la manera como saludó a los seis parroquianos que estaban sentados, se pudo comprender que acababa de estar en su compañía. Tenían las caras encendidas y golpeaban con los vasos, vociferando y riendo.

—Camaradas —dijo, sin andarse en rodeos, el lombardo, permaneciendo en pie y mostrando a Marcos—; aquí está un pobre chico, compatriota nuestro, que ha venido solo a Buenos Aires, desde Génova, para buscar a su madre. En Buenos Aires le han dicho: "*Aquí no está; se ha ido a Córdoba*". Se viene en un lanchón a Rosario, tres días y tres noches, con dos líneas de recomendación. Presenta la carta y le dan con la puerta en las narices. No tiene un centavo y está solo aquí, en una situación poco menos que desesperada. Es un muchacho que tiene un gran corazón. Ahora, veamos: ¿no será posible proporcionarle el dinero necesario para que vaya hasta Córdoba en busca de su madre? ¿Hemos de dejarlo abandonado como un perro?

—¡Nunca, en la vida! —¡Que no se diga semejante cosa! —¡No faltaría más! —gritaron unos y otros, dando puñetazos en las mesas—. ¡Un compatriota nuestro! —¡Ven acá, pequeño! —¡Aquí estamos nosotros, los emigrantes! —¡Mira qué granujilla más simpático! —¡Manos al bolsillo, camaradas! —¡Conque se ha venido solo! —¡Bravo! —¡Es un muchacho que tiene corazón! —¡Toma un sorbo, compatriota! —¡No tengas cuidado, que te mandaremos a Córdoba con tu madre!

Y uno le pellizcaba la mejilla, otro le golpeaba cariñosamente los hombros, un tercero le tomaba la bolsa. De las mesas vecinas se levantaron otros inmigrantes y se acercaron; con lo que la historia del chico corrió en un momento por toda la fonda. De una habitación inmediata vinieron tres parroquianos argentinos, y en menos de diez minutos el campesino lombardo, que había comenzado a pasar el sombrero, había recogido cuarenta y dos pesos.

—¿Has visto? —dijo entonces, volviéndose al muchacho—. ¿Has visto cómo en América se hacen las cosas pronto?

—¡Bebe! —le dijo otro, ofreciéndole un vaso de vino—. ¡A la salud de tu madre!

Todos levantaron los vasos.

—¡A la salud de mi. ... —comenzó Marcos; pero un sollozo de alegría le cortó la voz, y volviendo el vaso a la mesa se arrojó al cuello de su nuevo amigo.

A la mañana siguiente, al despuntar el día, salió para Córdoba resuelto y risueño y lleno de felices presentimientos. Pero no hay alegría que dure mucho tiempo ante ciertos aspectos siniestros de la naturaleza. El tiempo estaba cerrado y el cielo gris; el tren, poco menos que vacío, corría por una llanura inmensa en la que no se veía la menor señal de vivienda humana. Marcos se encontraba solo en un vagón larguísimo que se parecía a los de los trenes para heridos. Ya mirase a la derecha o a la izquierda, lo único que veía era una soledad sin fin, en la que, de vez en cuando, aparecían algunos arbolillos pequeños y deformes, con los troncos y las ramas retorcidos, como no los había visto nunca, que parecían a veces adoptar una expresión de ira o de angustia; una vegetación oscura, ruda, salvaje, triste, que daba a la llanura la apariencia de un cementerio infinito. Se adormilaba una media hora y volvía a contemplar el paisaje: siempre el mismo espectáculo.

Las estaciones estaban solitarias como casas de ermitaños, y cuando el tren se detenía no se escuchaba ni una voz; le parecía que estaba solo en un tren perdido y abandonado en medio de un desierto. Su imaginación le presentaba cada nueva estación como si debiera ser la última, luego de la cual el tren entraría en las tierras misteriosas y terroríficas de los salvajes. Una brisa helada le mordía el rostro. Al embarcarlo en Génova en los últimos días de abril, no se les había ocurrido a los suyos que en América había de encontrar el invierno, y lo habían vestido de verano. A las pocas horas empezó a sufrir el frío, y con el frío la fatiga de los días pasados, llenos de violentas emociones y de noches de insomnio y de angustia.

Al fin se durmió profundamente. Durmió muchas horas, despertándose aterido. Se sentía mal. Y entonces se apoderó de él un vago terror de enfermarse y morir en el viaje; de ser arrojado entonces en medio de la inmensa llanura desolada, en la que su cadáver sería despedazado por los perros y las aves de rapiña, como algunas osamentas que, de vez en cuando, veía tiradas cerca de la vía, y que le hacían estremecerse y volver la cara para no verlas. En aquel inquieto malestar y en medio de aquel tétrico silencio de la naturaleza, su imaginación se excitaba.

¿Estaba, siquiera, seguro de encontrar a su madre en Córdoba? ¿Y si no estuviese allí? ¿Si se hubiese equivocado el señor de la calle de las Artes? ¿Y si hubiese muerto? Pensando así volvió a quedar dormido. Soñó que estaba en Córdoba y era de noche; de todas las puertas y de todas las ventanas le gritaban: "¡No está! ¡No está! ¡No está!". Despertó sobresaltado y en el extremo del vagón vio tres hombres con barba y embozados en ponchos con rayas de colores, los cuales lo miraban hablando entre sí en voz baja; lo que hizo que le asaltase la sospecha de que eran asesinos que querían matarlo, para robarle la bolsa de sus ropas. Al frío y al malestar vino a agregarse el miedo; su fantasía, ya harto turbada, acabó de desbocarse. Los tres hombres lo seguían mirando y uno de ellos se levantó y se dirigió hacia él. Entonces, enloquecido, se levantó y le salió al encuentro, gritando con los brazos abiertos y con acento de la mayor angustia:

—¡Yo no tengo nada! ¡Soy un pobre chico y he venido de Italia para buscar a mi madre! ¡Estoy solo! ¡No me hagan ustedes daño!

Los hombres comprendieron al instante lo que pensaba el muchacho y sintieron lástima. Lo acariciaron y procuraron tranquilizarlo diciéndole muchas palabras que no entendía; y viendo que tiritaba y que los dientes le castañeteaban de frío, lo arroparon con uno de sus ponchos y lo acomodaron bien en el asiento para que se durmiera. Y, en efecto, volvió a dormirse cuando anochecía. Lo despertaron al llegar a Córdoba.

¡Ah, con qué gusto respiró y con qué alegría se echó fuera del vagón!

Preguntó a un empleado de la estación por la casa del ingeniero Mequínez, y aquél le dio el nombre de una iglesia diciéndole que al lado estaba la casa que buscaba. El chico salió a toda prisa. Era de noche. Al entrar en la ciudad le pareció que entraba otra vez en Rosario, al ver aquellas calles derechas, cruzadas por otras calles, también rectas y larguísimas. Pero andaba por ellas muy poca gente, y a la claridad de los escasos faroles, pudo ver caras extrañas, de un color nunca visto por él, entre negruzco y verdoso, y levantando los ojos veía a cada momento iglesias de una arquitectura rara, que se dibujaban enormes y negras en el firmamento. La ciudad era oscura y silenciosa, pero después de haber atravesado aquel inmenso desierto, le pareció alegre. Preguntó a un cura que encontró en su camino, y halló al momento la iglesia y la casa. Tiró de la campanilla con una mano y con la otra apretó el pecho, en que repercutían los rápidos y fuertes latidos de su corazón.

Abrió una anciana con una lámpara en la mano.

En el primer momento el chico no pudo hablar.

—¿A quién busca? —preguntó aquélla en español.

—Al ingeniero Mequínez —dijo Marcos.

La anciana, se cruzó de brazos con ademán de impaciencia y respondió, moviendo a uno y otro lado la cabeza:

—¿También tú tienes que hacer con el ingeniero Mequínez? Me parece que sería ya tiempo de dejar de molestar. Hace ya tres meses que nos tienen aburridos con la misma canción, y eso que lo hicimos publicar en los diarios. ¿Habrá que poner en todas las esquinas avisos para que se entere la gente que el ingeniero Mequínez se fue a vivir a Tucumán?

El chico hizo un gesto de desesperación, y luego tuvo un arranque de ira.

—¡Esto es, sin duda, una maldición! ¡Está visto que yo deberé morir en mitad de la calle, como un perro, sin encontrar a mi madre! ¡Me vuelvo loco! ¡Me voy a matar! ¡Dios mío... ¿Cómo dijo usted que se llama ese pueblo? ¿Dónde está? ¿A qué distancia...?

—¡Ah, pobre chico! —respondió la anciana, compadecida—. ¡Casi nada! Serán, yo creo, quinientos o seiscientos kilómetros, más o menos.

El chico se cubrió el rostro con las manos; luego exclamó sollozando:

—Y ahora ¿cómo hago?

—¿Qué quieres que te diga, hijito? —respondió la señora—. Yo no sé.

Pero de pronto se le ocurrió una idea y dijo:

—Escucha, ahora que lo pienso... Haz una cosa. Sigue esta calle, a la mano derecha, y a la tercera puerta verás un corralón. Allí hay una tropa de carretas que sale mañana al amanecer para Tucumán. Pregunta por el capataz y pídele que te lleve, a cambio de hacerle algún servicio. Puede ser que te hagan un lugar en alguno de los carros. ¡Anda, corre!

El chico se echó su bolsa a la espalda, dio las gracias y salió a escape. Muy pronto halló el corralón, que era muy grande y estaba alumbrado con faroles de mano. Algunos hombres se ocupaban en cargar bolsas de cereales en unos carros enormes, con cubierta redondeada a modo de bóveda, y las ruedas altísimas, semejantes a casas movibles de saltimbanquis. Un hombre alto y con bigote, cubierto con un poncho a cuadros blancos y negros, y con altas botas de montar, era quien dirigía el trabajo.

El chico se acercó a este hombre, y tímidamente le hizo su petición, diciéndole que venía de Italia, y que iba en busca de su madre.

El capataz lo miró con una ojeada de arriba abajo, y le contestó secamente:

—No hay puesto.

—Tengo quince pesos —repuso el chico en tono suplicante—. Se los daré, y trabajaré durante el viaje. Yo buscaré el agua y daré de comer a los animales; haré todos los servicios que me manden. Y con un poco de pan me basta. ¡Hágame un lugar, señor!

El capataz volvió a mirarlo y le contestó con tono más amable:

—No hay sitio... y, además, nosotros no vamos a Tucumán, sino a otra ciudad, a Santiago del Estero. Tendríamos que dejarte en cierto punto del camino, y desde allí aún te quedaría un trecho muy largo que recorrer a pie.

—¡Ah! Yo haré el doble, si es necesario —exclamó Marcos—. Yo caminaré, no crea; llegaré de cualquier manera. ¡Déjeme un sitio, señor, por caridad! ¡Por caridad no me deje aquí solo!

—Hazte cargo que es un viaje de veinte días.

—No importa.

—Es un viaje muy duro.

—Lo soportaré todo.

—Piensa que luego tendrás que viajar solo.

—No tengo miedo de nada. ¡Con tal que vuelva a ver a mi madre...! ¡Tenga usted compasión...!

El capataz le alumbró la cara con el farol que tenía en la mano, lo miró un momento y después le dijo:

—¡Bueno! ¡Está bien!

El chico le besó la mano.

—Esta noche dormirás en un carro y mañana te despertaré a las cuatro —añadió el capataz, retirándose—. ¡Buenas noches!

Al siguiente día, a las cuatro, alumbrada por la luz de las estrellas, la larga tropa de carros se puso en movimiento con gran estrépito. Cada carro llevaba uncidos seis bueyes y detrás iba gran número de animales de refresco. El chico, despertado y puesto en uno de los carros, sobre las bolsas, al momento volvió a dormirse profundamente. Cuando despertó, el convoy había hecho alto en un lugar completamente solitario, a pleno sol, y todos los peones estaban sentados en círculo alrededor de un cordero que se iba asando al aire libre, puesto en un asador clavado en tierra y próximo a una fogata que agitaba y avivaba el viento. Comieron todos juntos, durmieron y después pusiéronse en marcha. Y el viaje continuó de este modo con la regularidad de la marcha de un ejército.

Todas las mañanas se ponían en camino a las cinco; hacían un alto a las nueve y volvían a marchar a las cinco de la tarde para dar por terminada la jornada a las diez de la noche. Los peones iban a caballo y llevaban largas picanas para aguijonear a los bueyes.

El chico encendía el fuego para el asado, daba de comer a los animales, limpiaba los faroles e iba a buscar el agua para beber. El paisaje pasaba ante él como una visión vaga; extensos bosques de arbolillos negros retorcidos; aldehuelas de pocas casas con las fachadas rojas y con almenas; vastísimas extensiones —probablemente, lechos de antiguos grandes lagos salados— en las que blanqueaba la sal hasta donde se perdía la vista; y por todas partes, siempre, llanura, soledad y silencio.

Rarísimamente encontraban dos o tres viajeros a caballo, seguidos por una tropilla de animales sueltos, que pasaban a galope como una tromba.

Los días, como el mar, eran todos iguales; abrumadores e interminables; pero el tiempo era bueno.

Lo peor era que los peones, como si el chico hubiera sido su sirviente por obligación, cada día se hacían más exigentes con él; algunos lo trataban brutalmente, con amenazas; todos se hacían servir sin la menor consideración. Le hacían llevar enormes cargas de forraje, lo enviaban a buscar agua a grandes distancias; y él, quebrantado por la fatiga, ni siquiera podía dormir durante la noche, sacudido continuamente por los tumbos del carro y con los nervios en punta por los chirridos ensordecedores de las ruedas y de los ejes de madera. Y para colmo de su desventura, se había levantado el viento, y una tierra fina, casi impalpable, rojiza y como grasienta, lo envolvía todo, penetraba en los carros, entraba por las ropas, se metía por la boca y por los ojos, cortando la respiración y cegando hombres y bestias; y esto de una manera continua, oprimente, insoportable. Agotado por las fatigas y por el insomnio, con la ropa desgarrada y sucia, maltratado y oyendo groseras amenazas desde la mañana hasta la noche, el pobre chico iba decayendo cada día más, y habría perdido completamente el ánimo si el capataz no le hubiese dirigido de vez en cuando algunas palabras cariñosas y reconfortantes. Con frecuencia, en un rincón del carro, cuando no lo podían ver, daba rienda suelta al llanto, con la cara apoyada en su bolsa, que ya no contenía más que harapos. Cada mañana se levantaba más débil y más descorazonado, y al mirar la campaña y ver siempre ante sí aquella llanura sin límites e implacable como un océano de tierra, decía para sí:

"¡Ah! ¡Yo no llego hasta la noche! ¡No, no llego hasta la noche! ¡Hoy moriré en el camino!".

Y los trabajos aumentaban y se redoblaban los malos tratamientos. Una mañana, porque había tardado en llevar el agua, uno de los peones, en ausencia del capataz, le pegó un bofetón. Y desde entonces lo tomaron por costumbre y lo hacían hasta por diversión. Generalmente, al darle una orden, la acompañaban con un puntapié o una cachetada, y le decían: "¡Toma, guárdate esto!", o bien: "¡Llévale esto a tu madre!".

El corazón parecía que se le iba a partir: cayó enfermo. Durante tres días permaneció en el carro, cubierto con una frazada, devorado por la fiebre y sin ver a nadie más que al capataz, que iba de vez en cuando a darle de beber y a tomarle el pulso. Y entonces se creyó perdido e invocaba cien veces a su madre, a la que llamaba por su nombre: "¡Oh, madre mía, madre mía; ayúdame! ¡Ven a buscarme, que me muero! ¡Oh, mi querida madre, que ya no te veré más! ¡Pobre mi madre, que me encontrarás muerto en mitad del campo!".

Y juntando las manos sobre el pecho, rezaba. Poco a poco mejoró, gracias a los cuidados del capataz, y, por fin, se curó del todo. Pero con la mejoría vino también el día más terrible de su viaje: aquel en que debía quedar solo. Llevaban dos semanas de marcha cuando llegaran al punto en que el camino se bifurca, yendo uno a Santiago y el otro a Tucumán. Allí el capataz le dijo que tenían que separarse. Le dio las indicaciones necesarias acerca del camino que debía seguir, le sujetó la bolsa a la espalda, a modo de mochila, para que le fuese menos molesta para caminar, y, secamente, como si temiera conmoverse, se despidió de él. El chico apenas tuvo tiempo de besarlo en un brazo. También los otros hombres, que tan duramente lo habían tratado, pareció que sintieran cierta pena al verlo quedar allí tan solo, y le hicieron algunas señas amistosas al despedirse, alejándose en seguida. El devolvió los saludos con la mano y se quedó mirando el convoy que se alejaba, hasta que se perdió a lo lejos entre el polvo rojizo de la campaña. Después se puso en camino, abrumado por la tristeza.

Una cosa, en cambio, vino a infundirle nuevos bríos desde un principio. Después de tantos días de viaje a través de aquella llanura sin término y siempre igual, veía, al fin, ante sí, una cadena de altísimas montañas azules, con las cimas blancas, que le recordaban los Alpes y le daban la sensación de un acercamiento a su país. Eran los Andes, la espina dorsal del continente americano, la cadena inmensa que se extiende desde Tierra del Fuego hasta el océano Glacial Artico, abarcando ciento diez grados de latitud. Y también parecía darle vigor sentir que el aire se hacía cada vez más cálido, lo cual obedecía, sencillamente, a que, dirigiéndose desde un principio hacia el norte, iba acercándose a las regiones tropicales. A grandes distancias encontraba pequeños caseríos en los que no faltaba un tenducho; allí compraba alguna cosa para comer. En el camino solía cruzarse con hombres a caballo, y de tanto en tanto veía mujeres y chiquillos sentados en el suelo, graves e inmóviles, con caras completamente desconocidas para él, de color de tierra, los ojos oblicuos y los pómulos muy prominentes. Al verlo pasar lo miraban con fijeza y lo acompañaban con la mirada, volviendo la cabeza lentamente, como autómata. Eran indios.

El primer día anduvo mientras tuvo fuerzas y durmió debajo de un árbol; el segundo día caminó menos y con menos ánimo. Tenía el calzado roto, los pies agrietados y el estómago débil por la mala alimentación. Al acercarse la noche, comenzaba a sentir miedo. En Italia había oído decir que en aquellas tierras había serpientes, y ya le parecía que las oía arrastrarse cerca de él; se detenía a escuchar, luego corría como un loco, y se apoderaban de él atroces escalofríos que le hacían hormiguear todo el cuerpo. A veces sentía inmensa compasión de sí mismo y lloraba en silencio, caminando. Luego pensaba:

¡"Cuánto sufriría mi madre si supiese que tengo tanto miedo!"

Y este pensamiento le devolvía la entereza. Después, para ahuyentar el temor, procuraba recordar cosas de su madre, y traía a la memoria sus palabras en el momento en que partió de Génova; la manera como acostumbraba arreglarle las cobijas, por debajo de la barbilla, cuando se acostaba en su cama; y cuando era chiquitín, las veces que lo tomaba en los brazos y le decía: "Estate aquí un momento conmigo", y así se estaba mucho tiempo, apoyando la cabeza en la de su madre, que quedaba pensativa. Y se decía a sí mismo: "¿Te volveré a ver, madre mía? ¿Llegaré alguna vez al fin de mi viaje, querida madre?".

Y andaba, andaba, por entre árboles muy raros, para él desconocidos, y cruzaba vastísimas plantaciones de caña de azúcar y praderas sin fin, siempre con aquellas grandes montañas azules delante, que recortaban el cielo sereno con sus altísimos picos. Pasaron cuatro días, cinco, una semana; las fuerzas lo abandonaban rápidamente y los pies le sangraban. Finalmente, al caer de la tarde le dijeron un día: "Tucumán está a cinco leguas de aquí", y el chico lanzó un grito de alegría y aceleró el paso, como si en aquel momento hubiese reconquistado todo el vigor perdido.

Pero fue una ilusión muy breve; al cabo de un rato las fuerzas le faltaron del todo y cayó extenuado al borde de un foso. En aquella situación, sin embargo, el corazón le palpitaba de alegría fuertemente, y jamás el cielo le había parecido tan bello como aquella noche, cubierto de estrellas de esplendente fulgor.

El muchacho, que se había acomodado sobre la hierba para dormir, contemplaba el firmamento que tal vez en aquel instante también miraba su madre; decía: "¡Oh, madre mía! ¿Dónde estás? ¿Qué estás haciendo en este instante? ¿Piensas en tu hijo? ¿Piensas en tu Marcos, que tan cerca está de ti?".

¡Pobre Marcos! Si él hubiese podido ver en qué estado se encontraba su madre en aquellos momentos, habría hecho un esfuerzo sobrehumano para llegar a su lado unas horas antes. Estaba enferma, en cama, en una habitación de la planta baja de una lujosa casa que ocupaba la familia Mequínez, la cual le había cobrado mucho afecto y la cuidaba colmándola de atenciones. Ya se encontraba mal cuando el ingeniero Mequínez tuvo que partir de improviso de Buenos Aires, y el clima excepcional de Córdoba no había bastado para restaurarla. Después, al no haber recibido respuesta, ni de su marido ni de su primo, a sus cartas, el presentimiento siempre vivo de una gran desgracia y la ansiedad continua en que vivía, indecisa entre partir o quedarse, y esperando todos los días una noticia funesta, la habían empeorado grandemente. Por último se le había manifestado algo verdaderamente gravísimo: una hernia estrangulada. Hacía quince días que no se levantaba de la cama. Era necesario hacerle una operación quirúrgica para salvarle la vida, y precisamente en el momento en que su pobre Marcos la invocaba, estaban junto a su cama los patrones tratando de persuadirla con la mayor dulzura a que se dejase operar; y ella insistía en rehusar, llorando. Uno de los mejores médicos de Tucumán había venido la semana anterior inútilmente.

—No, mis queridos señores —decía ella—. No sacaríamos nada de eso y no tengo fuerzas para resistir y moriría bajo el bisturí del cirujano. Es mejor que me dejen morir así. Ahora la vida ya no me interesa; para mí ya todo se ha acabado. Y es casi preferible que muera antes que sepa lo que ha sucedido a mi familia.

Y los patrones procuraban infundirle valor. Decíanle que la última carta, enviada directamente a Génova, tendría respuesta pronto, y que era necesario dejarse operar mientras ésta no llegaba. Rogábanle que lo hiciese por sus hijos.

Pero, el pensamiento de sus hijos era precisamente el que le causaba mayores angustias; no hacía más que aumentar el descorazonamiento profundo que la tenía dominada desde hacía tanto tiempo. Con sólo oír esas palabras, prorrumpía en llanto.

—¡Mis hijos! ¡Mis hijos! —exclamaba juntando las manos—. Seguramente ya no existen. Es mejor que también muera yo. Les agradezco mucho, muchísimo, lo que hacen ustedes por mí, mis queridos señores; se lo agradezco de todo corazón; pero es mejor que muera. Sé que con la operación tampoco he de curar... ¡estoy bien segura! ¡Gracias, muchas gracias, por tantos cuidados, mis buenos señores! Es inútil que vuelva el médico. Quiero morir; el destino quiere que yo muera aquí... Ya estoy decidida.

Y aquéllos volvían a consolarla y le repetían:

—¡No diga semejante cosa! —y le tomaban las manos y le suplicaban; pero ella cerraba los ojos, agotada y caía en un letargo que parecía que hubiese muerto. Los patrones continuaban a su lado y contemplaban con gran piedad a aquella madre admirable que, para salvar a su familia, había venido a morir a más de dos mil leguas de su patria; a morir después de haber sufrido tanto, ¡pobre mujer!, tan honrada, tan buena y tan desventurada.

Al día siguiente, muy temprano, con su bolsa al hombro, encorvado y cojeando, pero lleno de esperanza, Marcos entró en la ciudad de Tucumán, una de las más progresistas y hermosas ciudades de la República Argentina. La primera impresión fue que entraba de nuevo en Córdoba, en Rosario o en Buenos Aires. Eran las mismas calles derechas y larguísimas y las mismas casitas bajas y blancas; pero por todas partes veía una vegetación nueva y magnífica; un aire embalsamado, una luz maravillosa y un cielo límpido y profundo, como no lo había visto ni siquiera en Italia. Al avanzar por las calles experimentó la agitación febril que ya había sentido en Buenos Aires; miraba las ventanas y las puertas de todas las casas; miraba también a cuanta mujer pasaba al alcance de sus ojos, con la esperanza de encontrar a su madre; hubiera querido interrogar a todo el mundo, pero no se atrevía a detener a nadie. La gente se volvía para mirar con compasiva curiosidad a aquel pobre chico harapiento y lleno de tierra, que mostraba por su aspecto venir de muy lejos. Y él, por su parte, buscaba entre la gente una cara que le inspirase confianza, para dirigirle la tremenda pregunta, cuando sus ojos tropezaron con la muestra de una tienda en la que aparecía un nombre italiano. Dentro de la tienda estaban un hombre de anteojos y dos mujeres. El chico se fue acercando despacio a la puerta y, haciendo coraje, se animó a preguntar:

—¿Me sabría decir, señor, dónde vive la familia Mequínez?

—¿La familia del ingeniero Mequínez? —preguntó, a su vez, el comerciante.

—Sí, del ingeniero Mequínez —repuso el chico con voz apagada.

—La familia del ingeniero Mequínez —dijo entonces el comerciante—, no está en Tucumán.

Un grito de dolor desesperado, como de quien ha recibido una puñalada, respondió a aquellas palabras.

El comerciante y las señoras se levantaron y algunos vecinos acudieron.

—¿Qué ocurre? ¿Qué te pasa, muchacho? —preguntó el comerciante, haciéndole entrar en la tienda, y ofreciéndole un asiento—. ¡No hay por qué desesperarse! ¡Qué demonio! La familia Mequínez no está aquí, pero se encuentra a pocas horas de Tucumán.

—¿En dónde?, ¿en dónde? —preguntó Marcos, levantándose como si resucitara.

—A unas pocas leguas de aquí, a la orilla del río Saladillo, en un punto en que están estableciendo un ingenio azucarero, hay un grupo de casas; allí está la del ingeniero Mequínez. Todo el mundo lo conoce y no te costará encontrarlo. Allá puedes llegar en pocas horas.

—Hace un mes que yo estuve allí —dijo un joven que había acudido al oír el grito.

Marcos lo miró con los ojos muy abiertos y le preguntó al momento, palideciendo:

—¿Ha visto usted a la sirvienta italiana del señor Mequínez?

—¿Cuál? ¿La genovesa? Sí; la he visto.

Marcos rompió a llorar convulsivamente, mezclando el llanto con la risa. Después, con un arranque de violenta resolución, dijo:

—¿Por dónde se va? ¡Pronto... el camino! ¡Ahora mismo voy! ¡Enséñeme el camino!

—Pero es un día de marcha —dijéronle varias voces a un tiempo—. Estás cansado; debes cobrar fuerzas, reponte y mañana emprenderás el camino.

—¡Imposible, imposible! —respondió el chico—. ¡Díganme por dónde se va! ¡No quiero esperar un momento más! ¡Ahora mismo parto, aunque tenga que morir en el camino!

Viendo que no escuchaba razones, no se opusieron más.

—¡Que Dios te acompañe! —le dijeron—. Ten cuidado de no extraviarte en el bosque. ¡Buen viaje, italianito!

Un hombre lo acompañó hasta la salida de la ciudad, le indicó el camino, le dio algunos consejos y se quedó allí, para verlo marchar. A los pocos minutos el chico se perdió de vista, cojeando y con la bolsa a la espalda, por entre los espesos árboles que flanqueaban el camino.

Aquella noche fue terrible para la pobre enferma. Sentía dolores atroces que le arrancaban alaridos capaces de hacerle reventar las venas. Tenía, además, momentos de delirio. Las mujeres que la asistían perdían la cabeza. La patrona se acercaba cada vez, sobresaltada. Todos comenzaban a creer que, aunque se decidiera a hacerse operar, el médico, que debía venir a la mañana siguiente, llegaría demasiado tarde. En los momentos en que no deliraba se comprendía bien que lo que más le destrozaba no eran los terribles dolores físicos, sino el pensamiento de la familia lejana. Postrada, deshecha, con la cara desencajada, se llevaba las manos a la cabeza con ademán desesperado que llegaba al alma, y exclamaba:

—¡Dios mío, Dios mío! ¡Morir tan lejos; morir sin volver a verlos! ¡Pobres hijos míos, que quedan sin madre; mis criaturas, mi pobre sangre! ¡Mi querido Marcos, que todavía es tan pequeñito, tan bueno y tan afectuoso! ¡Ustedes no pueden imaginar qué niño era! ¡Ah, señora, si usted supiese!... Cuando me separé de ellos no me lo podía arrancar del cuello; lloraba de modo que daba compasión; parecía que supiera que no había de ver más a su madre, ¡pobre hijo mío! ¡Yo creí que se me iba a saltar el corazón y ojalá hubiese muerto mientras me decía adiós! Ojalá hubiese sido fulminada en aquel punto. ¡Sin madre, pobre niño; él que tanto me amaba, que tanta necesidad tenía de mí; sin madre, en la miseria, deberá ir pidiendo limosna, él; Marcos, mi Marcos, tendiendo su mano, hambriento! ¡Oh, Dios eterno; no quiero morir; el médico, llamadlo al momento! Que venga y me despedace, pero que me salve la vida. ¡Quiero vivir, quiero curarme y marchar al momento; huir mañana mismo!

Y las mujeres que la cuidaban le sujetaban las manos, le hablaban cariñosamente, le rogaban se tranquilizase y le hacían volver en sí, poco a poco, hablándole de Dios e infundiéndole esperanza. Entonces ella volvía a caer en un abatimiento mortal, lloraba, llevándose las manos a los cabellos grises, gemía como una niña pequeña, con un lamento prolongado, y murmurando a cada rato: "¡Mi querida Génova! ¡Mi casa! ¡Aquel mar! ¡Oh, mi Marcos; mi pobrecito Marcos! ¿Dónde estará ahora el hijo de mis entrañas?".

Era media noche. Su pobre hijo Marcos, después de haber pasado muchas horas al abrigo de un foso, extenuado, apenas recobró las suficientes fuerzas para volver a caminar, reanudó su viaje a través de un extensísimo bosque de árboles gigantescos, monstruos de la vegetación, de troncos desmesurados, semejantes a pilastras de catedrales que, a elevadísima altura, confundían sus copas plateadas por la luna. Vagamente, en aquella semioscuridad, veía miríadas de troncos de todas las formas; derechos y verticales, inclinados, retorcidos y entrecruzados de modo que parecían representar escenas de lucha o que adquirían ademanes de amenaza; algunos caídos en tierra, como torres que se hubiesen desplomado en un solo bloque, y cubiertos por una vegetación menudita, apretada y confusa, que parecía una multitud que se los disputase palmo a palmo; otros reunidos en grandes grupos, rectos y apretados entre sí, como haces de lanzas titánicas cuyas puntas tocasen las nubes; una grandeza soberbia, un desorden prodigioso de formas colosales; el espectáculo más majestuosamente terrible que jamás hubiera ofrecido el mundo vegetal. En ciertos momentos se apoderaba de él un gran estupor; pero en seguida su alma volvía a lanzarlo hacia su madre. Estaba extenuado, con los pies que le sangraban, solo en medio de aquel formidable bosque, en el que a muy largos intervalos veía únicamente algunas pequeñas viviendas humanas que, al pie de aquellos árboles parecían nidos de hormigas; o bien algún vacuno que dormía cerca del camino. Estaba extenuado, pero no sentía cansancio; estaba solo y no tenía miedo. La grandiosidad del bosque engrandecía su alma, y la proximidad de su madre le daba la fuerza y el atrevimiento de un hombre. El recuerdo del océano, de los repetidos desencantos, de los dolores sufridos y vencidos, de las dificultades a que había tenido que hacer frente y de la férrea constancia desplegada, le hacían levantar la cabeza; toda su noble y fuerte sangre genovesa le refluía al corazón en una oleada ardiente de altivez y de audacia. Y en él se producía una cosa nueva; que así como hasta entonces había guardado en la mente una imagen de su madre, oscurecida y un tanto borrosa, por efecto de los dos años de separación, en aquellos momentos la imagen se aclaraba y fijaba sus líneas; volvía a ver su rostro entero y con los menores detalles, como hacía tiempo no lo había visto; lo veía muy cerquita, iluminado y como si hablara; volvía a ver los más fugaces movimientos de sus ojos y de sus labios; todos sus ademanes, todos sus gestos, toda las sombras de sus pensamientos; estimulado por aquellos recuerdos reconfortantes, apresuraba el paso. Y un nuevo afecto, una ternura indecible se formaba y tomaba cuerpo en su corazón y hacía que corriesen por su cara lágrimas dulces y tranquilas. Mientras avanzaba en las tinieblas, le hablaba, le decía las palabras que pensaba podría decirle muy pronto casi al oído:

—¡Aquí estoy, madre mía; aquí me tienes; ya no te dejaré nunca! ¡Volveremos juntos a casa, y en el buque estaré siempre a tu lado, abrazado a ti; nadie me separará de ti; nadie, jamás, mientras tenga vida!

Y mientras así monologaba, no se daba cuenta de que sobre las cimas de los árboles gigantescos iba amortiguándose la blanca luz de la luna, vencida por las primeras delicadas claridades del alba.

A las ocho de aquella mañana, el médico de Tucumán —joven argentino— estaba junto al lecho de la enferma, acompañado por un practicante, para intentar por última vez persuadirla que se dejase operar; con él, repetían sus calurosas recomendaciones el señor y la señora Mequínez. Pero todo era inútil; la mujer, que se sentía exhausta de fuerzas, no tenía fe en la operación. Tenía la certeza de que moriría mientras la operaban, o que, a lo sumo, sobreviviría pocas horas a la operación, después de haber sufrido, en vano, dolores más atroces aún que los que la estaban matando paulatinamente. El médico le repetía con la mayor sinceridad:

—Pero piense que la operación es segura, y su salvación cierta, con sólo que se arme usted de un poco de valor y se decida. Si se niega usted, su muerte es segurísima.

Era lo mismo que no decir nada.

—No —respondía la enferma, con voz apenas perceptible—, aún tengo valor para morir; pero no para sufrir inútilmente. Gracias, doctor. El destino así lo ha querido, déjenme morir tranquila.

El médico, descorazonado, desistió. Y ya nadie habló más. Entonces la mujer volvió la cabeza hacia su patrona y, con voz apagada, le hizo sus últimas súplicas.

—¡Querida y buena señora! —dijo con gran esfuerzo y sollozando—. Usted se encargará de mandar ese poco dinero y mis pobres ropas a mi familia... por intermedio del señor cónsul. Espero que todos estén vivos. En estos últimos momentos, el corazón me dice que están bien. Hágame el favor de escribir... que siempre he pensado en ellos, que por ellos he trabajado... por mis hijos... y que mi único dolor ha sido no volverlos a ver más. Pero que he muerto con valor, resignada y bendiciéndolos; que recomiendo a mi marido y a mi hijo mayor, al más pequeño, mi pobrecito Marcos... que lo he tenido en el corazón hasta mi último momento... —y exaltándose con sus mismas palabras, gritó de pronto juntando las manos—: ¡Marcos mío; mi niño; mi vida...!

Pero volviendo los ojos llenos de lágrimas vio que la patrona no estaba; habían venido a llamarla furtivamente. Buscó al patrón, pero también había desaparecido. No quedaban en la pieza más que las dos enfermeras y el practicante. En la pieza inmediata se oía el rumor de pasos apresurados y un murmullo de voces rápidas y amortiguadas y de exclamaciones sofocadas. La enferma fijó su vista en la puerta. Casi en seguida entró el médico, con el rostro alterado por una extraña expresión de alegría; tras él entraron los patrones, con el mismo aire triunfal. Los tres la miraban de un modo particular y cambiaron entre sí algunas palabras en voz baja. A la enferma le pareció que el médico decía a la señora:

—¡Mejor de golpe!

No se explicaba nada de aquello.

—Josefa —le dijo la patrona con voz trémula—. Tengo que dar a usted una buena noticia. Prepárese para recibirla. Es muy buena.

La mujer miró con la mayor atención.

—Es una noticia —añadió la señora, cada vez más agitada—, que ha de dar a usted una gran alegría.

La enferma abrió los ojos con sorpresa.

—Prepárese para recibir la visita de una persona —continuó la señora—, a quien usted quiere muchísimo.

La mujer levantó la cabeza con un poderoso esfuerzo y comenzó a mirar con vivacidad, ya a la señora, ya a la puerta, con los ojos fulgurantes.

—Una persona —siguió diciendo aquélla— que acaba de llegar... de una manera inesperada.

—¿Quién es? —gritó la enferma con voz ronca y extraña, como de una persona asustada.

Un momento después lanzó un grito agudísimo y logró incorporarse en el lecho, permaneciendo inmóvil, con los ojos muy abiertos y las manos en las sienes, como si estuviese ante una visión sobrenatural.

Marcos, desgarrado y cubierto de polvo, estaba allí, en pie derecho, a la entrada, asido de un brazo por el doctor.

La mujer gritó tres veces:

—¡Dios mío! ¡Dios mío! ¡Dios mío!

Marcos se lanzó hacia ella que, tendiendo sus brazos descarnados, lo oprimió contra su seno con la fuerza de una leona y rompió en violentas carcajadas mezcladas con sollozos sin lágrimas pero profundísimos, que, agotando sus energías, la hicieron desplomarse sofocada sobre las almohadas.

Mas volvió a incorporarse inmediatamente y, loca de alegría, gritó, mientras le besaba la cabeza y la cara, sin cansarse:

—¿Cómo estás aquí? ¿Por qué?... ¡Y eres tú...! ¡Cuánto has crecido! ¿Quién te ha traído hasta aquí? ¿No estás enfermo?

¿Pero eres tú, Marcos? ¿No es sueño esto? ¡Dios mío, háblame!

Y cambiando de tono, de improviso, exclamó:

—¡No, cállate! ¡Espera! —y volviéndose hacia el médico, atropellándose, le dijo—: ¡Pronto, pronto, doctor! ¡Yo quiero curarme; estoy lista; no pierda un momento! Llévense fuera a Marcos, que no vea ni oiga nada. ¡No es nada, hijo mío! Luego me contarás todo. ¡Aguarda; un beso aún! Y ahora, vete. Aquí me tiene, doctor.

Condujeron fuera al chico. Los patrones y las mujeres salieron en seguida y quedaron el cirujano y el practicante, que cerró la puerta.

El señor Mequínez trató de llevarse a Marcos a una habitación apartada, pero fue imposible; parecía clavado en el piso.

—¿Qué es eso? —preguntó—. ¿Qué es lo que tiene mi madre? ¿Qué le van a hacer?

Entonces el señor Mequínez, suavemente, procurando siempre llevarlo afuera, le dijo:

—Escucha; ahora te lo diré. Tu madre está enferma y necesita que le hagan una ligera operación. Yo te lo explicaré todo... pero ven conmigo.

—No —respondió el chico, afirmándose—, quiero estar aquí. Explíquemelo aquí.

El ingeniero acumulaba palabras sobre palabras, siempre procurando sacar de aquel sitio al chico, que empezaba a asustarse y a temblar.

De pronto se oyó un grito agudísimo, como el de un herido de muerte, que resonó por toda la casa.

El chico respondió con otro grito desesperado:

—¡Mi madre ha muerto!

El médico apareció en la puerta y dijo:

—Tu madre está salvada.

El chico lo miró un momento y luego se arrojó a sus pies, llorando.

—¡Gracias, doctor!

Pero el doctor lo levantó y le dijo:

—¡Levántate! ¡Tú eres, heroico niño, quien ha salvado a tu madre!

EL PEQUEÑO VIGIA LOMBARDO

En una hermosa mañana del mes de junio de 1859 —durante la guerra de la independencia de la Lombardía y pocos días después de la batalla de Solferino y San Martino, que ganaron los franceses y los italianos a los austríacos—, un pequeño destacamento de caballería de Saluzo avanzaba a paso lento hacia el enemigo por un sendero solitario, explorando con el mayor cuidado el campo. Mandaban la patrulla un oficial y un sargento, y todos miraban a lo lejos, hacia adelante, con los ojos fijos, esperando a cada momento ver blanquear entre los árboles las señales de las avanzadas enemigas. Así llegaron a una casucha rústica, rodeada de altos fresnos, delante de la cual se encontraba un chico de unos doce años, completamente solo, el cual se ocupaba en descortezar con un cuchillo una rama, para hacerse con ella un bastón. En una ventana ondeaba una gran bandera italiana; dentro de la casa no había nadie, porque sus moradores, una vez que colocaron la bandera, huyeron por temor a los austríacos.

En cuanto el chico vio a los soldados, tiró la vara y se quitó la gorra. Era un lindo muchacho, de mirada viva, grandes ojos azules y cabellos rubios y largos. Estaba en mangas de camisa y mostraba el pecho desnudo.

—¿Qué haces aquí? —le preguntó el oficial, deteniendo el caballo—. ¿Por qué no has huído con tu familia?

—Yo no tengo familia —respondió el chico—. Soy huérfano; he estado en una casa de huérfanos. Trabajo un poco para uno, otro poco para otro; y me he quedado aquí para ver la guerra.

—¿Has visto pasar a los austríacos?

—Desde hace tres días, no.

El oficial permaneció unos instantes pensativo; después se apeó del caballo y dejando allí a los soldados, que miraban hacia las líneas enemigas, entró en la casa y se encaramó al techo de la misma. Pero era muy baja, y nada se alcanzaba a ver desde allí sino una pequeña extensión de campo.

"Es necesario subir a un árbol", dijo para sí el oficial, y bajó.

Justo delante de la casa se alzaba un fresno altísimo y flexible, cuya cima se balanceaba en el azul del cielo. El oficial estuvo unos momentos como indeciso, mirando, ya a los soldados, ya al árbol; pero de pronto se dirigió al chico y le preguntó:

—¿Tienes buena vista, niño?

—¿Yo? —respondió el muchacho—. ¡A veinte cuadras veo un gorrión!

—¿Te atreverías a subir a la punta de ese árbol?

—¿Si me atrevo? En medio minuto estoy arriba.

—¿Y sabrás decirme todo lo que alcances a ver desde arriba... si hay soldados austríacos y hacia qué lado..., humo de pólvora..., fusiles que relucen..., caballos?...

—¡Claro que sabré!

—¿Qué quieres por hacerme ese favor?

—¿Qué quiero? —dijo el chico sonriendo—. ¡Nada! ¡Valiente cosa! Además... Si fuesen tudescos... ¡por nada del mundo! Pero ¡por los nuestros!... ¡Soy lombardo!

—Está bien: entonces, anda, sube.

—Espere que me quite los zapatos.

Se descalzó, se ajustó la correa con que se sujetaba los pantalones, arrojó la gorra sobre el pasto y abrazó el tronco del árbol.

—¡Aguarda! —exclamó el oficial, y como si fuera presa de un repentino temor, hizo ademán de detenerlo.

El chico se volvió y lo miró con sus grandes ojos azules, con aire interrogante.

—No; no es nada —dijo el oficial—, anda, arriba.

Y el chico empezó a trepar con la agilidad de un gato.

—¡Vista al frente! —gritó el oficial a los soldados.

En breves momentos el chico apareció en la cima del árbol con las piernas, que quedaban ocultas por las hojas, enroscadas en el extremo del tronco, y el busto al descubierto; el sol, que caía de lleno sobre sus rubios cabellos, les daba el brillo del oro. El oficial apenas alcanzaba a verlo; ¡tan chiquito parecía allá arriba!

—Mira derecho hasta donde alcances —gritó el oficial.

El chico, para ver mejor, levantó una mano y se la colocó a modo de pantalla por encima de los ojos.

—¿Qué ves? —preguntó el oficial.

El chico volvió la cara hacia abajo y llevando la mano a la boca, en forma de portavoz, respondió:

—Dos hombres a caballo; se destacan en lo blanco del camino.

—¿A qué distancia de aquí?

—A unos dos kilómetros.

—¿Se mueven?

—No; están quietos.

—¿Qué otra cosa ves? —preguntó el oficial después de un rato de silencio.

El chico miró a la derecha. Después dijo:

—Cerca del cementerio, entre los árboles, hay algo que reluce. Parecen bayonetas.

—¿Ves gente?

—No. Han de estar escondidos entre los trigales.

En aquel momento un agudo silbido de bala pasó muy alto y fue a morir lejos, detrás de la casa.

—¡Baja, pequeño! —gritó el oficial—. Te han visto; ya no necesito más. ¡Baja pronto!

—Yo no tengo miedo —replicó el muchacho.

—Baja —repitió el oficial—. ¿Ves algo más hacia la izquierda?

—¿A la izquierda?

—Sí, a la izquierda.

El chico asomó la cabeza hacia la izquierda. En aquel momento otro silbido más agudo y más bajo que el primero, cortó el aire. El muchacho se ocultó del todo entre las hojas y exclamó, en tono de burlona indignación:

—¡Al demonio! ¡La han tomado conmigo!

La bala le había pasado muy cerca.

—¡Abajo! —gritó el oficial, con voz imperiosa e irritada.

—Sí, voy al momento —respondió el chico—, pero estoy cubierto por el árbol. No tenga cuidado. ¿Quiere saber lo que hay a la izquierda?

—Sí, a la izquierda; pero ¡baja!

—A la izquierda —gritó el chico, asomando el busto por aquel lado—, ...donde hay una capilla, me parece que veo...

Un tercer silbido pasó por lo alto y casi en el mismo instante se vio que el chico se desplomaba. Se sostuvo, sin embargo, un momento agarrándose al tronco y a las ramas; pero después se precipitó de cabeza y con los brazos abiertos.

—¡Maldición! —gritó el oficial, corriendo a socorrerlo.

El chico cayó, golpeando el suelo con la espalda, y quedó extendido boca arriba y con los brazos en cruz. Del lado izquierdo del pecho brotaba un hilo de sangre. El sargento y dos soldados bajaron de los caballos; el oficial se inclinó y le apartó la camisa. La bala le había entrado en el pulmón izquierdo.

—¡Está muerto! —exclamó el oficial.

—¡No, vive! —replicó el sargento.

—¡Ah! ¡Pobre chico! —gritó el oficial—. ¡Ten ánimo, niño valiente! ¡Animo!

Pero mientras trataba de infundirle aliento y procuraba restañar la sangre con el pañuelo, el pequeño revolvió los ojos y dejó caer la cabeza. Había muerto. El oficial palideció, lo contempló un momento, luego procuró acomodarle la cabeza sobre la hierba; se puso en pie y se mantuvo así, quieto, sin separar la mirada de él. El sargento y los dos soldados, inmóviles, lo miraban también.

Los otros continuaban en línea, dando frente al enemigo.

—¡Pobre niño! —repitió tristemente el oficial—. ¡Pobre y valiente niño!

Entró en la casa, quitó de la ventana la bandera tricolor y la extendió sobre el pequeño muerto, a modo de mortaja, dejándole la cara descubierta. El sargento recogió y colocó junto al cadáver los zapatos, la gorra, el cuchillo y la vara de fresno.

Aún permanecieron un tiempo silenciosos. Después el oficial volvióse al sargento y le dijo:

—Mandaremos la ambulancia para que lo recoja. Ha muerto como soldado, y los soldados deben darle sepultura.

Dicho esto mandó un beso al muerto, con la mano, y dio la orden:

—¡A caballo!

Montaron, reuniéronse al destacamento y prosiguieron su camino.

Pocas horas después, el pequeño muerto recibía sus honores de guerra.

A la caída de la tarde, la vanguardia italiana avanzaba hacia las líneas enemigas, y por el mismo camino recorrido esa mañana por el destacamento de vanguardia, marchaba en dos filas un batallón de *bersaglieri*, que pocos días antes había regado valerosamente con su sangre la colina de San Martino. La noticia de la muerte del muchacho había corrido ya entre los soldados antes que salieran del campamento. El sendero, flanqueado por un arroyo, pasaba a pocos pasos de la casucha. Cuando los primeros oficiales vieron tendidos el pequeño cadáver y cubierto con la bandera italiana, lo saludaron con la espada, y uno de ellos se inclinó sobre la orilla del arroyo que estaba llena de flores, arrancó unas cuantas y se las arrojó. Entonces, todos los soldados al paso de marcha arrancaban flores y las echaban sobre el muerto. A los pocos minutos el niño quedó cubierto por las flores, y los oficiales y los soldados lo saludaban al pasar.

—¡Bravo, valiente lombardo! — ¡Adiós, bravo niño! — ¡Viva el rubiecito! — ¡Adiós!

Un oficial se quitó del pecho su medalla al valor y se la colocó encima, y otro lo besó en la frente. Y continuaba la lluvia de flores cayendo sobre sus pies desnudos, sobre su pecho ensangrentado y sobre sus rubios cabellos. Y él dormía allí, sobre la hierba, envuelto en su bandera, con el rostro blanco y casi sonriente, como si sintiese aquellos saludos y estuviera contento de haber dado la vida por su amada patria.

EL PEQUEÑO COPISTA ROSARINO

Cursaba cuarto grado. Era un simpático rosarino de doce años, pelo negro y rostro muy blanco. Era el hijo mayor de un empleado ferroviario, quien por tener una familia numerosa y escaso sueldo, vivía en la estrechez. El padre lo quería mucho y era bondadoso e indulgente con él. Indulgente en todo, menos en lo referente a la escuela; en esto le exigía mucho y se mostraba severo, porque su hijo debía estar pronto en condiciones de obtener un empleo para ayudar a la familia. Y para esto, era necesario que estudiara mucho en poco tiempo. Y aunque el niño era aplicado el padre lo incitaba siempre a estudiar. El era hombre de alguna edad y, lo mucho que había trabajado lo había envejecido además prematuramente.

Para atender las necesidades de la familia, además de su empleo, tomaba aquí y allá trabajos extraordinarios de copista, y se pasaba buena parte de la noche escribiendo. Ultimamente había tomado de una casa editora el encargo de escribir las fajas con el nombre y domicilio de los suscriptores y ganaba tres pesos por cada quinientas tiras de papel, escritas con letra grande y clara. Pero este trabajo lo fatigaba y él, frecuentemente, se quejaba en familia, durante las comidas.

—Estoy perdiendo la vista —decía—; este trabajo en la noche, me mata.

El niño le dijo un día: —Papá, permíteme escribir en tu lugar; tú sabes que mi letra es igualita que la tuya.

Pero el padre le contestó —No, hijo mío, tú tienes que estudiar; la escuela es mucho más importante que mis fajas; sentiría remordimientos si te robase una hora. Te lo agradezco, pero no quiero, no hablemos más de ello.

El chico sabía que cuando su padre le hablaba así, era inútil insistir; y no insistió. Pero he aquí lo que ideó: él sabía que a medianoche su padre dejaba de escribir y salía de su cuartito de trabajo para ir al dormitorio. Alguna vez lo había oído: al dar el reloj las doce campanadas, su padre se levantaba de la silla y se dirigía lentamente a la cama. Una noche esperó que su padre se acostara, se vistió en silencio, entró a tientas en el cuartito, volvió a encender la lámpara de querosene, se sentó a la mesita, en la cual había un montón de fajas en blanco y la lista de los suscriptores y empezó a escribir, imitando perfectamente la letra de su padre. Y escribía gustosamente, contento, con un poco de miedo; las fajas se amontonaban, y, de cuando en cuando dejaba la pluma para frotarse las manos, y en segui-

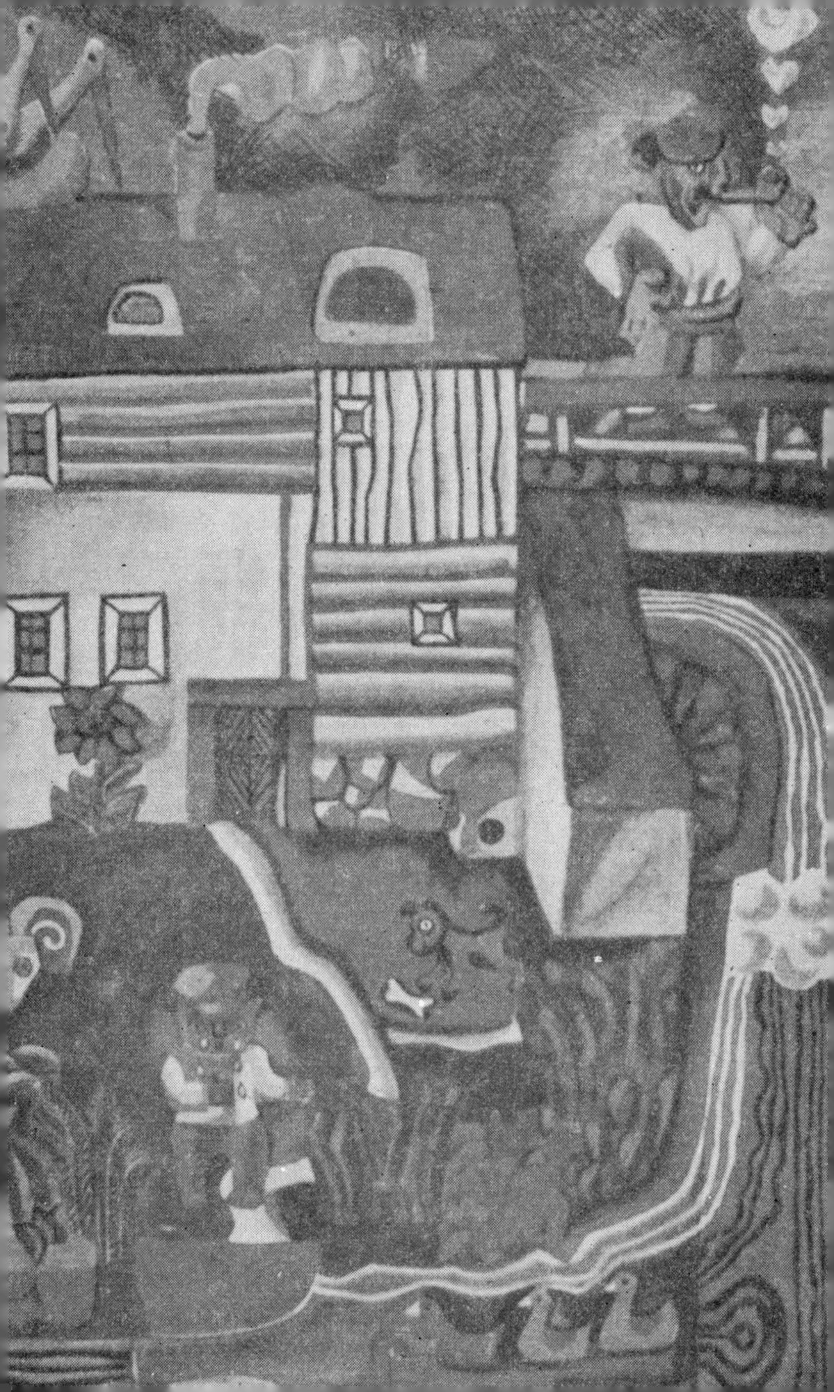

da volvía a empezar con más brío, prestando oído y sonriendo. Escribió ciento setenta: ¡un peso!

Entonces dejó, colocó otra vez la pluma donde la había encontrado, apagó la luz y regresó a la cama, en puntas de pie.

Aquella mañana, a mediodía, el padre se sentó a la mesa de buen humor. No se había percatado de nada. Aquel trabajo lo hacía mecánicamente, midiéndolo por horas y pensando en sus cosas, y sin contar las fajas hasta el día siguiente. Se sentó a la mesa contento, y palmeando a su hijo en el hombro: —¡Eh, Julio —dijo—, tu padre es guapo todavía para el trabajo, no creas! Anoche, en dos horas, hice mucho más que de costumbre. La mano aún está ágil y los ojos todavía responden.

Y Julio, dichoso, mudo, decía para sí: "Pobre papá, además de la ganancia, también le doy esta satisfacción de creerse rejuvenecido. ¡Ánimo, pues!"

Animado por el éxito, a la noche, cuando dieron las doce, arriba otra vez ¡y a trabajar! Y así durante varias noches, y su padre sin darse cuenta de nada. Sólo una vez en la cena soltó esta exclamación —¡Es extraño!... ¡Cuánto querosene se gasta en esta casa desde hace un tiempo!

Julio se estremeció; pero la conversación pasó a otro tema. Y el trabajo nocturno continuó.

Pero, con esta interrupción del sueño todas las noches, Julio no descansaba lo suficiente. De mañana se levantaba deshecho y por la noche, mientras hacía los deberes, le costaba mantener los ojos abiertos. Una noche —por primera vez en su vida— se durmió sobre el cuaderno.

—¡Arriba, arriba! —le gritó su padre, golpeando las manos— ¡A trabajar!

Se despabiló y continuó su trabajo.

Pero a la otra noche, y, en los días siguientes, le pasó lo mismo y aún peor: se dormía sobre los libros, se levantaba más tarde que de costumbre, estudiaba las lecciones con desgano, parecía cansado del estudio. Su padre comenzó a observarlo, después a inquietarse, y finalmente a hacerle reproches. ¡Nunca había tenido que hacérselos!

—Julio —dijo una mañana— me estás fallando: no eres el de antes. Eso yo no lo tolero. Mira que todas las esperanzas de la familia están puestas en ti. Estoy disgustado, ¿comprendes?

Frente a este reproche, el primero realmente duro que había recibido, el chico se turbó. Y se dijo: "Sí, es verdad, así no se puede seguir; es necesario que este engaño termine".

Pero justo ese día durante el almuerzo, su padre les dijo muy contento: —¿Sabéis que este mes he ganado con las fajas treinta y dos pesos más que el mes pasado?— y mientras decía esto, puso sobre la mesa un cartucho de bombones que había comprado para festejar con sus hijos la ganancia extra. El regalo fue acogido por todos con aplausos.

Y entonces Julio recobró ánimos y se dijo: "No, pobre papá; continuaré engañándote; haré los esfuerzos más grandes para estudiar mucho durante el día, pero continuaré trabajando de noche para ti y toda la familia".

Y el padre añadió: —¡Treinta y dos pesos más! Estoy satisfecho... Si no fuese por ése —y señaló a Julio—, que me da disgustos—. Y Julio recibió el reproche en silencio, aguantando las lágrimas que querían salir, pero experimentando al mismo tiempo una gran dulzura en el corazón.

Y siguió trabajando esforzadamente. Pero el trabajo, acumulándose al trabajo, cada día le resultaba más difícil de soportar. La cosa marchó así durante dos meses. El padre continuaba reprochando al hijo y mostrándose cada vez más disgustado con él. Un día fue a pedirle informes al maestro y éste le dijo: —Sí, avanza, avanza, porque es inteligente. Pero ya no tiene el entusiasmo de antes. Se duerme, bosteza, se ve distraído. Las composiciones las hace cortas, a la ligera, con mala letra. ¡Ah!, podría dar más, pero mucho más.

Aquella noche, el padre llamó aparte al niño y le dijo las palabras más fuertes que éste le hubiera oído: —Julio, tú ves que yo trabajo, que yo consumo mi vida por la familia. Tú no me ayudas. ¡Tú no tienes corazón para mí, ni para tus hermanitos, ni para tu mamá!

—¡Ah, no, no digas eso, papá! —gritó el chico rompiendo a llorar, y abrió la boca para confesárselo todo.

Pero su padre lo interrumpió diciendo: —Tú conoces la situación de la familia; bien sabes que se necesita de la buena voluntad y del sacrificio de todos. Mira, yo mismo debería hacer el doble de lo que hago. ¡Este mes esperaba una gratificación de cien pesos del ferrocarril, y esta mañana he sabido que no me darán nada!

Frente a esta noticia, Julio volvió a callarse la confesión que se le escapaba del alma y se repitió con decisión: "No, papá, no te diré nada; yo guardaré el secreto para poder trabajar por ti. El dolor que te causo tiene esa compensación. En la escuela estudiaré lo suficiente como para pasar de grado. Lo más importante es ayudarte a ganar la vida y aliviarte de ese trabajo que te está matando".

Y siguió adelante. Transcurrieron otros dos meses de trabajo de noche y agotamiento de día, de desesperados esfuerzos del hijo y de amargos reproches del padre. Pero lo peor era que éste se iba separando poco a poco del niño; no le hablaba sino en contadas ocasiones, como si fuera un mal hijo, del cual ya no hubiera nada que esperar. Julio observaba esto y sufría. Cuando su padre volvía la espalda, le enviaba un beso furtivo, lleno de inmensa ternura. Y un poco por la pena y otro poco por el excesivo trabajo, adelgazaba y perdía color. Cada vez se veía más obligado a atrasarse en los estudios. Comprendía que iba a tener que ponerle fin a todo aquel engaño, y se decía: —Esta noche ya no me levanto— pero al sonar las doce, en el momento que debía poner en práctica su propósito, sentía un remordimiento; le parecía que si permanecía en la cama, faltaba a un deber, que robaba un peso a su familia. Y se levantaba pensando que cualquiera de esas noches su padre se despertaría y lo sorprendería, o, también que notaría el engaño por casualidad, al contar dos veces las fajas; y entonces todo terminaría naturalmente, sin que él mismo lo dijera. Y así continuaba.

Pero una vez, durante el almuerzo, su padre dijo algo que fue decisivo para él.

Ese día su madre, observándolo, pareció notarlo más desganado y demacrado que de costumbre, y le dijo:

—Julio, tú estás enfermo —y luego, volviéndose ansiosamente hacia el padre: —Julio está enfermo. ¡Mira, qué pálido está! Hijo mío, ¿qué tienes?

El padre le echó una mirada y dijo: —Es la conciencia intranquila la que le quita la salud. No estaba así cuando era un alumno aplicado y un buen hijo.

—¡Pero está enfermo! —exclamó la mamá.

—¡Ya no me importa! —respondió el padre.

Aquella frase fue como una puñalada en el corazón para el pobre muchacho. ¡Ah!, ¡ya no le importaba! Su padre que antes de sólo oírlo toser, temblaba. No lo quería más, entonces; ahora ya no le cabía duda, él no ocupaba más un lugar en el corazón de su padre...— ¡Ah, no, padre mío! —se dijo para sí el niño, ahogado por la angustia—, ahora se terminó de veras, yo no me resigno a vivir sin tu cariño. Es necesario que me quieras otra vez como antes, te lo contaré todo, no te engañaré, más, volveré a estudiar como antes, pase lo que pase, con tal que tú vuelvas a quererme, ¡oh, esta vez estoy bien decidido!

Sin embargo, aquella noche igual se levantó, más por la fuerza de la costumbre que por otra cosa. Y cuando estuvo levantado, quiso despedirse, ver por unos minutos en la quietud de la noche, aquel cuartito donde tanto había trabajado secretamente con el corazón lleno de satisfacción y ternura. Y cuando volvió a encontrarse frente a la mesita, con la lámpara encendida y vio aquellas fajas en blanco sobre las cuales no volvería a escribir aquellos nombres de ciudades y de personas que ahora conocía de memoria, le invadió una gran tristeza y con un gesto impulsivo, cogió otra vez la pluma para reanudar el trabajo habitual. Pero al extender la mano, pegó en un libro y el libro se cayó. El corazón le dio un vuelco. ¡Si su padre se despertara! Cierto que no lo habría encontrado haciendo nada malo; él mismo ya tenía resuelto decírselo todo, sin embargo, el oír aquellos pasos aproximándose en la oscuridad; el ser sorprendido a aquella hora y en aquel silencio; su mamá que se habría despertado y alarmado; el pensar por primera vez que su padre acaso se sentiría humillado ante él, al conocer la verdad. Todo esto casi le aterraba. Aguzó el oído con la respiración en suspenso... No se oía ningún ruido. Puso la oreja en la cerradura de la puerta que estaba a su espalda: nada. Toda la casa dormía. Su padre no había oído. Se tranquilizó y comenzó a escribir. Y las fajas se amontonaban sobre las fajas.

Escuchó el cadencioso paso del agente de policía, afuera, en la calle desierta; el rodar de un coche que cesó de pronto; más tarde, pasado un rato, el estrépito de una fila de carros que rodaban lentamente; luego un silencio profundo, interrumpido de cuando en cuando por el ladrido lejano de un perro. Y escribía, escribía.

Y mientras tanto, su padre permanecía detrás de él; al oír la caída del libro se había levantado y se había quedado esperando el momento oportuno. El estrépito de los carros había tapado el rumor de sus pasos y el leve chirrido de la puerta; y allí estaba —con su cabeza blanca sobre la oscura cabecita de Julio— y lo había visto escribir, y, en un momento adivinó, recordó y comprendió todo; y un arrepentimiento desesperado, una inmensa ternura, le inundaba el alma y lo mantenía clavado allí, detrás de su niño. De repente, Julio dio un grito: dos brazos temblorosos se habían ceñido de la cabeza.

—¡Oh, papá!, ¡papá! ¡perdóname! ¡perdóname! —gritó reconociendo a su padre.

—¡Perdóname tú! —respondió el padre sollozando y cubriéndole la frente de besos—, ¡lo he comprendido, lo sé todo, soy yo quien te pide perdón, querida criatura! ¡Ven, ven conmigo! —y lo llevó hasta la cama de su mamá que había despertado, y se lo echó en los brazos y le dijo— ¡besa a este buen hijo que hace tres meses que no duerme y trabaja para mí, y yo le reprochaba mientras él nos ganaba el pan!

La madre lo abrazó y lo tuvo contra su pecho sin poder

articular palabra; luego dijo: —¡Vete a dormir, en seguida, hijito mío, vete a descansar, ¡llévalo a la cama!

El padre lo levantó entre sus brazos, lo llevó a su cuarto, lo metió en la cama, siempre suspirando y acariciándolo, y le acomodó las almohadas y las cobijas.

—Gracias, papá —repetía el chico— gracias, pero vete a la cama ahora, ya estoy contento, vete a la cama, papá.

Pero su padre deseaba verlo dormido; se sentó al lado de su cama, le cogió la mano y le dijo: —¡Duerme, duerme, hijo mío!

Y Julio, rendido, se durmió por fin, y durmió muchas horas, disfrutando por vez primera, después de muchos meses, de un sueño tranquilo, iluminado por alegres visiones, y cuando abrió los ojos, ya avanzada la mañana, sintió primero y después vio, junto a su pecho, en el borde de su camita, la blanca cabeza de su padre que había pasado la noche y aún dormía con la frente junto a su corazón.

EL TAMBORCITO SALTEÑO

En el año 1813, pocos meses después de la batalla de Salta, unos sesenta soldados de un regimiento de infantería del ejército del Norte, a quienes se les había ordenado ocupar una casa solitaria en una loma, fueron atacados imprevistamente por dos compañías del ejército español que, acosándolos a tiros desde varias partes, apenas les dieron tiempo a refugiarse en la casa, después de haber dejado algunos muertos y heridos en el campo.

Con la puerta ya trancada, los patriotas acudieron velozmente a las ventanas del piso bajo y del primer piso, y comenzaron a disparar sobre los atacantes, que, acercándose paso a paso y formando un semicírculo, respondían con un nutrido tiroteo.

Al frente de los sesenta soldados patriotas había dos oficiales y un capitán, un viejo alto, delgado y severo, de cabello y bigote blancos. También con ellos se hallaba un tamborcito salteño, un chico de poco más de catorce años, que no llegaba a representar ni doce. Era pequeño, de rostro tostado por el sol y de profundos y negros ojos, muy vivaces.

El capitán, desde una habitación del primer piso, dirigía la defensa, lanzando órdenes que parecían pistoletazos y su rostro de hierro permanecía imperturbable.

El tamborcito, un poco pálido, pero bien firme sobre sus piernas, parado sobre una mesa alargaba el cuello, apoyándose

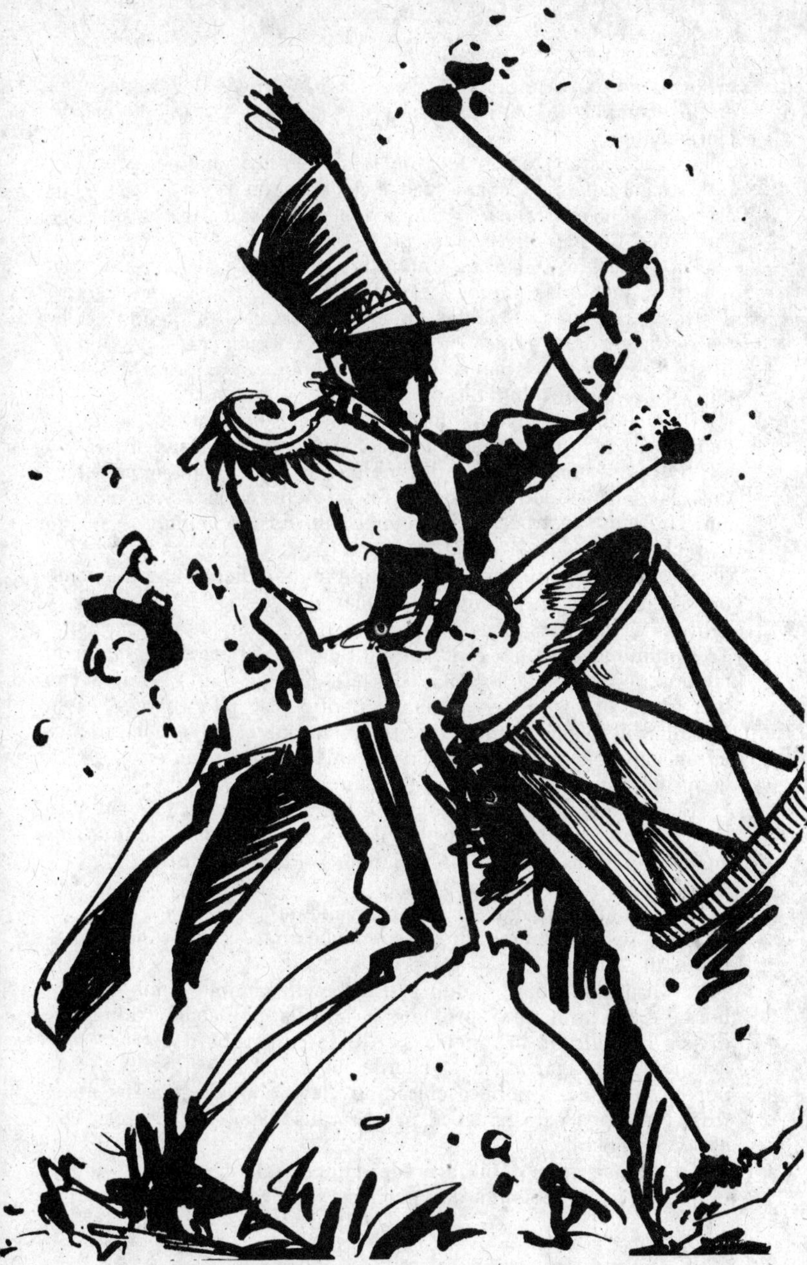

en la pared, para mirar por la ventana. A través del humo, veía en los campos los uniformes de los españoles que avanzaban lentamente.

La casa estaba en lo alto de una barranca empinadísima. El fuego castigaba la fachada y los costados de la casa, pero por el lado de la barranca el campo estaba despejado, ya que los españoles no habían llegado ahí.

Pero era un fuego infernal, una granizada de plomo, que por fuera partía las paredes y hacía añicos las tejas, y por dentro destrozaba techos, muebles, puertas, postigos, haciendo volar trozos de madera, nubes de escombros, y fragmentos de utensilios y de vidrios. Las balas silbaban, rebotaban, destrozaban todo con un ruido que rompía el cráneo.

De cuando en cuando, alguno de los que disparaban desde las ventanas, caía desplomado al suelo y era arrastrado fuera de allí. Otros se tambaleaban de habitación en habitación, apretándose las heridas con las manos. En la cocina ya había un muerto con la frente destrozada. El semicírculo de los enemigos se iba estrechando.

En un momento, se vio al capitán que había permanecido impasible hasta ese momento, hacer un gesto de inquietud; y salir de la habitación a grandes pasos, seguido de un sargento. Tres minutos después el sargento regresó corriendo y llamó al tamborcito, haciéndole señas de que lo siguiese. El muchacho fue detrás de él corriendo, subió al otro piso y entró con él en la buhardilla vacía, donde vio al capitán que escribía con rapidez en un papel, apoyándose en la ventanita. A sus pies, en el suelo, había una cuerda de pozo.

El capitán plegó el papel y dijo con brusquedad, clavando en los ojos del muchacho sus pupilas grises y frías, frente a las cuales todos los soldados temblaban: —¡Tamborcito!

El tamborcito hizo la venia.

El capitán le preguntó: —¿Eres valiente?

Los ojos del tamborcito relampaguearon: —Sí, mi capitán— respondió.

—Mira, allá abajo —dijo el capitán llevándole hacia la ventanita— en la llanura próxima a aquella población, donde se divisa un brillo de bayonetas... Allí se hallan los nuestros. Coge este mensaje, agárrate a la cuerda, baja por la ventanita, vuela por la barranca, atraviesa el campo, llega donde están los nuestros, y entrega este papel al primer oficial que encuentres. Tira eso y la mochila.

El niño se quitó el cinturón del tambor y la mochila, y guardó el papel en el bolsillo del pecho. El sargento lanzó fuera la cuerda y agarró con las dos manos el otro extremo. El capitán hizo pasar al muchacho por la ventanita, de espaldas al campo.

—Oyeme —le dijo—, la suerte del destacamento depende de tu coraje y de tus piernas.

—No se preocupe, mi capitán —contestó el muchacho ya balanceándose en el aire.

—Agáchate, en la barranca —recomendó el capitán ayudando a sostener la cuerda.

—Pierda cuidado.

—¡Que Dios te ayude!

En un instante el tamborcito estuvo abajo. El sargento recogió la cuerda y desapareció; el capitán se asomó impetuosamente por la ventanita y vio al muchacho que volaba hacia abajo por la barranca.

Ya tenía la esperanza de que hubiera podido huir sin ser notado, cuando algunas nubecitas de polvo que se levantaban delante y detrás del niño, le demostraron que había sido visto por los españoles, que le disparaban desde lo alto de la loma; aquellas nubecitas eran levantadas por las balas. Pero el tamborcito continuaba corriendo desesperadamente.

Repentinamente, rodó por el suelo —¡Muerto!— rugió el capitán.

Sin embargo, aún no había terminado de pronunciar esas palabras, cuando lo vio erguirse otra vez —¡Ah, una caída solamente— se dijo y respiró.

Efectivamente, aunque cojeando, el tamborcito reemprendió su veloz carrera.

—Una torcedura —pensó el capitán.

Todavía se levantaba alguna nubecita de polvo aquí y allá, alrededor del chico, pero cada vez más lejos. Ya estaba a salvo. El capitán dio un grito de triunfo. Pero continuó acompañándolo con la vista, estremecido, porque todo era cuestión de minutos. Si no llegaba allá abajo lo más rápido posible con el mensaje en que pedía refuerzos inmediatos, todos sus soldados morirían peleando o debía rendirse y entregarse prisionero con ellos.

El muchacho corría un momento velozmente, luego acortaba el paso cojeando, después reanudaba la carrera, pero cada vez se veía más fatigado, tropezando, parándose.

—Quizá una bala lo ha rozado —pensó el capitán y observaba todos sus movimientos, estremeciéndose. Y lo animaba hablándole como si el chico pudiera escucharle. Medía con ojo impaciente continuamente la distancia entre el niño que huía y aquel brillo de armas que veía allá abajo, en el llano, entre un tupido monte de árboles iluminados por el sol.

243

Y al mismo tiempo oía los silbidos y el choque de las balas en las habitaciones de abajo, los gritos imperiosos y coléricos de los oficiales y los sargentos, las quejas agudas de los heridos, la caída de los muebles y de los escombros.

—¡Arriba! ¡Animo! —gritaba siguiendo con la mirada al tamborcito que ya estaba lejos—. ¡Adelante! ¡Corre! ¡Se paró, maldito! ¡Ah, vuelve a correr!

Un oficial joven acudió a decirle, jadeante, que el enemigo sin cesar el fuego, agitaba un lienzo blanco, intimando la rendición.

—¡No se responda! —le gritó sin apartar los ojos del niño, que ya estaba en el llano, pero que ya no corría y parecía arrastrarse a duras penas. —¡Vamos, corre! —decía el capitán apretando los puños y los dientes—: ¡destrózate, muere, malvado, pero llega!

Luego profirió una horrible imprecación: —¡Ah, el infame holgazán se ha sentado!

En efecto, la cabeza del muchacho que hasta entonces había visto sobresalir de los suyos, se había ocultado como si se hubiera desplomado. Pero luego de un momento, reapareció; por último se perdió entre un matorral y el capitán no lo divisó más.

Entonces éste bajó impetuosamente: había una lluvia de balas, las habitaciones estaban llenas de heridos, algunos de éstos daban vueltas sobre sí como borrachos, apoyándose en los muebles. Las paredes y el piso estaban salpicados de sangre, algunos cadáveres estaban atravesados en el hueco de las puertas. Una bala le había atravesado el brazo al subteniente. Todo estaba envuelto en una nube de humo y polvo.

—¡Animo! —gritó el capitán—. ¡Firmes en sus puestos! Ya vienen refuerzos! ¡Un poco de ánimo!

Los españoles se habían aproximado más todavía. Abajo, entre el humo, se distinguían sus rostros alterados, entre el estruendo de los tiros se oía el griterío salvaje, insultando, intimando a la rendición y amenazando con exterminarlos.

Alguno, aterrorizado, se retiraba de la ventana. Los sargentos los volvían a incitar al combate.

Pero el fuego de la defensa iba disminuyendo, el desánimo se reflejaba en todos los rostros, ya era imposible prolongar la resistencia. Repentinamente, los tiros de los españoles disminuyeron y una voz de trueno gritó: —¡Rendíos!

—¡No! —rugió el capitán desde una ventana.

Y el fuego arreció otra vez, más nutrido y rabioso de los dos lados. Otros soldados cayeron. Ya más de una ventana no tenía defensor. El desenlace fatal era inminente.

El capitán gritaba, mordiendo las palabras: —¡No vienen! ¡No vienen!— y se movía furioso, alrededor, doblando el sable con mano convulsa, resuelto a morir.

Un sargento, bajando de la buhardilla, dio un grito agudo: —¡Ya llegan!

Al oír este grito todos, sanos, heridos, sargentos, oficiales, se lanzaron a las ventanas y la resistencia recrudeció. Pocos momentos después, se notó desconcierto entre los enemigos. En seguida, a toda prisa, el capitán reunió algunos hombres en la habitación de abajo, para lanzar una carga a la bayoneta. Luego, volvió a subir.

Apenas había terminado de subir al otro piso, cuando oyeron un precipitado galope y un viva formidable, y desde las ventanas, vieron avanzar entre la humareda, los uniformes de la caballería argentina. Llegaba un escuadrón lanzado a la carga y un relampagueo de aceros se veía en el aire y se descargaba sobre las cabezas, sobre los hombros, sobre las espaldas. Entonces el pelotón salió con las bayonetas bajas. Los enemigos se dispersaron, dieron la espalda. El terreno se despejó, la casa quedó libre y poco después dos batallones de infantería patriota y dos cañones ocupaban la loma.

El capitán con los soldados que le quedaban, se reincorporó a su regimiento, peleó todavía y fue levemente herido en la mano izquierda por una bala que rebotó, en el último asalto a la bayoneta.

La jornada finalizó con la victoria de los nuestros.

Pero al día siguiente, habiéndose reanudado el combate, los patriotas fueron vencidos a pesar de su heroica resistencia, por el número muy superior de los españoles, y a la otra mañana tuvieron que tomar, tristemente, el camino de la retirada.

El capitán, a pesar de estar herido, realizó la marcha a pie con sus hombres cansados y silenciosos, y llegó al atardecer al pueblo donde el ejército libertador tenía instalado su cuartel general. Buscó de inmediato a su subteniente, que había sido recogido por la Sanidad, y el cual debía haber llegado allí antes que él.

Le indicaron la iglesia donde se había instalado provisoriamente el hospital. Fue hacia allá.

La iglesia estaba llena de heridos, tendidos en catres y en ponchos sobre el suelo. Dos médicos y algunos enfermos iban y venían muy atareados; se oían gritos y quejidos.

En cuanto estuvo dentro, el capitán se detuvo y miró alrededor buscando a su oficial.

En aquel mismo instante escuchó una voz débil, muy próxima, que lo llamaba: —¡Mi capitán!

Se volvió; era el tamborcito.

Se hallaba tendido en un catre. Con el pecho cubierto con un poncho de vivos colores, con los brazos afuera, pálido y desencajado, pero con sus ojos siempre llenos de luz, como dos brillantes negros.

—¿Tú aquí? —le preguntó el capitán asombrado, pero bruscamente—. ¡Bravo, cumpliste con tu deber!

—Hice lo que pude —respondió el tamborcito.

—¿Te hirieron? —dijo el capitán, mientras buscaba con los ojos a su oficial en los catres próximos.

—¿Qué quiere? —dijo el muchacho, a quien alentaba a hablar el orgullo de haber sido herido por primera vez, sin lo cual no hubiera osado abrir la boca delante de aquel capitán—. Corrí un trecho con el cuerpo encogido, pero en seguida me vieron. Habría llegado veinte minutos antes si no me hubieran herido. Suerte que pronto encontré a un capitán del Estado Mayor para entregarle el mensaje. ¡Pero la bajada se puso dura después de aquella caricia! Me moría de sed, pensé que no llegaba más, lloraba de rabia al pensar que por cada minuto de atraso uno de los nuestros se iba al otro mundo, allá arriba. En fin, hice lo que pude. Estoy satisfecho. Pero, mire... permítame, mi capitán, está perdiendo sangre.

En efecto, de la mano mal vendada del capitán, caía por entre los dedos alguna gota de sangre.

—¿Quiere que le apriete la venda, mi capitán? Permítame, un momento.

El capitán le presentó la mano izquierda, y extendió la derecha para ayudarlo a deshacer el nudo y rehacerlo. Pero el chico apenas alzó la cabeza de la almohada, se puso pálido y tuvo que volver a descansar la cabeza.

—¡Basta, basta! —dijo el capitán contemplándolo y retirando la mano que el chico pretendía retenerle—. Cuídate tú en vez de estar pensando en los demás, porque también las heridas leves, si se descuidan, pueden volverse graves.

El tamborcito movió la cabeza.

—Pero tú —le dijo el capitán, mirándolo fijamente—, debes haber perdido mucha sangre, para estar tan débil.

—¿Perdido mucha sangre? —respondió el niño con una sonrisa—. Más que sangre. Mire.

Y apartó el poncho de golpe.

El capitán retrocedió horrorizado.

El niño no tenía más que una pierna; la pierna izquierda le

había sido amputada por encima de la rodilla. El muñón lo tenía envuelto en trapos ensangrentados.

En ese momento pasó un médico militar, pequeño y gordo, en mangas de camisa.

—¡Ah!, mi capitán —dijo apresuradamente, señalando al tamborcito—, ahí tiene un caso desgraciado. Si él no hubiera forzado tan bárbaramente la pierna, se la hubiésemos salvado. Tenía una inflamación inmensa, fue necesario cortar en el acto. ¡Pero es un gran muchacho, se lo aseguro!, ¡no soltó una lágrima, ni un grito! Yo, mientras lo operaba, estaba orgulloso de que fuera un muchacho criollo, palabra de honor. ¡Por Dios, que es de buena raza!

Y se alejó sonriendo.

El capitán frunciendo las espesas y canosas cejas, contempló fijamente al tamborcito volviendo a cubrirlo con el poncho. Luego, pausadamente, casi inconscientemente y mirándolo siempre, llevó la mano a la cabeza y se quitó la gorra.

—¡Mi capitán! —exclamó el chico asombrado—. ¿Qué hace, mi capitán? ¿Por mí?

Y entonces, aquel rudo soldado, que jamás había dicho una palabra afectuosa a un subalterno, respondió con voz increíblemente cariñosa y dulce: —Yo no soy más que un capitán, tú eres un héroe.

Luego se inclinó con los brazos abiertos, y le dio un beso en la frente.

ADA M. ELFLEIN

Nacida en la Provincia de Buenos Aires el 22 de febrero de 1880, Ada M. Elflein era hija de alemanes y su primera maestra fue su propia madre.

Comenzó en el terreno literario escribiendo en verso, pero pronto se dedicó solamente a la prosa y fundamentalmente al cuento porque según decía "en el cuento cabe todo cuanto cabe en la literatura: moral, ciencias, artes, historia, costumbres, filosofía; en una palabra: todo, todo cuanto abarca el saber humano".

Ada M. Elflein ocupa un lugar importante en la literatura argentina de fines del siglo XIX y principios del XX. Sus temas casi siempre están enmarcados por ambientes y personajes históricos de su país, y reflejan un profundo espíritu patriótico.

Ada M. Elflein murió el 24 de julio de 1919.

LA CADENITA DE ORO

Allá por el año 1816, vivía en Mendoza una niñita huérfana, llamada Carmen. Servía a una familia adinerada, cuyos niños la mortificaban de mil maneras vergonzosas.

En aquellos días llegó a hablarse en la casa de un acontecimiento que interesó mucho a Carmen. Decíase que las señoras y niñas mendocinas regalaban sus alhajas al gobernador, para comprar caballos, mulas y armamentos.

Se mencionaba especialmente como iniciadora del ofrecimiento a la señora doña Remedios, esposa del gobernador.

Las señoras hablaban con entusiasmo de los montones de oro, plata, perlas y piedras preciosas que habían visto acumulados en la mesa del gran salón del Cabildo.

Carmen solía escuchar estas conversaciones mientras esperaba, cruzada de brazos, el mate para cebarlo; las entendía sólo a medias, como es de imaginar, porque en su cabecita de doce años no podía darse cuenta cabal de los acontecimientos de aquella época extraordinaria y heroica.

La verdad era ésta. El coronel don José de San Martín, gobernador de Cuyo, tenía en su mente el plan grandioso de formar un ejército, con el que tramontaría la gigantesca cordillera para atacar y destruir el poder de los españoles en Chile, y luego pasar al Perú, centro principal de la resistencia realista. Para llevar a cabo este proyecto inaudito, que nadie conocía aún en sus principales detalles, necesitaba recursos abundantes. Todo lo proporcionaba la provincia de Cuyo, San Martín pedía hombres, y Cuyo le daba sus hijos; pedía armas, y se fabricaban armas; exigía acémilas, y en filas interminables llegaban las recuas de mulas; necesitaba víveres, y venían los carros repletos de carne, harina, verduras, fruta, pastas, vino, aceite. Y si el gobernador pedía dinero, los cuyanos abrían sus arcas y cada cual daba lo que podía. Tan bien administrada se hallaba la provincia, que jamás se cegaron sus fuentes de riqueza: semejaba una mina inagotable.

Las mujeres también quisieron demostrar su espíritu de sacrificio, abnegación y patriotismo, y cuando la esposa del gobernador, doña Remedios Escalada de San Martín, lanzó la idea de que hiciesen donación de sus alhajas, respondieron con entusiasmo. No hubo una sola que dejara de acudir al Cabildo para ofrecer sus joyas a la patria.

II

Por la noche, acurrucada en el miserable colchón que le servía de cama, Carmen seguía tejiendo el hilo de las ideas que la preocupaban. Había comprendido que eso de entregar al gobernador sus alhajas, debía ser algo muy grande y generoso: una acción noble y digna de aplauso. ¡Oh, si también ella pudiera dar alguna cosa! Deseaba tanto ¡tanto!, hacer algo para que vieran que no era mala, ella a quien todos trataban de perversa, mentirosa, ladrona y otras muchas cosas indecorosas. Pero, ¿qué podía dar que fuese de valor? No tenía nada... Sí, sí, sí tenía algo; ¿cómo había podido olvidarse de eso? Se sentó en la cama y desprendió de su cuello una delgada cadenita de oro con una

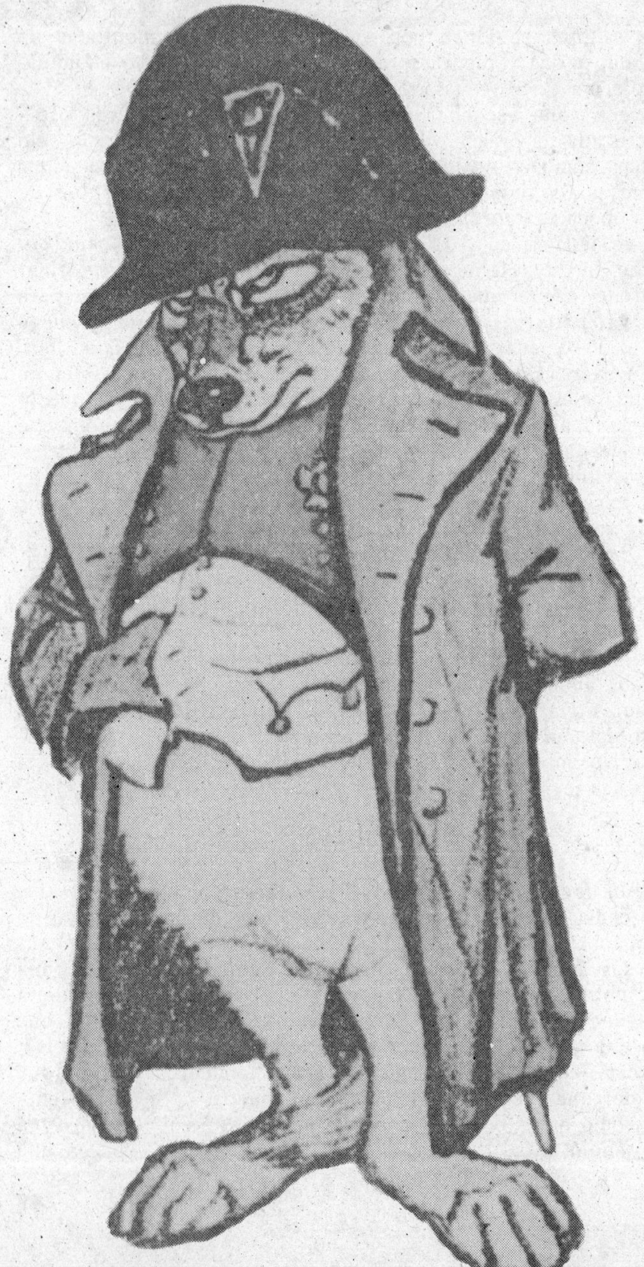

medalla que representaba a la Virgen del Carmen. Su padre, antiguo arriero en la cordillera, se la había traído de Chile, y su mamita querida se la colgó al cuello diciéndole que le traería suerte. ¡Buenos tiempos habían sido aquellos en que vivieron sus padres! Nunca faltaron en su ranchito, el puchero, el pan, el mate, el arrope ni las frutas; nadie la reñía ni la pegaba y vivía feliz y contenta. Pero llegó un día en que hallaron a su padre helado en la cordillera; su madre, al saberlo, se enfermó de tal manera que no volvió a sanar, y murió al poco tiempo.

De todo esto se acordaba Carmen mientras hacía brillar la cadenita a la luz de la luna. Era de oro, el señor cura se lo había dicho, y puesto que era de oro, debía de ser de gran valor. Quizá el gobernador pudiera comprar con ella un caballo o una mula o tal vez un cañón entero. ¡Qué cosa magnífica sería eso! Pero, ¿no se enojaría su madre si supiera que se desprendía de la cadena? ¡Oh, no!, puesto que hacía una buena acción, y su madre misma le había dicho a menudo que debía ser buena.

Se durmió. En sueños creyó ver a la Virgen del Carmen sonriéndole; y cuando miró bien, vio que la dulce Señora tenía las facciones de su propia madre querida.

III

Por la mañana guardó la cadenita en el seno, y fue a su trabajo diario. No sabía bien cómo arreglárselas para que su alhaja llegara a manos del gobernador. No tenía a quién pedir consejo ni menos a quién confiar el encargo. Después de mucho pensar y resolver el asunto en su cabecita, decidió valerosamente ir ella misma.

Muy entrada la tarde pudo escabullirse sin peligro de que notaran su ausencia; y por las calles que invadían las primeras sombras de una tarde nublada de primavera, se dirigió rápidamente a casa del gobernador. La conocía, porque en la casa frontera vivía una familia amiga de sus patrones, adonde, con frecuencia, tenía que acompañar a las niñas cuando iban allí a jugar.

El paso ligero de Carmen se volvió un poco más lento y su corazón comenzó a latir muy fuerte.

Llegó al sitio que buscaba. En la calle hacía guardia un soldado del regimiento de granaderos, y en el marco de la puerta se apoyaba un joven oficial que vestía igual uniforme.

Carmen creía que en casa del gobernador se entraba así no más, e iba a pasar adelante sin preámbulos, cuando el oficial la sujetó del brazo:

—¡Eh, chica! ¿Adónde vas?

—Voy a ver al señor gobernador —repuso un poco asustada y al mismo tiempo con aire de importancia.

—Al señor gobernador ¿eh? ¿Y qué quieres con Su Excelencia?

—Yo... yo venía a traerle una cadena de oro.

—¿Una cadena de oro? —repitió el joven, sorprendido e incrédulo—. ¿A verla?

—¡Ah, no! —dijo la chica retrocediendo con desconfianza.

—¡Pero si el señor gobernador ha mandado que todo lo que le traigan lo vea yo primero! —insistió el oficial.

—Yo no quiero que la vea nadie más que él —replicó Carmen, apretando contra su pecho algo envuelto en un papel, mientras sus ojos negros miraban al joven con una expresión mezclada de temor y desafío.

Al oficial le hizo gracia la chiquilla que resueltamente pedía hablar con el gobernador, y haciéndole seña de seguirle:

—Bueno, ven conmigo —le dijo—, vamos a ver si Su Excelencia está en casa.

Llamó a una puerta y cuando respondieron —"¡Adelante"— abrió.

—¡Coronel! Aquí hay una chica que está empeñada en hablar con usted.

—Veamos —contestó el coronel, dejando a un lado la pluma—. Hágala entrar.

Un segundo después, Carmen se hallaba en una pieza sencillamente amueblada.

—¿Qué querías, chiquilla?

Alzó un poco las pestañas y vio sentado, junto a una mesa llena de libros y papeles, a un oficial de rostro moreno, fino, y ojos negros, rasgados, que la miraban con bondad.

—No me tengas miedo —prosiguió don José de San Martín; pero la chica había perdido todo su aplomo. No sabía cómo empezar, y su idea de venir a ofrecer al gobernador la cadena, le pareció de pronto un atrevimiento sin igual.

—Yo... yo... —comenzó, y se detuvo.

—Vamos a ver —animóla el coronel sonriente, y haciendo a su secretario seña de retirarse un poco—. ¿Me quieres dar algo? —agregó al notar un papelito en su mano.

Carmen hizo un signo afirmativo con la cabeza. San Martín atrájola a su lado, tomó el papel y lo desdobló.

—¡Qué linda cadena! ¿Y qué quieres tú que haga yo con ella?

—Yo... es para usted —contestó con voz tan baja, que el coronel tuvo que inclinarse mucho para oírla. —Yo creía que...

que usted... que a usted le servía para comprar cañones.

—¡Ah!... Has oído que las señoras ofrecieron al gobierno sus alhajas, y tú has querido dar algo. ¿No es así?

—Sí, señor —repuso tímidamente—. ¿Y podrá comprar cañones con ella?

—¡Cómo no! —replicó el coronel, disimulando la impresión profunda que le causaba aquel acto. Pesó gravemente en la mano la cadenita, que representaría apenas unos cuantos gramos—. Es oro verdadero —agregó—, y vale mucho. Pero ¿tú tienes permiso para desprenderte de esta cadena?

—¡Oh, sí, señor, sí! —respondió, temerosa de que no se la aceptasen—. Sí, señor, es mía.

—¿Pero puedes darla? ¿Quién te la regaló?

—Mi madre.

—¿Y tienes permiso de ella para regalarla?

—Ha muerto.

—¡Ah, pobrecita! ¿No tienes madre? Y entonces, di: ¿cómo se te ocurrió venir aquí? ¿Quién te inspiró la idea? Vamos, cuéntame eso, no me tengas miedo.

Carmen paseó su mirada del coronel al secretario, con gravedad infantil. Luego la fijó en los ojos del coronel, y cobrando ánimo le refirió cómo había oído conversar a las señoras del ofrecimiento de sus alhajas para ayudar al gobernador; su aflicción por no poder dar algo ella también, hasta que de pronto se acordó de la cadenita; de las dudas que había tenido acerca de si viviendo su madre le habría permitido desprenderse de ella; sus recelos y temores hasta el momento de decidir la difícil cuestión.

Una vez roto el hielo, se atrevió a desahogar su corazoncillo oprimido, confiando al coronel su triste vida desde la muerte de sus padres.

—¿Y no te cuesta desprenderte de la cadenita? —preguntó San Martín cuando terminó Carmen.

—Como todos le regalan a la patria, yo también quiero hacerlo.

Profundamente conmovido, el coronel estrechó a la chica entre sus brazos y la besó en la frente, pensando que el modesto tributo de esta niña valía más que algunos de los brillantes y perlas donados por personas que sólo daban algo de su abundancia, como en el eterno motivo de la parábola cristiana.

—Esta cadenita, Carmen —díjole—, yo te la agradezco en nombre de la patria. ¿Sabes tú lo que es la patria? No, porque todavía eres muy chica; pero cuando seas más grande lo comprenderás. Has entregado lo único que tienes, y eso da a tu regalo más valor que el de un montón de diamantes. ¿Quieres quedarte conmigo? Aquí nadie te reñirá ni pegará y aprenderás muchas cosas. ¿Quieres?

¡Que si quería Carmen! Desde que había muerto su madre nadie la había mirado ni hablado de esa manera. Se estrechó al coronel como lo habría hecho una hija, y prendida de su mano fue a presentarse a la señora doña Remedios.

Y en el mismo instante recordó que su madre le había dicho, al colgarle la cadenita, que ésta le traería suerte.

EL MENSAJERO DE SAN MARTIN

El general don José de San Martín leía cartas en su despacho. Terminada la lectura, se volvió para llamar a un muchacho que esperaba de pie junto a la puerta. Debía tener éste unos 16 años; era delgado, fuerte, de ojos brillantes y fisonomía franca y alegre. Cuadrado como un pequeño veterano, soportó tranquilamente la mirada del general.

—Voy a encargarte una misión difícil y honrosa. Te conozco bien: tu padre y tres hermanos tuyos están en mi ejército y sé que deseas servir a la patria. Lo que voy a entregarte es peligroso; pero eres de una familia de valientes. ¿Estás resuelto a servirme?

—General, sí —contestó el muchacho sin vacilar.

—¿Lo has pensado bien?

—General, sí.

—Correrás peligros.

—Como todos nosotros, general.

San Martín sonrió a esa respuesta, pues veía que el muchacho se contaba decididamente entre los patriotas.

—Debes tener presente que en caso de ser descubierto, te fusilarán —continuó, para conocer la entereza de aquel niño.

—General, ya lo sé.

—Entonces ¿estás resuelto?

—General, sí.

—Muy bien. Quiero enviarte a Chile con una carta que por nada ¿entiendes? ¡por nada!, debe caer en manos ajenas. Si llegaras a perderla, costaría la vida a muchas personas. La entregarás al abogado don Manuel Rodríguez, en Santiago, y la contestación la traerás con las mismas precauciones. Si te vieras en peligro, la destruirás; y si por desgracia fueras descubierto,

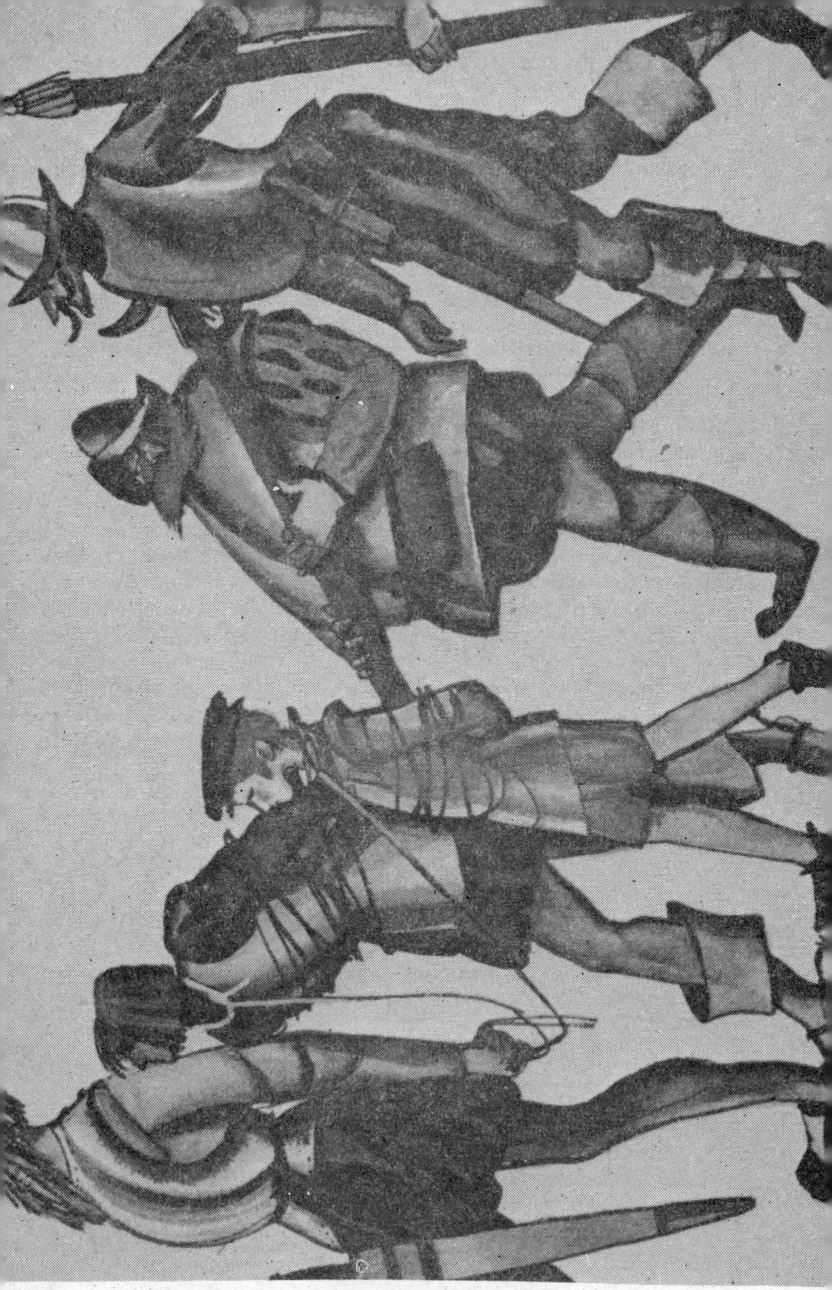

supongo que sabrás guardar el secreto. ¿Has entendido, Miguel?

—Perfectamente, general —respondió el muchacho; y esta contestación, sencilla y firme, satisfizo al insigne conocedor de hombres.

II

Dos días después, Miguel pasaba la cordillera en compañía de unos arrieros. Llevaba la carta cosida en un cinturón debajo de la ropa; tenía el aire más inocente y despreocupado del mundo, y nadie hubiera sospechado que pensara en otras cosas que no fueran niñerías, pues durante el viaje no hizo sino cantar, silbar y bromear. Refirió a sus compañeros que iba a la finca de unos parientes al otro lado de la cordillera, y todos le cobraron afecto por su buen humor. Cuando se separaron en territorio chileno, le despidieron cariñosamente.

Miguel ignoraba que el señor Manuel Rodríguez, destinatario de la carta, era uno de los chilenos que más activamente contribuían a preparar la revolución patriota para cuando invadiera San Martín con su ejército. Ignoraba, asimismo, que él sólo era uno de los innumerables agentes y espías que el general tenía para llevar y traer correspondencia secreta, sembrar noticias, verdaderas o falsas, según le conviniera, y tenerle al corriente de cuanto ocurría en Chile y pudiera serle útil. El general le había honrado con su confianza y debía justificarla. Eso le bastaba.

Llegó a Santiago de Chile sin contratiempos: halló al doctor Rodríguez, le entregó la carta y recibió la respuesta, guardándola en el cinturón secreto.

—Mucho cuidado con esta carta —le dijo también el patriota chileno—. Eres realmente muy niño para un encargo tan peligroso; pero debes ser inteligente y guapo, y sobre todo buen patriota, para que el general te juzgue digno de esta misión.

Miguel volvió a ponerse en camino lleno de placer y de orgullo con este elogio y resuelto a merecerlo cada vez con mayor razón.

III

El gobernador de Chile, Marcó del Pont, sabía que emisarios y agentes secretos de los patriotas trabajaban para sublevar al pueblo, y que éste le odiaba y estaba deseoso de asociarse a los revolucionarios de Buenos Aires. Por esto lo sometía a un régimen de humillación y de dureza. A las siete de la noche las casas debían estar cerradas, bajo pena de multa, y nadie podía viajar sin recabar permiso de las autoridades. Los sospechosos de ser partidarios de los patriotas eran encerrados en las fortalezas y prisiones, donde San Bruno se encargaba de martirizarlos. Era natural, entonces, que los chilenos esperasen ansiosos el momento en que el ejército argentino tramontara los Andes, y que los agentes de San Martín hallasen hombres dispuestos a auxiliarlos. Reunían dinero, objetos de valor y armas; aprestaban caballos, ganados, y cada cual contribuía en su medida. Los agentes eran siempre bien recibidos y jamás se les hizo aición. Las autoridades sabían que ocurría algo anormal; pero ignoraban a quién hacer responsables o aprehender. En la duda, consideraban sospechosos a todos los criollos y redoblaban con ellos su dureza, lo que naturalmente dio como consecuencia una mayor ferocidad en el odio popular.

IV

El viaje de Miguel se había efectuado sin tropiezos; pero tuvo que pasar por un pueblo cerca del cual se hallaba una fuerza realista bastante considerable, al mando del coronel Ordóñez. Se aproximó al caer la tarde, ignorando que hubiera allí un campamento, pues éste no era visible desde el camino. Al frente se extendía la hermosa campiña chilena, fresca, verde y ligeramente ondulada. Un arroyo correntoso bajaba a la izquierda. En sus márgenes se levantaban las chozas del pueblecito, grises, tristes, silenciosas, envueltas ya en las primeras penumbras del crepúsculo, y dominándolas, cerrando el horizonte, la cordillera gigantesca e imponente subía en gradas cada vez más grandiosas, semejante a una escalinata estupenda rematada en los maravillosos nevados que teñían de oro rosado los últimos rayos de luz. Las faldas de la montaña estaban ya en la sombra, y sus huecos y quebradas envueltos en tintes fríos, azul, morado, violeta, mientras el esplendor fantástico de las cumbres se destacaba de un cielo claro y transparente.

Miguel, poco sensible a las bellezas de la naturaleza, se sintió de pronto impresionado por aquel cuadro mágico; mas un acontecimiento inesperado vino a distraer su atención.

Dos soldados a quienes pareció sospechoso este muchacho que viajaba solo y en dirección a las sierras (ya que cualquier cosa era sospechosa en aquellos tiempos), se dirigieron hacia él al galope. En el sobresalto del primer momento, cometió la imprudencia de huir, lo que naturalmente avivó las sospechas de los soldados, quienes, cortándole el camino, consiguieron prenderlo.

—¡Hola! —gritó uno de ellos sujetándole el caballo por la rienda—; ¿Quién eres y adónde vas?

Miguel, recobrada su sangre fría, contestó humildemente que era chileno, que se llamaba Juan Gómez y que iba a la hacienda de sus padres; mas por su manera de hablar, los soldados conocieron que era *cuyano*, es decir, nativo de Cuyo, o por extensión, de la región al oriente de los Andes, y le condujeron al campamento, a pesar de sus súplicas. Allí lo entregaron a un sargento y éste a su vez a un oficial superior.

Interrogado, respondió con serenidad, ocultando su temor de que lo registraran y encontraran la carta.

Después del interrogatorio, le llevaron a una carpa, donde se hallaba, en compañía de varios oficiales, el coronel Ordóñez.

—Te acusan de ser agente del general San Martín —díjole el coronel sin preámbulos—. ¿Qué tienes que contestar?

Miguel habría preferido declarar orgullosamente la verdad; pero la prudencia le hizo renunciar a esta idea, y como antes, negó la acusación.

—Oye, muchacho —agregó el coronel—, de nada te sirve negar. Más vale que confieses francamente; así quizá pueda aliviarte el castigo, porque eres muy joven.

Miguel no se dejó seducir y repitió su declaración; pero a Ordóñez no se le engañaba tan fácilmente.

—¿Llevas alguna carta? —preguntó de improviso.

—No —contestó Miguel; pero mudó de color y el coronel lo advirtió.

—Regístrenlo.

En un abrir y cerrar de ojos dos soldados se apoderaron del muchacho, y mientras el uno lo sujetaba, el otro le registró, no tardando en hallar el cinturón con la carta.

—Bien lo decía yo —observó Ordóñez, disponiéndose a abrirla; pero en ese instante Miguel, con un movimiento brusco e imprevisto, saltó como un pequeño tigre, le arrebató la carta de las manos y arrojóla en un brasero allí encendido.

Todos permanecieron estupefactos ante tal audacia. Luego, algunos quisieron castigarle; pero el coronel, deteniéndoles, dijo, con una sonrisa extraña:

—Eres muy atrevido, muchacho. Quizá no sepas que puedo fusilarte sin más trámites.

Miguel no contestó; pero sus ojos chispeantes y sus mejillas encendidas, indicaban claramente que no tenía miedo. Ahora podían hacer de él lo que quisieran; la carta ya no existía y jamás sabrían de su boca a quién iba dirigida ni quién la enviaba.

—Hay que convenir que eres muy valiente —continuó Ordóñez—. Aquel que te ha mandado sabe elegir su gente. Ahora bien, puesto que eres resuelto, quisiera salvarte y lo haré si me dices lo que contenía la carta.

—No sé, señor.

—¿No sabes? Mira que tengo medios de refrescarte la memoria.

—No sé, señor. La persona que me dio la carta no me dijo lo que contenía.

El coronel reflexionó un momento. Le pareció creíble lo que decía Miguel, pues no era de suponer estuviera enterado del contenido de la carta que llevaba.

—Bien —dijo—, te creo. ¿Podrías decirme al menos de quién provenía y a quién iba dirigida?

Miguel calló. Sólo ahora comenzaba la verdadera prueba.

—Contesta —ordenó el coronel.

—No puedo, señor.

—¿Y por qué no?

—Porque he jurado.

—¡Oh! Si no es más que eso, un sacerdote te desligará del juramento.

—Podría hacerlo; no por eso sería menos traidor.

El coronel Ordóñez admiró en secreto a ese niño tan hombre; pero no lo demostró. Abriendo un cajón de la mesa sacó una gaveta y tomó de ella un puñado de monedas de oro.

—¿Has tenido alguna vez una moneda de oro? —preguntó a Miguel.

—No, señor —contestó el muchacho, cuyos ojos se fijaron involuntariamente en el metal reluciente.

—Bueno, pues yo te daré diez onzas, ¿entiendes?, diez onzas si me dices lo que quiero saber. Vamos, ¿te decides? Piensa: ¡diez onzas de oro! Una fortuna. ¡Cuántas cosas podrás comprar con tanto dinero, y cómo te envidiarán! Y eso, con sólo decirme dos nombres.

Sobre Miguel el oro obraba una fascinación funesta. ¡Cómo brillaban y con qué dulce retintín chocaban las monedas cuando el coronel las hacía escurrir entre sus dedos y las dejaba caer suavemente en la gaveta! ¡Diez onzas de oro! Para él una fortuna inaudita.

—Puedes decírmelo despacio —prosiguió el coronel, observando con atención el efecto que el metal brillante hacía en Miguel—. Nadie sino yo, lo oirá.

Entonces, por fin, Miguel logró vencer la terrible fascinación del oro, y apartando con un esfuerzo los ojos, repitió estas tres palabritas que exasperaron al coronel:

—¡No quiero, señor!

Ordóñez le miró de una manera particular.

—¿Has oído alguna vez hablar de San Bruno? —preguntóle.

Al oír ese nombre, que era pronunciado con espanto en Chile y en Cuyo, Miguel se estremeció.

—A él te entregaré si no confiesas —prosiguió el coronel—. En tus propias manos está tu suerte: si contestas a mi pregunta, te doy la libertad, y si no... —No terminó su frase; pero trunca como estaba era terriblemente explícita.

Miguel bajó los ojos y permaneció callado. Esta resistencia pasiva irritó más al realista.

—A ver —ordenó—, unos cuantos azotes bien dados a este muchacho.

Lleváronle afuera y en presencia de Ordóñez, de sus oficiales y muchos soldados, dos de éstos le golpearon sin piedad. El muchacho apretó los dientes para no gritar. Sus sentidos comenzaron a turbarse a medida que los golpes llovían sobre su cuerpo; sus ideas se confundieron bajo la influencia del dolor; ante sus ojos flotaron aún como una visión las cumbres nevadas que ahora resaltaban con blancura lívida de sudario en el cielo diáfano, y luego, perdió el conocimiento.

—Basta —dijo Ordóñez—, enciérrenle por esta noche. Mañana confesará —y agregó hablando con los oficiales—, si no lo hace, tendré que mandarlo a Santiago. Y sería lástima que muchacho tan guapo fuese a parar a manos de San Bruno. No debemos perder este hilo de la trama que está tejiendo mi astuto ex amigo San Martín.

V

Entre los que presenciaron la flagelación se encontraba un soldado chileno, que, como todos sus compatriotas, simpatizaba con la causa de la libertad. Tenía dos hermanos, agentes de San Martín, y él mismo esperaba la ocasión propicia para abandonar las filas realistas. El valor y la constancia del muchacho, tema de las conversaciones del campamento, le llenaron de admiración, haciéndole concebir el deseo de salvarle si fuera posible. Resolvió exponerse para dar libertad al prisionero y facilitarle los medios de huir.

Miguel estaba en una choza, donde lo habían dejado bajo cerrojo, sin preocuparse más de él.

A medianoche el silencio más profundo reinaba en el campamento. Los fuegos estaban apagados y sólo los centinelas velaban con el arma al brazo.

Cuando Miguel despertó de su largo desmayo, no pudo recordar bien lo que había sucedido; pero al sentir el escozor de los cardenales que le cubrían todo el cuerpo, no tardó en darse cuenta. El pobre muchacho, débil y dolorido, solo y prisionero se sintió desfallecer. ¡Al fin, sólo era un niño! No pensaba en la fuga porque le parecía imposible, y esperaba el día para salir de la terrible incertidumbre.

Entonces, en el silencio de la noche, percibió un ruido suave cual el de un cerrojo corrido con precaución. La puerta se abrió despacio y en el vano apareció la figura de un hombre. Miguel se levantó sorprendido.

—¡Quieto! —susurró una voz—. ¿Tienes valor para escapar?

Miguel enmudeció de asombro. De repente no sintió dolores, cansancio, ni debilidad: estaba fresco, ágil y resuelto a todo con tal de recobrar la libertad. Siguió al soldado y los dos se deslizaron como sombras por el campamento dormido, hacia un pequeño corral donde se hallaban los caballos de servicio. El de Miguel permanecía ensillado aún y atado a un poste. Lo llevaron a la orilla del arroyo que corría espumoso entre las barrancas.

—Este es el único punto por donde puedes escapar —dijo el soldado—, el único lugar donde no hay centinelas. Ten cuidado, porque el arroyo es traicionero. Pronto, ¡a caballo y buena suerte!

Aturdido por el cambio repentino de los sucesos, el pequeño héroe obedeció, y despidiéndose de su generoso salvador con un apretón de manos y un "¡Dios se lo pague!" bajó la barranca y entró en el arroyo cruzándolo con felicidad. Luego, espoleó su caballo y huyó en dirección a las montañas, para mostrar a San Martín, con las llagas de los azotes que desgarraron sus espaldas, cómo había sabido guardar un secreto y servir a la Patria.

SELMA LAGERLOF

En los países nórdicos es costumbre reunirse en el hogar, en las noches frías, al calor del fuego, donde familiares y vecinos, cuentan y escuchan relatos exóticos, fantásticos o reales.

Selma Lagerlöf —nacida en Marbacka, Suecia, en 1858— creció y se desarrolló en esos ambientes, que moldearon en cierta forma su espíritu de escritora.

Conocida no solamente en su país sino también en el extranjero, Lagerlöf obtuvo el Premio Nobel en 1909, fue miembro de la Academia sueca en 1914 y es sin duda una de las escritoras suecas más conocidas en el mundo.

Tuvo un profundo conocimiento de los mitos y tradiciones populares de su provincia natal, los que supo imprimir, en su poderoso estilo literario narrativo, un enorme atractivo.

Maestra en 1885, consagró treinta años de su vida a escribir cuentos, novelas y comedias, que le dieran fama internacional.

EL PETIRROJO

De aquella época en que Nuestro Señor creó el cielo y la tierra y todos los animales y las plantas, habría muchas historias para contarse, y, si se conocieran todas, se nos aclararían muchas cosas que ahora no podemos entender.

Un día encontrándose Nuestro Señor en el Paraíso pintando a los pájaros, se le terminaron los colores, y, el jilguero hubiera quedado incoloro si no fuera porque el buen Dios no había limpiado todavía todos sus pinceles.

También en esa época fue que Dios dotó al asno de unas largas orejas, porque le costaba mucho recordar su nombre. Apenas dio unos pasos por los jardines del Paraíso, lo olvidó y por tres veces se vio obligado a regresar a preguntar su nombre. Al fin, Dios algo impaciente, le tomó de las orejas y le dijo:

—Tu nombre es: Burro, burro, burro.

Y al mismo tiempo que así decía le cogía las orejas al asno y las fue estirando, de modo que así oyera mejor y no hubiera necesidad de repetirle lo que se le decía.

Ese mismo día le tuvo que imponer un castigo a la abeja. En cuanto ésta fue creada comenzó a acumular miel. Cuando el hombre y los animales sintieron su aroma se acercaron para probarla. Pero la abeja quería guardársela toda para sí y echaba a todos los que se arrimaban, picándolos con su venenoso aguijón. Al ver esto Dios, llamó inmediatamente a la abeja para darle un castigo.

—Te he dado la cualidad de acumular miel —dijo Nuestro Señor—, que es el producto más dulce de la creación; pero no te he otorgado el derecho de tratar mal a tu prójimo. Así, pues, recuerda que toda abeja que pique a alguien por probar su miel, pagará con su vida la picadura.

Todo esto sucedió el día en que el grillo se volvió ciego y la hormiga perdió sus alas. ¡Tantas cosas curiosas pasaron aquel día!

Ese día lo pasó Dios sentado, solemne y benévolo en su trono, creando todo cuanto existe, dando vida con su hálito y finalmente, al atardecer, creó todavía un pajarillo gris.

—¡Tu nombre será petirrojo! —le dijo Dios cuando lo hubo terminado. Y colocándolo sobre su mano, lo dejó emprender vuelo.

Luego de revolotear un rato sobre la bella tierra en que le tocaba vivir, el pajarillo sintió deseos de ver su imagen. Al contemplarse en el agua vio que era completamente gris y su pecho también era de ese mismo color. Giraba contemplándose, pero en vano, no descubrió ni una sola pluma roja en su cuerpo.

Y regresó presurosamente junto a Nuestro Señor.

Dios estaba sentado, lleno de bondad y amabilidad, en su trono. De sus manos se desprendían mariposas que revoloteaban en su derredor, las palomas gorjeaban en sus hombros y de la tierra, en torno suyo, nacían rosas, azucenas y margaritas.

El pajarillo sentía latir apresuradamente su corazón, pero, a pesar de su temor, voló describiendo graciosos círculos hasta llegar a posarse en la mano de Dios.

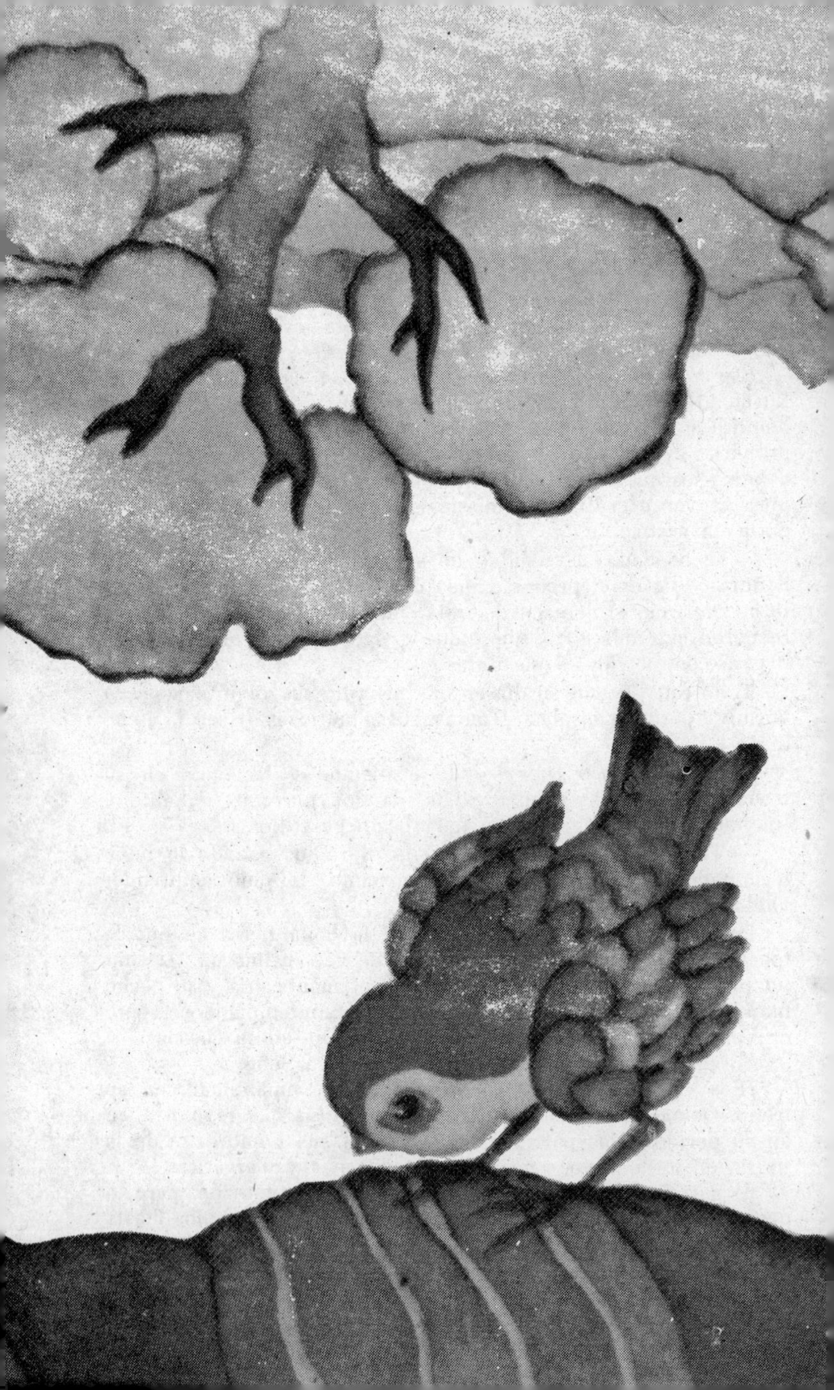

Entonces el Padre celestial preguntó qué quería y el pajarillo respondió:

—Desearía hacerte una pregunta.

—¿Qué es lo que quieres preguntar?

—¿Por que me pusiste el nombre de petirrojo, si soy totalmente gris? ¿Por qué ese nombre si ni una sola de mis plumas es de ese color?

Y el pajarito, miró al Señor, con sus grandes ojos negros y llenos de súplica, agitando la cabecilla de un lado a otro. En torno suyo veía todo multicolor: los faisanes de plumaje púrpura salpicado ligeramente de oro, papagayos con gorgueras rojas, gallos con encarnadas crestas, mariposas, peces de colores y rosas que aparecían por doquier.

Y el pajarillo pensaba:

—¡Necesito tan poco, con una gotita de color me bastaría para transformarme en un pajarillo hermoso y con aspecto acorde a mi nombre! ¿Por qué mi nombre será petirrojo si soy completamente gris?

Y a su vez, imaginaba que la respuesta de Dios, sería:

—Tienes razón, amiguito, he olvidado de pintar de rojo tu pecho, pero aguarda, que eso se arregla en un momentito.

Pero la respuesta fue diferente.

—Te he llamado petirrojo y ése será tu nombre. Pero las plumas rojas deberás ganártelas tú mismo.

Y, alzando la mano, lo envió nuevamente al mundo.

El pajarillo voló pensativo por el Paraíso. Pensaba: ¿cómo un pequeño pajarillo podría llegar a ganarse las plumas encarnadas?

De lo que se sintió capaz fue de construir su nido en un zarzal. Parecía que esperaba que una hoja de rosa se le adhiriera y le cediera su color.

Pasó muchísimo tiempo a partir de aquel día. Durante ese tiempo, hombres y animales abandonaron el Paraíso desparramándose por el mundo. Y los hombres habían progresado tanto que sabían trabajar la tierra y navegar por los mares; hacían vestidos y objetos de adorno y desde tiempo atrás sabían edificar grandes templos y grandiosas ciudades como Tebas, Roma y Jerusalén.

Y llegó un nuevo día que la humanidad nunca olvidará. Aquella mañana se hallaba un petirrojo sentado en una colina pelada cerca de los muros de la ciudad de Jerusalén, entreteniendo con su canto a sus pequeñuelos, que se hallaban descansando en el nido en medio del bajo matorral.

El petirrojo estaba narrando a sus hijitos, lo que sucedió el día de la creación y cómo Dios distribuyó los nombres. Desde aquel entonces cada petirrojo lo venía contando a sus pequeños.

—Ya lo véis —finalizó comentando con tristeza—, desde ese tiempo hubo tantas rosas que se marchitaron, tantos pajarillos han nacido y, a pesar de eso, los petirrojos continúan siendo grises. Aún no han logrado obtener las plumitas coloradas.

Los pequeñuelos abrieron asombrados sus piquitos y preguntaron si ninguno de sus antepasados había tratado de realizar algún hecho heroico que le hiciese obtener las codiciadas plumitas.

—Todos nos esforzamos —contestó el pajarillo—, pero ninguno lo ha logrado.

Cuando el primer petirrojo vio a otro pajarito, igual a él, comenzó a amarle con todo el amor que sentía en su pecho.

¡Ah! —reflexionó —las plumas de mi pecho se teñirán por el ardor del amor que siento. Pero no lo consiguió, como tampoco ninguno de los otros que le siguieron, ni vosotros lo conseguiréis.

Los diminutos petirrojos, gorjearon entristecidos, pensando que jamás lograrían obtener el color rojo para su pecho.

—En un tiempo también pensamos lograrlo con nuestro canto—, contó el papá petirrojo con largos y armoniosos gorjeos—. Ya el primer petirrojo tenía tan hermoso canto, que al cantar, su pecho se llenaba de alegría y esperanza. Pensó que las plumas de su pecho se teñirían con el ardor de su canto. Pero tampoco así lo conseguimos.

Nuevamente se oyó un gorjeo quejumbroso de las gargantas de los pequeños pajarillos por su triste destino.

—En un tiempo también confiamos en nuestro arrojo y valentía —prosiguió el pájaro—. Y el primer petirrojo lo hizo luchando como un valiente contra otros pájaros, sintiendo como un fuego en su pecho. Pero no logró teñir su pecho mas que en el ardor de la lucha, perdiendo luego el color. Ninguno lo ha logrado, ni tampoco vosotros lo conseguiréis.

Los pequeñuelos, a pesar de todas las historias, gorjearon confiados en poder llegar ellos a conseguir el anhelado premio; pero el petirrojo les respondió que ya estaba demostrado que era imposible. ¿Cómo iban a lograrlo, si otros antepasados famosos no habían podido? ¿Qué cosa diferente a amar, cantar y luchar podrían hacer?...

El pájaro no pudo terminar lo que les estaba diciendo, porque desde la puerta de Jerusalén se dirigía hacia el lugar donde ellos se encontraban en la colina, una enorme multitud.

Se acercaban caballeros en bellos corceles, soldados con largas lanzas, ayudantes del verdugo con clavos y martillos, sacerdotes y jueces que caminaban con paso solemne, mujeres llorando, y, detrás de todos, una masa de vagabundos repugnantes que aullaban y bailaban.

—Tened cuidado —recomendaba el petirrojo a sus pequeños, ya que tenía temor que en cualquier momento aplastaran el zarzal donde estaba su nido—. Apretaos unos contra otros y no habléis. ¡Cuidado que se acerca un caballo! Allí llega un soldado. Por allí se aproxima toda la horda salvaje.

Súbitamente, el pajarillo, que estaba contemplando todo, permaneció mudo y quieto, olvidando su propio peligro. Por fin, se metió en el nido y cubrió a los pichones con sus alas.

—Eso es demasiado terrible —gorjeó— ¡No quiero que lo contempléis! Ahí van a ser crucificados tres malhechores.

Sólo oyeron estruendosos martillazos, lamentos y el clamor del populacho enfurecido.

El pajarillo siguió con la vista el impresionante espectáculo y sus ojillos se dilataban con el horror que sentía. No lograba apartar su vista de los tres crucificados.

—¡Qué crueldad cometen los hombres! —gorjeó, al rato—. No sólo han clavado en la cruz a estos tres seres, sino que a uno de ellos, le han puesto además una corona de espinas. Distingo claramente cómo mana la sangre de su frente donde ha sido herido por la corona. Y es un hombre tan bello y con tan dulce mirada que todo el mundo debiera amarle. Contemplando su martirio siento como que una flecha me atravesara el corazón.

La pena del pajarillo aumentaba a medida que contemplaba al crucificado que tenía la corona de espinas.

—Si yo fuera como el águila —pensaba—, sacaría los clavos que sujetan sus manos y con mis garras haría huir a todos los verdugos.

Cuando vio que por la frente del crucificado goteaba la sangre, ya no logró mantenerse más tiempo quieto.

—A pesar de mi debilidad, debo hacer algo por ese mártir —gorjeó para sí.

Y, dejando su nido, voló por los aires. Finalmente, luego de describir varios círculos, sin atreverse a acercarse al hombre de la cruz, porque era un pájaro muy tímido, cobró ánimos y llegó hasta la cruz arrancando con su pequeño pico una de las espinas clavadas en la frente del crucificado.

Al hacer esto, una gota de sangre salpicó el pecho del pajarillo, tiñéndolo de color rojo.

El crucificado abriendo los labios, le susurró:

—En premio a tu bondad, te será otorgado lo que tu estirpe ha deseado desde el día de la creación.

Al regresar el petirrojo a su nido, sus pequeñuelos le gorjearon:

—¡Tu pecho es rojo, las plumas de tu garganta se han vuelto más rojas que las rosas!

—Esto desaparecerá en cuanto me bañe en un arroyo o en una fuente, pues sólo es una gota de sangre de este desdichado —gorjeó el pajarillo.

Pero a pesar de que el pajarillo se bañó en el agua, el color no desapareció de su pecho, y, cuando sus pequeñuelos crecieron, la mancha roja como la sangre, brilló en las plumitas de sus pechos. Y es la misma que brilla hoy en el pecho de todos los petirrojos.

EL NIÑITO DE BELEN

Ante la puerta de Belén se hallaba de guardia un soldado romano. Estaba vestido con armadura y yelmo, tenía una corta espada al costado y en la mano una lanza. Se mantenía tan erguido e inmóvil que semejaba un hombre de hierro. Los ciudadanos entraban y salían por la puerta, los mendigos sentábanse a la sombra de su arco, vendedores colocaban sus cestos con mercancías a su lado, y él apenas se tomaba la molestia de mover algo la cabeza para mirarles.

—¿Qué me importáis vosotros? —parecía decir con su gesto— ¿Qué me importan los que viven de su trabajo, vendiendo aceite y vino? ¡Que yo sea capaz de ver un ejército en orden de combate lanzándose contra el enemigo! ¡Que pueda yo contemplar la lucha recia, cuando un regimiento de caballería se lanza contra uno de infantería! ¡Que pueda yo ver el asalto a una ciudad sitiada! No hay otra cosa, a no ser la guerra, que pueda regocijar mi mirada. Mi anhelo más grande es ver resplandecer en lo alto las águilas de Roma. Mi mayor gozo es el sonido de las trompetas de cobre, de las centelleantes armas, el brillo de la roja sangre.

Al pie de la puerta de la ciudad había un jardín magnífico todo lleno de azucenas. Diariamente el soldado tenía su vista fija en ese jardín, sin que se le pasara por la imaginación la idea de extasiarse con la belleza de las flores. De vez en cuando veía que los paseantes se paraban a contemplar y gozar con la vista de flores tan hermosas, y, a él, sólo se le ocurría que era una necedad interrumpir el paseo para admirar algo tan efímero.

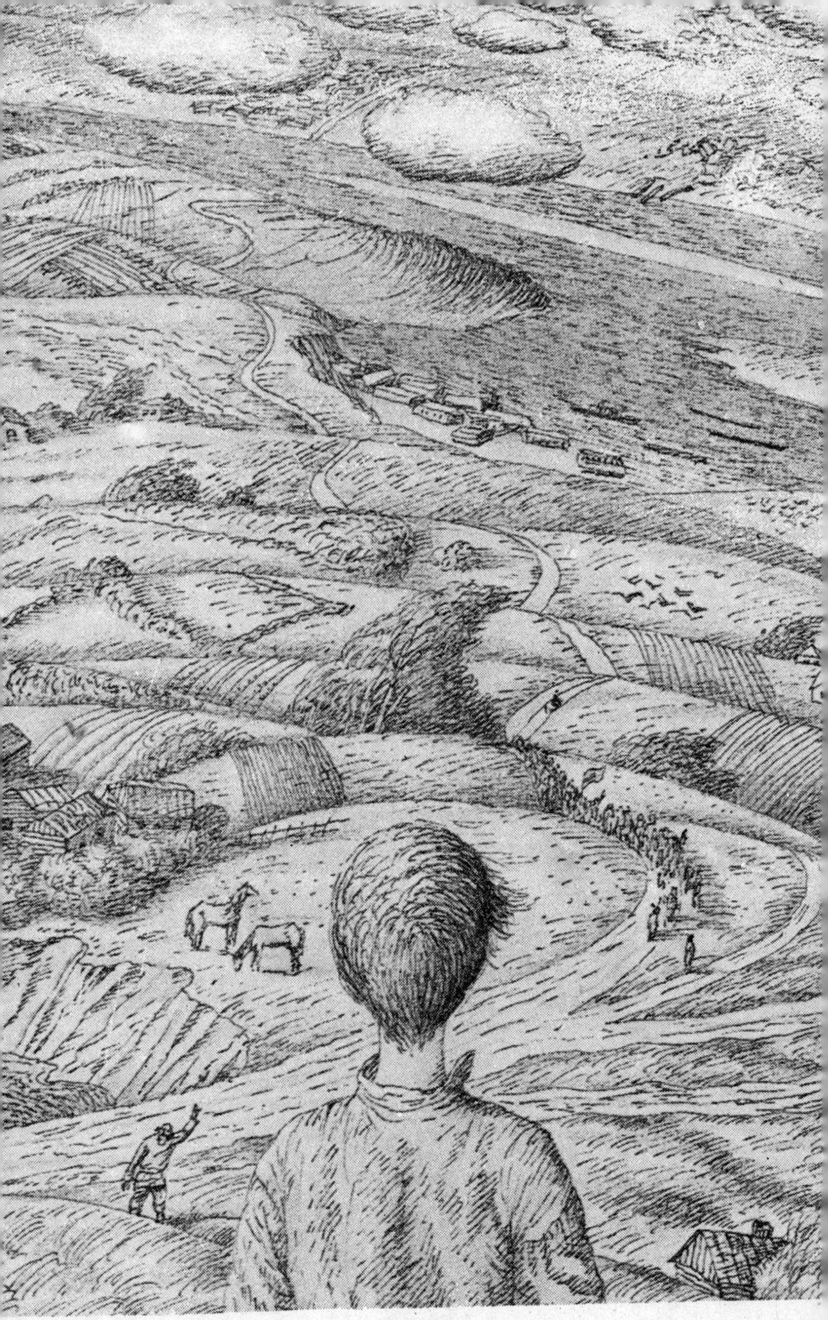

—Estas gentes no conocen lo que es bello —pensaba para sí.

Y al mismo tiempo que reflexionaba sobre esto, no era capaz de apreciar la belleza de los verdes campos y los montes llenos de olivos que se hallaban alrededor de Belén, sino que se imaginaba un desierto ardiente allá en el Líbano. Le parecía ver avanzar en línea recta a una legión de soldados a través del desierto. No había ningún lugar donde protegerse de los abrasadores rayos del sol, por ningún lugar se divisaba una fuente que diera frescura, era imposible ver dónde terminaba el desierto o hacer un alto en la caminata. Veía que los soldados desfallecidos por el hambre y la sed, caminaban con paso vacilante. Uno tras otro se iban cayendo vencidos por los ardientes rayos solares. Pero a pesar de todos estos inconvenientes, el ejército continuaba avanzando con decisión, sin decaer su ánimo y sin pensar en retroceder.

—¡Eso sí que es hermoso! —pensaba—. Es digno de ser contemplado por un hombre valeroso.

Mientras el soldado montaba guardia, todos los días, podía observar grupos de niños que se hallaban jugando cerca de él. Pero con los niños le sucedía lo mismo que con las flores, no sentía ningún placer mirándolos. Se asombraba de ver que la gente disfrutaba observando los juegos infantiles.

—Es extraño que una cosa tan poco importante pueda interesar a alguien —pensaba.

Un día en que se hallaba de guardia como de costumbre, vio a un niñito de unos tres años que salía a jugar a la pradera. Era un niñito pobre, vestido con una piel de carnero y que jugaba completamente solo. El centinela lo miró casi a su pesar. Lo primero que observó fue que corría con tanta ligereza, que parecía no tocar la tierra. Pero cuando vio a qué estaba jugando, quedó más asombrado aún.

—¡Por mi espada! —se dijo—, este niño no juega como los demás. ¿Qué es lo que hace?

El niño jugaba al lado de él, así que podía ver exactamente todo lo que hacía. Vio que cazaba una abeja con su manita, tan cargada de polen, que apenas podía levantar el vuelo. Asombrado vio que la abejita se dejaba atrapar sin picarlo. Luego el niño la llevó entre sus manitas hasta el muro de la ciudad, donde en un resquicio, un enjambre tenía su panal y allí la dejó. Y luego hizo esto mismo con otra abeja. Y así estuvo todo el día corriendo tras las abejas, para llevarlas hasta su morada.

—Ese niñito es el más tonto de cuantos he visto —reflexionaba para sí—. ¿Cómo se le habrá ocurrido ayudar a las abejas, que para nada necesitan de él y que hasta podrían picarlo? ¿Qué clase de persona llegará a ser cuando crezca?

Todos los días acudía el niño a jugar en la pradera y el soldado se asombraba cada vez más de él y de sus extraños juegos. —Es algo extraño lo que me sucede; hace años que estoy de centinela en esta puerta y nunca nada me ha llamado tanto la atención como este niño —pensaba.

Pero esta contemplación del niño no le producía ningún placer al soldado, sino que por el contrario le disgustaba profundamente; porque le recordaba una profecía que cierta vez oyera a un viejo vidente judío. Esta profecía auguraba la llegada de una época en que reinaría la paz sobre la tierra. Durante mil años no habría guerra ninguna, pues los hombres se amarían como hermanos. El soldado se estremecía a la sola idea de que algo tan horrible como eso sucediera, y, oprimía la espada como buscando apoyo.

Y a la vista del niño, a su mente acudía el reinado de la paz. La verdad es que no creía que ya hubiera llegado la hora del cumplimiento de la profecía, pero a la sola idea de ello se sentía repugnado.

Un día en que el pequeño estaba jugando en el jardín, cayó un violento aguacero. En cuanto el niño se dio cuenta de las enormes gotas que caían sobre las desvalidas azucenas, se inquietó. Corriendo hacia los tallos más altos y más bellos los dobló de forma que el agua cayera sobre la unión del tallo con el cáliz. Y fue haciendo lo mismo con todas las demás azucenas, hasta que todas quedaron resguardadas contra la lluvia.

El soldado romano se reía para sus adentros viendo cómo obraba el niñito. —Me temo que las azucenas no le van a agradecer sus cuidados— se decía—. Por supuesto que todos los tallos de las flores van a quedar quebrados, esas plantas son muy rígidas y no soportan ser dobladas así.

Sin embargo, luego que terminó el aguacero, el centinela vio cómo el chiquillo corría hacia las azucenas y comenzaba a enderezarlas. Ante su asombro, enderezaba hasta los tallos más rígidos. Ninguno de ellos había sido estropeado ni quebrado. El niño corrió de flor en flor y de inmediato, las azucenas volvían a resplandecer con toda su hermosura.

Lo que vio despertó cierto rencor en el soldado. —¡Qué niño más necio! —opinó—. Es increíble que se pueda ocupar en una cosa tan estúpida. ¿Qué hombre llegará a ser si no puede ni soportar que se destruya una azucena? ¿Qué haría una persona así si tuviera que ir a la guerra? ¿Qué haría si le ordenasen incendiar una casa con mujeres y niños o echar a pique un barco con toda la tripulación?

Recordó nuevamente la antigua profecía y se sobrecogió de terror ante la sola idea de que pudiera sobrevenir la tan temida época. El solo hecho de que ya haya nacido un niño así, puede ser anuncio de que la época de la paz ya está cercana y también de que no sobrevenga más guerra. Desde ahora toda la gente tendría el mismo carácter que este niño. Rehusarán luchar entre sí e incluso no tendrán valor para destruir una abeja o una flor. Y ya no habrá más hazañas heroicas. Ya no habrá victorias magníficas ni ningún vencedor omnipotente será elevado al Capitolio. Ya no habrá más nada de lo que ansía un valiente, pensaba.

Y el soldado romano, que siempre soñaba con gozar de nuevas guerras, y con hazañas heroicas que le dieran poder y fortuna, púsose tan furioso que cuando el niño pasó a su lado, le amenazó con la lanza.

Al día siguiente no eran abejas ni azucenas lo que el niño trató de socorrer, sino que hizo algo que al soldado le pareció mucho más repugnante.

Era un día de terrible calor y el sol recalentaba los cascos y armaduras de los soldados. Estos sentían como que estuvieran metidos dentro de un envoltorio de fuego. A los que pasaban les parecía que era imposible que algún soldado pudiera resistir ese terrible calor. El soldado tenía los ojos inyectados en sangre, parecía como que se le iban a salir de las órbitas y sus labios estaban resecos. Pero a pesar de esto, como se hallaba acostumbrado al sol ardiente de Africa, todo aquello le parecía poco y ni se le pasó por la mente abandonar su puesto. Muy por el contrario, sentía placer en demostrar a los transeúntes la fortaleza y resistencia que tenía y cómo lograba soportar ese sol.

Mientras permanecía ahí, casi dejándose quemar vivo, se le acercó el pequeño que iba a jugar diariamente al jardín. El niño nunca se le aproximaba porque sabía que el soldado no sentía por él ninguna simpatía, por lo que siempre trataba de ponerse lejos de su lanza; pero en ese momento se le acercó; lo contempló fijamente por un rato y salió corriendo por la carretera. Cuando regresó llevaba entre sus manitas juntas, algunas gotas de agua.

—¿Será posible que este niño haya tenido la tonta idea de traer agua para mí? —se preguntó el soldado—. Sería una verdadera necedad. ¡Como si un legionario no fuera capaz de soportar un poco de calor! ¿Por qué ese niño andará vagando de un lado a otro, prestando ayuda a quien no se la pide? Desprecio toda su compasión y no tengo necesidad de ella. Querría que él y todos los que actúan como él fueran tragados por la tierra.

El niñito se iba acercando lentamente. Apretaba muy fuerte las manitas para que el agua no se le derramara. Como llevaba sus ojos fijos en el agua no podía observar el gesto hostil del centinela. Por fin llegó junto al legionario y le ofreció agua.

Durante el trayecto sus largos rizos rubios le habían caído sobre la frente y los ojos. Para poder alzar la vista, sacudió la cabecita varias veces echando el cabello hacia atrás. Cuando lo consiguió y vio la amenazante fisonomía del soldado, no se asustó, sino que con un gesto encantador le ofreció el agua que traía. El centinela no sintió ningún deseo de aceptar lo que se le brindaba. Ni siquiera dirigió una mirada al niño y permaneció como una estatua, como si no se diera cuenta de lo que el chiquillo quería de él.

El chiquillo, a su vez, como si no se diera cuenta del desprecio, sonrió sereno y se alzó en la punta de sus pies levantando los bracitos cuanto fuera posible para que el gigantesco soldado pudiera tomar el agua con más facilidad.

Pero al soldado le pareció rebajarse aceptando lo que se le ofrecía y levantó su lanza para hacer huir al pequeño.

Justo en aquel momento los rayos de sol hirieron al soldado con tal fuerza, que vio como una ardiente hoguera ante sus ojos y pareció que el cerebro se le iba a derretir. Temió morir si no encontraba pronto alivio.

Frente a ese peligro, echó la lanza al suelo y levantó con sus brazos al niñito para poder tomar el agua de sus manitas.

Probó sólo unas gotas, pero fueron suficientes para que se repusiera. Apenas tocó el agua con sus labios, una frescura deliciosa le invadió y ya no sintió el calor que le quemaba ni la pesadez del casco y de la armadura. Los rayos del sol ya no parecían tan ardientes. Sus labios resecos parecieron humedecerse y las llamas cesaron de bailar frente a sus ojos.

Con rapidez colocó al niño nuevamente en el suelo y éste se fue corriendo para continuar jugando en la pradera. Recién entonces el soldado comenzó a admirarse y a preguntarse:

—¿Qué clase de agua me habrá dado? Fue un sorbo verdaderamente delicioso. Debo agradecerle.

Pero como su odio por el niño era muy grande, de inmediato olvidó esa idea.

—Es sólo un niño —se decía— que no sabe lo que hace. Busca el juego que más le divierta. ¿Es que acaso las abejas y las azucenas le estarán agradecidas? Por un mocoso así no debo molestarme. No debe tener idea de que me ha socorrido.

273

Al poco tiempo vio salir por la puerta de la ciudad al caudillo de los soldados romanos que se hallaban destacados allí y eso aumentó su odio contra el niño.

—¡Vaya peligro al que me expuso la ayuda de ese chiquillo! Si Voltigio llegaba un poco antes, me hallaba con el niño en brazos.

Mientras tanto, el capitán se acercó al soldado y le dijo si podría hablar con él sin que nadie los oyera, pues tenía algo muy importante que decirle.

—Si nos apartamos unos diez pasos de la puerta ya nadie nos oirá —respondió el soldado.

—Como ya sabes —dijo el capitán— el rey Herodes ha tratado muchas veces de adueñarse de cierto niño que debe estar aquí en Belén. Sus agoreros y sacerdotes le profetizaron que ese niño ocuparía su trono y, que el nuevo rey iniciaría una era de paz que duraría mil años. Ya comprenderás por qué Herodes quiere que esa criatura desaparezca.

—Si, ya lo comprendo —respondió el soldado—, pero eso resultará la cosa más sencilla del mundo.

—Lo sería —respondió el capitán—, si el rey conociera cuál de todos los niños de Belén es el verdadero.

El soldado frunció la frente y respondió:

—Es una lástima que ningún agorero haya podido esclarecérselo.

—Sin embargo, Herodes ideó un plan para eliminar fácilmente a ese niño —añadió el capitán—. Para eso promete un regalo a todo aquel que colabore en esa empresa.

—Los deseos de Herodes serán ejecutados sin que yo espere premio ni recompensa alguna.

—¡Oye pues, el plan! —replicó el capitán—. El rey tiene pensado, hoy, día del cumpleaños de su hijo menor, dar una fiesta a la cual serán invitadas con sus hijos, todas las madres de Belén, que tengan hijos varones de dos a tres años. Y ahí en esa fiesta...

Se interrumpió mientras contemplaba divertido la cara de enojo que ponía el soldado.

—Amigo, no pienses que el rey quiera tomarnos por niñeras. No es eso. Acerca tu oído que te diré su resolución.

El capitán habló con el soldado durante un rato, y, luego de ponerle al corriente de todo, prosiguió en alta voz:

—No es necesario que te pida que guardes sobre ello el mayor secreto, si no queremos echar a perder todo.

—Ya sabes Voltigio, que puedes tenerme la mayor confianza —contestó él.

Cuando el caudillo hubo pasado y el soldado volvió a su puesto, volvió a dirigir su mirada hacia el niño. Este continuaba jugando entre las flores y al soldado le pareció como que sólo las rozaba con la ligereza de una mariposa.

El legionario rompió a reír. —Es cierto —se dijo— que ya dejaré de disgustarme a causa de este niño. El también será invitado a la fiesta del rey Herodes.

Esa noche, cuando se cerraron las puertas de la ciudad, el soldado dejó su puesto y se encaminó hacia el palacio de Herodes.

En el interior de este palacio había un amplio patio con grandes losas rodeado de edificios, por los que se extendían tres galerías descubiertas una en cada piso. La fiesta de los niños se celebraría en la del piso más alto.

Esta galería había sido decorada, por deseo expreso del rey, de forma que semejaba más un emparrado sobre un precioso jardín. Las parras extendíanse sobre el techo y de ellas colgaban hermosos racimos de uvas. Junto a las paredes y pilares se veían naranjos y granados, colmados de frutos. El suelo estaba tapizado por una capa alta y mullida de hojas de rosa y guirnaldas de azucenas colgaban por doquier.

También se veían piscinas de mármol donde nadaban peces dorados y plateados. En los árboles se posaban pájaros multicolores y en una vieja jaula había un cuervo.

Cuando llegaron al palacio los niños fueron vestidos con túnicas blancas con ribetes púrpura y sus cabecitas fueron adornadas con coronas de rosas. Las mujeres llegaban vestidas con sus túnicas de fiesta, rojas y azules, y velos transparentes colgaban de sus cofias. Algunas llevaban a sus niños en hombros o de la mano; y, otras madres, cuyos niños eran más tímidos, los llevaban en brazos.

Las mujeres se sentaron en el suelo y ante ellas unos esclavos colocaban mesitas bajas, servidas con manjares y bebidas exquisitas, como en toda fiesta regia. Y las madres, felices, comenzaron a comer y beber, con un aire digno y simpático que era propio de las mujeres de Belén.

Contra la pared de la galería y casi ocultos por las guirnaldas y los árboles rebosantes de frutos, había una doble fila de soldados vestidos de punta en blanco. Estaban completamente inmóviles, como si todo lo que les rodeaba no tuviera relación ninguna con ellos. Las mujeres de vez en cuando, echaban una mirada admirada a aquella legión de soldados. —¿Para qué estarán aquí? —susurraban— ¿Herodes creerá que no sabremos comportarnos correctamente? ¿Creerá necesaria tal legión de soldados para custodiarnos?

Otras, por el contrario, pensaban que en las fiestas de Herodes siempre había soldados. Sólo para honrar a los invitados se hallaban aquellos soldados ahí.

En las primeras horas de la fiesta, los niños permanecieron temerosos junto a sus madres. Pero poco a poco, impulsados por el afán de recorrer todo aquel lugar maravilloso que el rey Herodes dispusiera para ellos, fueron empezando a invadirlo todo. Al atravesar la galería encontraron colmenas cuya miel podían coger, sin temor a que una abeja los picase. También encontraron árboles frutales cuyas ramas estaban tan cargadas de frutas que llegaban hasta el suelo, de donde los niños podían cogerlas fácilmente. En un rincón había magos que en un momento hacían que sus bolsillos quedaran repletos de juguetes. Al otro extremo de la galería había un domador enseñándoles un par de tigres tan mansos que podían montarse sobre ellos.

Pero en aquel paraje de encantamiento nada llamaba tanto la atención a los niños como la hilera de inmóviles soldados a lo largo de la galería. Sus miradas se fascinaban con las centelleantes armaduras y cascos, las caras adustas y las cortas espadas guardadas en vainas ricamente labradas.

Mientras jugaban y se divertían no dejaban de pensar en los soldados. Aún se conservaban a prudente distancia de ellos; pero de a poco se fueron acercando a corta distancia de ellos, para comprobar si estaban vivos y podían moverse.

La animación de la fiesta iba creciendo por momentos, pero los soldados no abandonaban su inmovilidad. Los pequeños no podían entender que hubiera hombres que pudieran permanecer tan quietos habiendo tantas golosinas al alcance de la mano.

Finalmente, uno de los niños no pudo contener su curiosidad por más tiempo. En puntillas y pronto para huir al menor movimiento, se acercó a uno de los soldados, y, como éste permanecía aún inmóvil, se aproximó tanto que le fue posible tocar sus sandalias.

Como si esto hubiera sido la señal, todos los hombres de hierro se pusieron repentinamente en movimiento.

Se lanzaron sobre los pequeñuelos con una furia salvaje. Algunos agitaban a los niños por encima de sus cabezas como si fueran hondas, y luego los lanzaban entre lámparas y guirnaldas por encima de las balaustradas de la galería, adonde se estrellaban contra las losas de mármol. Otros desenvainando sus espadas atravesaron con ellas el corazón de los niños, estrellando las cabezas de los pequeños contra las paredes y arrojándolos luego al patio, ya oscuro.

En los primeros instantes de la emboscada no se oyó ni el más mínimo grito. Los cuerpecitos todavía se veían por el aire, y las mujeres estaban petrificadas por el horror. Pero, cuando reaccionaron, cayeron sobre los asesinos lanzando gritos horribles.

Arriba, en la galería aún quedaban niños que no cayeron en la primer emboscada. Los soldados los perseguían, en tanto que las madres trataban de impedirlo arrojándose a sus pies y sujetando las espadas con sus desnudas manos.

Algunas de las madres de los niños asesinados, se arrojaron sobre los soldados para estrangularles, en venganza por la muerte de sus hijos.

Mientras resonaba en el palacio un griterío horrible por aquella tétrica carnicería, el centinela que usualmente montaba la guardia a la puerta de la ciudad, se hallaba inmóvil, junto al tramo superior de la escalera que conducía a la galería. El no había tomado parte en la lucha ni en los asesinatos, limitándose a amenazar con su espada a las mujeres que tenían la suerte de recuperar a sus hijos y trataban de escapar por las escaleras. Su aspecto era tan terrible que las mujeres preferían lanzarse por las balaustradas o volver al lugar de la refriega antes que pasar por su lado.

—Voltigio, al confiarme este puesto, ha obrado con mucho acierto —se decía el legionario—. Un guerrero joven e inexperiente hubiera abandonado su puesto para mezclarse en la contienda. Si hubiera abandonado mi puesto, lo menos ya hubieran escapado diez niños.

En ese momento vio que avanzaba hacia él una mujer que llevaba a su hijo en brazos. Ni uno solo de los legionarios que se hallaban por ahí pudo detenerla, de modo que pudo llegar hasta el extremo de la galería.

—Aquí viene una dispuesta a escapar. Ni ella ni el niño se hallan heridos y si no fuera porque yo estoy aquí...

La que se escapaba se iba acercando al soldado con rapidez Este, sin tiempo para reparar en la cara de la mujer ni del hijo, extendió la espada esperando verles caer a sus pies atravesados. Mas en seguida el soldado sintió un zumbido sobre la cabeza, seguido de un dolor en un ojo, tan agudo y punzante, que quedó como aturdido. La espada se le cayó al suelo.

Una abeja le había clavado su terrible aguijón. El soldado, en cuanto pudo recuperarse, se apartó aquel bicho de un manotazo, cogió la espada y como un rayo se lanzó tras la fugitiva.

Pero la abeja ya había realizado su obra con gran destreza, dando tiempo para que la mujer escapara. Y aunque el soldado corrió presuroso, ya no pudo darle alcance. Desapareció sin dejar huella de su paso en todo el palacio.

A la mañana siguiente el soldado se hallaba de guardia, en compañía de otros camaradas a la puerta de la ciudad. Las pesadas puertas fueron abiertas muy temprano. Daba la impresión de que nadie esperaba que fuesen abiertas aquella mañana. No se vio como de costumbre, a los trabajadores del campo que salían todos los días de la ciudad hacia sus labores. Los habitantes de Belén estaban tan espantados con el sangriento espectáculo de la noche anterior, que no intentaron moverse de sus casas.

—Por mi espada —dijo el soldado que estaba espiando la callejuela que daba a la puerta— creo que Voltigio cometió una estupidez. Pienso que sería mejor haber dejado la puerta de la ciudad cerrada y haber buscado casa por casa hasta encontrar al niño que logró huir de la fiesta. Creo que esto de esperar a que los padres del niño, enterados de que las puertas están abiertas, intenten salir por acá, es una medida insensata. ¡Es demasiado sencillo esconder a un niño!

Y se preguntaba dónde tratarían de ocultar al niño para sacarlo, si en alguna canasta de frutas, en algún saco de granos, o quién sabía dónde...

Mientras pensaba esto, vio acercarse apresuradamente a un hombre y una mujer. Caminaban dirigiendo continuamente miradas hacia atrás, como si temieran algún peligro. El hombre portaba una gran hacha en la mano como dispuesto a usarla en caso necesario.

Pero el soldado observó más atentamente a la mujer que al hombre. La vio muy semejante a la mujer que la noche anterior lograra escapar. También le llamó la atención que llevara la falda vuelta sobre la cabeza, como ocultando un niño en brazos.

A medida que se acercaban más, se distinguía la forma del niño que se dibujaba a través de la falda que la madre llevaba sobre la cabeza.

—Tengo la certeza de que esta es la mujer que se me escapó ayer —díjose para sí—. Su rostro no pude verlo pero la reconozco por su figura. Y viene hacia acá con el niño en brazos sin intentar ocultarlo. La verdad que no esperaba tener tanta suerte.

El hombre y la mujer llegaron hasta la puerta de la ciudad. Aparentemente no esperaban ser detenidos y cuando el guardia los paró, se estremecieron espantados.

—¿Por qué no nos permite acudir a nuestro trabajo en el campo? —preguntó el hombre.

—Pronto podrás ir —respondió el soldado— sólo que antes debo ver lo que tu mujer mantiene oculto bajo el vestido.

—¿Qué necesitas ver? —replicó el hombre—. Es sólo pan y vino, lo que necesitamos para nuestra alimentación durante el día.

—Es muy probable que digas la verdad —dijo el soldado—; pero si eso es verdad ¿por qué no me deja ver su rostro y lo que lleva oculto?

—No quiero que lo veas —respondió el hombre—. Y te aconsejo que nos permitas pasar.

Y ya levantaba el brazo con el hacha, cuando la mujer le colocó la mano sobre el brazo.

—No te enojes —le suplicó—. Voy a dejarle ver lo que llevo y estoy segura de que no habrá problema ninguno.

Y con una sonrisa serena y orgullosa se volvió hacia el soldado alzando el extremo de su vestido.

Al momento el soldado retrocedió y cerró los ojos, enceguecido por un brillo intenso. Lo que llevaba la mujer brillaba tan deslumbrador que no pudo ver bien lo que era.

—Creí que ocultabas un niño —exclamó.

—Ya ves lo que llevo —replicó la joven.

Finalmente pudo el soldado distinguir que era un ramo de azucenas, como las que había en el jardín que lo cegaba. Tanto resplandecían, que apenas pudo mirar.

Extendió las manos hacia las flores porque no podía dejar de pensar, que a pesar de todo, la mujer llevaba un niño, pero sus manos tocaron sólo los fríos pétalos de las flores.

Se llevó un amargo desengaño y sintió gran furia contra el hombre y la mujer a los que igual hubiera apresado, pero sabía que no había motivos para hacerlo.

La joven al darse cuenta de su asombro, le dijo:

—¿Nos permites pasar ahora?

El soldado les permitió paso silenciosamente.

La mujer volvió a cubrir con su vestido las flores, mientras contemplaba con una sonrisa angelical lo que llevaba en brazos.

Se alejaron; pero el guardia no los perdía de vista.

Y mientras más los contemplaba, más se convencía de que la mujer no llevaba en los brazos un ramo de azucenas, sino un niño vivo y verdadero.

Repentinamente oyó voces en la callejuela. Voltigio y algunos soldados llegaron corriendo.

—¡Detenlos! —gritaban— ¡Cierra la puerta! ¡Que no huyan!

279

Y cuando llegaron a su lado, le informaron que habían descubierto huellas del fugitivo. El niño recién acababa de ser sacado de la casa. Habían llegado a ver cómo sus padres huían con él. El padre, un hombre robusto, de barba entrecana, llevaba un hacha en la mano. La mujer era joven y alta y llevaba escondido en el vestido al niño.

Cuando Voltigio contaba esto llegaba un beduino a las puertas de la ciudad montado en un bello corcel. El soldado, desmontando al caballero, sin decir palabra, se montó y partió a todo galope.

Unos días más tarde el soldado se encontraba cabalgando por la inmensa llanura que forma la parte meridional de Judea. Seguía buscando a los fugitivos y estaba furioso al ver la inutilidad de sus esfuerzos.

—Parece que se los hubiera tragado la tierra —refunfuñaba el soldado, lleno de ira—. Tan próximo a ellos como he estado estos días y aún no he podido atravesar el pecho de ese niño con mi lanza. Por lo visto, lograron escapar. Temo que no pueda ya alcanzarlos.

Se sentía descorazonado, como si estuviera empeñado en luchar con algo sobrenatural, y se preguntaba si los dioses protegerían a los fugitivos.

—Es un esfuerzo inútil. Más vale que me regrese para no morir de hambre y sed en el desierto —se repetía.

Pero luego de esta reflexión le sobrevenía profundo miedo al pensar en lo que le sucedería si regresaba sin haber obtenido ningún resultado. Precisamente él era el culpable de que el niño se escapara por segunda vez, y esto seguramente no se lo perdonarían ni Voltigio ni Herodes.

—Mientras éste sepa que uno de los niños de Belén todavía vive, no le abandonará el miedo —pensaba el soldado— y es probable que para aplacar su ira me haga crucificar.

Era la hora más ardiente del día y el soldado sufría terriblemente en aquella desierta llanura rocosa, avanzando trabajosamente por un sendero que serpenteaba a través de las hondonadas donde no se divisaba árbol ni hierba, ni soplaba el más ligero viento. Caballo y caballero estaban próximos a caer desfallecidos.

Hacía varias horas que había perdido todo rastro de los fugitivos y su desaliento aumentaba.

—Debo abandonar esto —se decía—. Creo que no vale la pena seguir persiguiéndolos. Van a perecer por fuerza en este terrible desierto.

Había llegado frente a una pared de piedra junto al camino, a la entrada abovedada de una caverna.

Sin perder tiempo espoleó su caballo en aquella dirección, mientras se decía:— En esa fresca gruta, descansaré un rato. Después de recobrar las fuerzas podré continuar la persecución.

Cuando quiso entrar en la gruta se ofreció a sus ojos una encantadora visión. A ambos lados de la entrada crecía un precioso enramado de azucenas. El aroma embriagador de la miel se desprendía de ellas y cantidad de abejas libaban en sus cálices.

En medio del desierto aquella visión impresionaba de tal modo, que hasta el legionario romano hizo algo inusitado. Cortó una de las blancas flores, de singular tamaño y se dirigió hacia la gruta. No era profunda ni oscura y apenas penetró bajo su bóveda vio una mujer, un hombre y un niño, que dormían profundamente tendidos sobre el suelo.

Nunca el soldado había sentido tan fuerte latido en su corazón, como ante ese cuadro que se presentaba a sus ojos. Aquellos eran justamente los tres fugitivos que tanto tiempo llevara persiguiendo. En seguida los reconoció. Por fin, los tenía allí, dormidos e indefensos, al alcance de su espada, en su poder.

Primero sacó la espada de la vaina y se inclinó sobre el niño dormido. Apuntó al corazón y acercó el arma lentamente, para atravesárselo.

Antes de dar el golpe vaciló un momento para ver la cara del niño. Como su victoria estaba asegurada, una alegría perversa lo indujo a gozarse en la contemplación de la víctima.

Su alegría fue mucho mayor al reconocer al pequeñuelo que junto a la puerta de la ciudad jugaba con las azucenas y las abejas.

—Sí, ciertamente —se dijo—, esto yo debería haberlo sabido desde el comienzo. Por eso he odiado siempre tanto a este niño. Este es, indudablemente, el príncipe de la paz de la profecía.

Nuevamente bajó la espada y se dijo: —Si logro llevar la cabeza de este niño a los pies de Herodes, me nombra, por lo menos capitán de su guardia.

Mientras iba acercando la punta de la espada al pecho del niño, repetía satisfecho de sí mismo: —Lo que es esta vez no habrá nadie que interponga su poder entre él y yo.

Pero el soldado continuaba estrechando entre sus manos la azucena que había cortado a la entrada de la gruta, y mientras se hallaba sumido en tales pensamientos, salió zumbando una abeja que estaba en el cáliz de la flor y se puso a revolotear en torno de su cabeza.

El soldado retrocedió. Recordó las abejitas que el muchacho había auxiliado allá junto a la puerta de la ciudad regresándolas a su enjambre, y pensó también, que había sido una abeja la que había ayudado a escapar al niño de la matanza de Herodes.

Este pensamiento terminó de desconcertarle. Su espada permanecía tranquilamente en su mano, mientras escuchaba el zumbar de la abeja.

El animalito, entretanto, había parado de zumbar, y, entonces, al soldado le llamó la atención el aroma, intenso y delicioso, que exhalaba la azucena que tenía entre sus manos.

De inmediato, recordó las azucenas que el muchacho había protegido contra los rigores de la tormenta y recordó que había sido un ramo de estas flores lo que ocultara el niño a sus miradas, ayudándole a escapar por la puerta de la ciudad. Poniéndose pensativo, retiró la espada.

—Las abejas y las azucenas le han agradecido su noble acción —susurró para sí.

Y al recordar que el pequeño también le había auxiliado a él un día, se ruborizó intensamente.

—¿Acaso un legionario romano puede olvidar jamás la ayuda que se le ha brindado?

Aún sostuvo el soldado una breve lucha interna; pensó en Herodes y en su expreso deseo de matar al joven príncipe de la paz.

—No va con mi dignidad matar a este niño que me ha salvado la vida —se dijo por último.

Y se inclinó para poner la espada al lado del niño, para que los padres al despertar comprendieran el peligro de que habían escapado.

Entonces vio que el niño se hallaba despierto. Le contemplaba con sus bellos ojos semejantes a dos estrellas.

Y el soldado dobló una rodilla ante el niño.

—Señor, tú eres el poderoso —le dijo—. Tú eres el héroe más valiente, el elegido de los dioses. Tú eres Aquél que puede caminar sobre serpientes y escorpiones.

Y el rudo guerrero besó el piececito del niño y luego se alejó de la gruta lentamente, mientras el pequeño le seguía con sus grandes ojos asombrados e ingenuos.

Indice

Los dos mercaderes y el tarro de aceitunas 5
Alí Babá y los cuarenta ladrones 14
Aladino y la lámpara maravillosa 20

HANS CHRISTIAN ANDERSEN
  El patito feo 35
  Historia de una madre 40
  Chiquitita 46
  El trompo y la pelota 54
  Nicolás y Nicolasín 60
  El soldadito de plomo 70

CARLOS PERRAULT
  Caperucita roja 76
  Cenicienta 80
  Pulgarcito 86
  El gato con botas 93
  La bella durmiente 98

LOS HERMANOS GRIMM
  Blancanieves 105
  Premio y castigo 109
  El rey cuervo 114
  El ahijado de la muerte 125

CRISTOBAL VON SCHMID
La desobediencia 131

LAFCADIO HEARN
El alma de la gran campana 138
Historia del dios de la porcelana 143

JOSE MARTI
Meñique 149
Los dos ruiseñores 164

OSCAR WILDE
El gigante egoísta 174
El príncipe feliz 179
El amigo fiel 190

EDMUNDO DE AMICIS
De los Apeninos a los Andes 202
El pequeño vigía lombardo 229
El pequeño copista rosarino 234
El tamborcito salteño 240

ADA M. ELFLEIN
La cadenita de oro 248
El mensajero de San Martín 254

SELMA LAGERLOF
El petirrojo 262
El niñito de Belén 268

Edición 3,000 ejemplares
MARZO 1993
GRAFIMEX, S.A. DE C.V.
Buenavista No. 98-D